帝國制度史

想當上位者？
先把這些「制度」給搞懂

張程 —— 著

這才是王朝的命脈！
看看這些政策，是如何改變歷史的走向

U0087519

◎你知道中國的官場是怎麼從貴族政治變成布衣卿相的嗎？
◎皇帝為了集中自己的權力，又是如何各顯神通？
◎國家好缺錢，但開源節流的方法，該從哪裡找？

- -

隨著時代潮流不斷變化的帝國骨幹；
遇到問題、解決問題的最佳典範……
一窺那些影響中國社會數千年的制度，究竟有怎樣驚人的前世今生！

目錄

目錄

泓水之戰：規則與貴族的榮譽

泓水之戰：規則與貴族的榮譽

泓水是河南省東部地區的一條河流，是渦河的支流。西元前 638 年的冬天，在泓水的北岸爆發了春秋前期的一場重要戰爭。這場戰爭不僅塑造了春秋的政治格局，而且代表著中國政治的重要轉折。

如此重要的泓水之戰，是宋國國君宋襄公主動挑起的。說起宋襄公這個人，可謂是大名鼎鼎。有人說宋襄公是「春秋五霸」之一，也有人說他志大才疏，根本算不上是當時的霸主，甚至批評他是「蠢豬」一樣的政治人物。那麼，宋襄公到底是什麼樣的人？為什麼要發動泓水之戰呢？

宋襄公名叫茲甫，是宋桓公的嫡長子。西元前 651 年，宋桓公病重。按照當時的嫡長子繼承制，宋桓公要立茲甫為太子，準備繼位。但是，茲甫向父親懇求，要把太子之位讓賢給庶長兄目夷。目夷年紀比茲甫大，但卻是宋桓公和妾室生的兒子。春秋時期，中國封邦建國，政治和社會是建立在宗法制基礎上。在宗法制下，嫡庶有別，嫡長子繼承一切。所以，宋桓公沒有同意，大哥目夷也不敢繼位，逃到外國去躲避弟弟茲甫的讓賢。不久，宋桓公去世，茲甫繼位，是為宋襄公。茲甫讓賢失敗，博得了謙謙君子的名聲。但是，大家在心裡估計都在嘀咕，宋襄公就是一個傻子，連國君的寶座都要推讓一番。

宋襄公更「傻」的事情還在後面。春秋五霸中最先稱霸的齊桓公死後，天下霸主之位空缺，宋襄公就想效仿齊桓

公，會合諸侯，爭奪霸主地位。他覺得自己爭奪霸主的理由很充分：首先，宋國是一個公國，宋襄公是公爵，是爵位最高的諸侯之一；其次，宋國延續的是商朝的血脈，宋襄公是商王後裔，血統高貴。在周朝的封邦建國體系中，宋國是非常重要的一個諸侯國。所以，宋襄公覺得自己既有資格，也有道義和責任，在齊桓公之後把天下霸主的旗幟給樹立起來。

我們來看看宋襄公是怎麼做的。當時，宋國稱霸最大的阻力是南方的楚國。楚國勢力膨脹，從漢江流域向中原地區滲透。楚國奉行的是赤裸裸的強權邏輯，依靠強大的軍隊侵略和威脅其他諸侯國。中原地區的不少小國都依附於楚國。宋襄公覺得楚國的這種做法是不對的。怎麼能恃強凌弱呢？為了解決楚國的威脅，為了恢復中原的和平，宋襄公想到了一個解決辦法：召開國際會議，和平協商。於是，宋國向各國發出號召，建議各國在盂地召開諸侯大會，討論恢復和平與國際秩序的問題。

宋襄公的大哥目夷勸諫他說：「我們宋國從實力上來講，是一個小國。以小國之力召集諸侯，是不會有好結果的。」目夷認為，國際交往是建立在國家實力基礎上的，一個小國在國際舞臺上是辦不成大事的。但是宋襄公認為，國際交往是建立在道德與正義的基礎上的，只要有理有據，即便是小國也可以縱橫天下。目夷見弟弟執意要做，提醒他說

泓水之戰：規則與貴族的榮譽

楚國人不講信義，勸宋襄公帶上軍隊去參會，以防有變。宋襄公反感地說：「這是一場和平的大會，況且是我倡導的，怎麼能帶頭不守信用呢？」於是，宋襄公不帶軍隊，充滿期待地開會去了。

到了開會的那一天，諸侯們都來了。還沒有進入討論和平秩序的內容，宋襄公和楚成王就因為爭當會議的盟主發生了爭執。宋襄公說：「宋國爵位最高，理應由我來主持。」楚成王說：「論爵位，我是王，比你的公爵要高。」宋襄公憤怒了，他說，周朝建立時，僅僅冊封楚國為子爵，楚國國君稱「楚子」，所謂的「楚成王」是自封的。天下只有周天子才是王，擅自稱王本身就是大逆不道！楚成王才不管什麼制度、什麼禮法。如果遵守禮法，按照制度行事，楚國只是江漢地區的一個小國，怎麼可能和宋國爭高下？楚國奉行實力原則，相信實力決定地位。正是透過恃強凌弱，楚國才能陸續吞併了周邊的數十個小國，擴張到江淮和中原一帶。楚成王根本不相信開會能解決糾紛。楚國人把國際會議當作另外一個戰爭的舞臺，早就暗地調兵埋伏在會場周圍。如今，楚成王突然召出伏兵，抓住了宋襄公，帶回楚國囚禁起來。所謂的國際會議，立刻不歡而散。宋襄公被楚軍關押了一陣子，受到羞辱。其他諸侯覺得這樣實在有違禮法，最終在魯僖公的調停下，楚國釋放了宋襄公。

經過了這次風波，宋襄公應該吸取教訓了吧？外交和政

治是不管什麼制度、道德和禮法的，一切由實力說了算。但是，宋襄公固執己見，堅持道義才是政治的根本。他決定大興「仁義之師」，討伐大逆不道的楚國。當時，依附楚國的鄭國國君鄭文公向楚國行朝禮。諸侯只有在朝見天子的時候才行朝禮。鄭文公嚴重違規亂紀，踐踏禮法，宋襄公完全看不下去，決定先教訓鄭文公。宋襄公要攻打鄭國。大哥目夷再次勸阻他，宋襄公不聽，親自領兵進攻鄭國。鄭國向楚國求救。楚國派兵反攻宋國，雙方的軍隊在泓水相遇。泓水之戰就是在這樣的背景下發生的。

戰鬥打響之前，宋國的司馬子魚想勸宋襄公退兵。子魚說：「我們宋軍的兵甲不如楚軍堅利，戰士不如楚軍強壯，我們依靠什麼戰勝楚軍？」子魚建議暫且退兵，將來再說。宋襄公卻信心滿滿地說：「楚兵甲有餘，仁義不足。我雖兵甲不足，但仁義有餘。仁義道德，在我們這一邊。如果以有道之君，避無道之臣，我這樣活著還不如死了的好。」宋襄公堅持不退兵。他堅信「道義必勝」，勝利一定是屬於宋國的。

兩軍對壘，泓水作戰正式開始。宋軍在泓水北岸，占據地利，擺好了陣勢。楚軍採取攻勢，搶渡泓水，向北進攻。當楚軍還在渡河，沒有全部渡完的時候，司馬子魚對宋襄公說：「楚軍人多，我軍人少。趁著他們現在沒有全部渡過泓水，請您下令進攻。」趁著楚軍慌忙渡河的時刻，宋軍發動

泓水之戰：規則與貴族的榮辱

突襲，勝算很大。宋襄公搖搖頭反對。過了一會，楚軍全部渡過了泓水，開始在河邊布陣。子魚又建議宋襄公下令進攻，趁著楚軍還沒做好準備發動突然進攻，宋軍還有勝算。宋襄公還是回答：「不行。」

宋襄公為什麼不同意利用楚軍沒有做好準備的時機發動突襲呢？因為在宋襄公看來，對正在渡河或者還沒有布陣完畢的敵人發動突襲，是不道德的，是不符合禮法制度的。夏商周的作戰規範是這樣的：雙方軍隊會集在開闊地，約定時間，分別列隊布陣，然後擊鼓前進，直接發動正面衝鋒，決出勝負。所以，先秦的戰爭，往往是「一個戰場」、「一次交鋒」、「一天之內」決出勝負。大家堂而皇之地列隊布陣，然後用主力對主力、從正面發動攻擊，光明正大、直接了當。宋襄公完全接受不了子魚「突然襲擊」的意見。

等楚軍擺好了陣勢以後，宋襄公就率軍對楚軍發動正面攻擊。宋襄公勇敢地衝在了最前面。從實力對比上來看，楚國地大物博，楚軍人多勢眾，而宋國國力薄弱，宋軍規模較小，正面作戰肯定不利於宋軍。泓水大戰的結果是宋軍大敗，幾乎全軍覆沒。衝鋒陷陣的宋襄公多處受傷，在司馬子魚的拚命掩護下才僥倖逃脫。宋襄公的護衛們都在泓水岸邊陣亡了。宋國元氣大傷，從此再也沒有力量參與諸侯爭霸，只能依附強國、隨波逐流。

事後，宋國人都責備宋襄公。宋襄公辯解說：「君子作

戰，不傷害受傷的敵人，也不俘虜鬚髮斑白的敵人。古時候指揮作戰，也不依託地勢、據守險要。這些都是我們應該遵守的。即便是亡國，我也不去進攻沒有擺好陣勢的敵人。」

很多人對宋襄公的辯解不以為然。司馬子魚就很不客氣地對宋襄公說：「您不懂作戰的道理。強大的敵人因地形不利而沒有擺好陣勢，這是上天在幫助我們。我們為什麼不能對敵人發動突襲？在戰場上，只要是我們的敵人，不管是具有很強戰鬥力的敵人，還是受了傷或者年紀很大的敵人，能進攻就該攻擊他們，能抓到就該俘虜他們。敵人有什麼值得憐憫的呢？我們奮勇作戰，就是為了消滅敵人。敵人受了傷，不忍心再去殺傷他們，就等於放過了他們；憐憫年紀老的敵人，就等於屈服於他們。軍隊憑著有利的戰機，或者利用敵人的困境，完全是可以的。」子魚的觀點是從現實出發的、務實的。戰鬥就是為了勝利，只要能夠達成勝利，過程和手段可以忽略不計。這是典型的現實主義觀點。估計許多讀者也贊同子魚的觀點，也認為宋襄公太迂腐、太刻板了，是一個愚蠢的傻子。不少人也都笑話宋襄公，笑他不懂軍事和政治，笑他的傻和蠢。

但是，宋襄公的思想和後來人不一樣。他畢竟生活在兩千多年前的春秋時代。那是一個貴族時代。封邦建國和宗法制度造就了世世代代壟斷高官厚祿的世襲貴族群體。貴族政治有獨特的思維方式和行為習慣。其中最核心的一點是貴族

泓水之戰：規則與貴族的榮譽

為什麼能成為貴族？一個人能夠成為貴族，首先必須要有貴族的血統。但是僅有貴族的血統，他只能是一個平庸的貴族，無法成為領導者和社會菁英，更不能讓百姓信服。一個真正的貴族，血統只是「入場券」，核心競爭力是他的道德品格和精神追求。真正的貴族，必須是品格出眾的道德表率，必須是有理想抱負，並且能夠帶領其他人為了理想、抱負而不斷奮鬥的人。他可能處於絕對的劣勢，甚至可能貧病交加、連吃飯都成了問題，但他走在大街上依然是衣冠整潔、抬頭挺胸，看到地上有兩三個銅板也不會彎腰去撿，看到需要幫助的人還會盡其所能地施以援手。總之，貴族不是生出來的，也不是用錢堆出來的，而是由精神塑造而成的。真正的貴族要做社會的道德表率，維護社會規範，引領發展方向。

宋襄公就想努力成為這樣的人。春秋時期已經是一個逐漸「禮崩樂壞」的時代了，諸侯國爭鬥不斷，戰爭此起彼伏，原先的社會秩序受到了極大的衝擊。原本「禮樂征伐自天子出」，周天子擁有絕對的權威，建立系統完備的宗法、政治制度來規範諸侯的權利與義務，規範天下人的言行。可惜，周天子的權威早已經衰落，一些大的諸侯國強大起來，「禮樂征伐自諸侯出」，而且這些強大的諸侯國肆意侵吞滅亡其他小國。西周舊制度已經解決不了現實問題，開始被越來越多的人拋棄。然而，宋襄公仍然堅持日漸衰落的周朝禮

法和制度，是因為他想借用西周的那一套規範，來解決現實中存在的種種問題。比如，他想召集諸侯大會，討論和平與秩序問題，恢復周天子頒布的社會規範。為此，宋襄公以身作則，帶領宋國努力朝著這個方向奮鬥。他堅信亂世更加需要回歸道德和正義，堅信仁義之師必將戰勝恃強凌弱的侵略者。宋襄公在泓水的岸邊，肯定也看到了宋楚兩軍實力相差懸殊，肯定也想過宋軍慘敗的可能性，但是貴族的精神不允許他突襲敵人，相反，激勵著他一馬當先，從正面向著強大的楚軍發動衝鋒。

宋襄公的失敗之處，不在於他的夢想，更不在於他的堅持，而是他沒有看到歷史發展的大勢。歷史車輪進入春秋時代，周天子的權威喪失殆盡，權力和資源開始下移。建立在周天子「萬世大宗」基礎上的宗法制度和分封制度難以為繼，貴族政治的制度基礎也就遭到削弱。在這個時候，宋襄公還想用貴族時代的制度和禮法來解決變革時期的現實問題，注定是無法成功的。

宋襄公為現實「抓錯了藥方」。但是他「治病救人」的行為本身不應該受到嘲笑，相反，值得後世學習。在政治當中，貴族精神、道義原則和對仁義必將勝利的信念，永遠不應該過時。不理解宋襄公，笑話宋襄公「蠢」的人，不是對貴族精神缺乏了解，就是思想現實、習慣了權謀與明爭暗鬥。

泓水之戰：規則與貴族的榮譽

　　從實踐角度來說，泓水之戰代表著中國的戰爭發生了重要轉折，光明正大作戰的禮義之兵退出歷史舞臺，以「詭詐奇謀」為指導的戰鬥方式興起。中國人開始植入「兵者，詭道也」的觀念，戰爭再也不復貴族時代的單純。同樣的轉變，從戰場蔓延到了政壇。開門見山的政策主張、光明正大的政治角力、持之以恆的理想堅持都被拋棄了，取而代之的是陽奉陰違、反覆無常，甚至是爾虞我詐。貴族政治日薄西山，宋襄公式的政治人物幾乎絕跡，道德淡出了戰場，也淡出了政治。堅持「仁義道德」的人，被人們看作迂腐的人，往往是政治的失敗者；而深謀遠慮、複雜多變的人，卻容易成為英雄豪傑。泓水之戰的第二年，西元前 637 年，宋襄公因為傷痛發作，不治而死。

摘纓大會：身分制的尷尬

摘纓大會：身分制的尷尬

　　春秋五霸之一的楚莊王，有一次平定了叛亂，凱旋後大宴群臣，以示慶祝。楚莊王很高興，讓自己的嬪妃也出席助興，卻沒想到因此產生了問題。

　　席間美味佳餚，自然不在話下；君臣雙方都很高興，輕歌曼舞，觥籌交錯，一直持續到太陽落山，君臣都沒有散席的意思。楚莊王下命，點起蠟燭夜宴。他還特別吩咐自己的寵妃，輪流去給群臣倒酒。輪到楚莊王最寵愛的妃子許姬給大臣們倒酒的時候，忽然吹來一陣大風，把筵席上的蠟燭都熄滅了。宴會上的能見度一下子就低了下來。好在大家興致都很高，還在那裡嘻嘻哈哈的，情緒並沒有受影響。

　　不一會，楚莊王看到許姬迅速跑了過來，他感覺有點不對。等許姬來到了跟前，楚莊王仔細一看，只見愛妃神色緊張、渾身顫抖，寬大的衣袖也破了，耷拉在那裡。這是怎麼回事？

　　許姬生氣地附在楚莊王的耳邊，說剛才那陣風把蠟燭都吹滅的時候，突然有一個大臣猛地拉住了她的手，許姬毫無防備，那個大膽的大臣想趁機再把許姬拉到自己懷裡，許姬明白過來，拚命掙扎，撕斷了衣袖才得以掙脫。也就是說，剛才發生了一起「調戲王妃」的惡性事件。

　　說完，許姬遞過來一個帽纓。原來，那個大臣行非禮之事的時候，許姬急中生智，在掙扎中趁機把他頭盔上的纓帶給扯了下來，現在拿過來向楚莊王作證。許姬建議楚莊王點

亮蠟燭，只要查看群臣的帽纓，就可以找出剛才非禮王妃的狂徒。楚莊王聽完許姬的告狀，迅速思考起來。那麼，他會怎麼辦呢？

擺在楚莊王面前的選擇只有兩個。第一個選擇就是下令點起蠟燭，查看群臣的帽纓，揪出那個膽敢在君王面前調戲王妃的狂徒，嚴厲處置，這也是最合乎情理的選擇。第二個選擇正好相反，就是睜一隻眼，閉一隻眼，裝作這件事情沒有發生過。可是，這第二個選擇也有問題，畢竟有人調戲了許姬，怎麼才能讓這件事情不被人察覺，當作沒發生過呢？

楚莊王沉思了一會後，下令先不要點起蠟燭。他大聲宣布：「今日設宴，寡人與諸位要盡歡而散。請諸位都摘去帽纓，盡興飲酒。」聽了楚莊王的命令，大臣們紛紛把帽纓摘掉。又過了一會，楚莊王才下令點上蠟燭。如此一來，楚莊王明確表達了不願追究非禮王妃的大臣的罪責，事實上除了犯罪者本人，其他人都不可能知道到底是誰調戲了許姬。最終，這場宴會盡歡而散。散席回宮後，許姬怪楚莊王不給她做主。大臣調戲王妃，君王都不聞不問。楚莊王解釋說：「此次君臣歡宴，目的是增進君臣感情。況且，酒後失態是人之常情。如果一定要追究責任，嚴加治罪，豈不是破壞宴會的氣氛，哪裡還有君臣歡宴的味道？」之後，楚莊王也始終沒有追究此事。這就是歷史上的「摘纓大會」。

楚莊王為什麼會有「摘纓大會」的舉動呢？要知道，楚

摘纓大會：身分制的尷尬

莊王是一個「不鳴則已，一鳴驚人」的君王，在戰場上叱吒風雲，是強硬的「春秋五霸」之一。他想懲治調戲愛妃的大臣，易如反掌。楚莊王之所以不予追究，顯然有更深層次的考慮。

後人對「摘纓大會」有不同的解讀，其中最流行的解釋說，這是楚莊王攏絡人心的「帝王之術」。相對於大臣們的忠誠，一個妃子算得了什麼呢？所以，楚莊王犧牲了許姬，保護了那個犯事的大臣。後人還給「摘纓大會」補充了不同的版本、但是核心內容類似的故事，作為這種解讀的注腳。當時，楚莊王正在與北方的晉國爭奪霸主地位，兩國的爭鬥很激烈，爆發了多次戰爭。幾年後，楚國與晉國交兵，楚莊王被晉將追襲，部下將領唐狡拚死前來救駕。也有說法是，楚國進攻依附晉國的鄭國，遭到鄭國的拚死抵抗。唐狡自告奮勇，衝鋒在前，為楚莊王拚死衝殺，最終迫使鄭國屈服。戰後，楚莊王論功行賞，他表示不要賞賜，並且坦承自己就是當年在宴會上非禮王妃的人。如今在戰場上拚死作戰，就是為了報答楚莊王當年的寬恕之恩。這種主題的故事很多，也有把唐狡叫作蔣雄的，但君臣之間「投桃報李」的核心內容沒有改變。後人編造這樣的故事，既解釋了楚莊王「摘纓大會」的目的，也印證了楚莊王此舉收穫了實實在在的功效。

如果把「摘纓大會」僅僅看作楚莊王駕馭臣子的手段，

那麼就把事情簡單化了。我們把「摘纓大會」放在社會大背景中考察，從春秋禮法的制度角度去衡量，這件事情有著更加豐富、厚重的含義。

中國古代社會是一個「身分社會」，貴族和官員階層居於上層。古代中國的社會等級非常分明，並且表現在社會生活的方方面面。《管子‧立政》有言：「度爵而制服，量祿而用財。飲食有量，衣服有制，宮室有度，六畜人徒有數，舟車陳器有禁，修生則有軒冕、服位、穀祿、田宅之分，死則有棺槨、絞衾、壙壟之度。」人們從衣服器物上就可以看出高低貴賤來，「是以天下見其服而知貴賤，望其章而知其勢」。可以這麼說，身分社會是古代中國的主要特徵之一，古代政治、社會生活的方方面面是在這個基礎之上展開的。

春秋時期處於貴族政治的時代，世襲貴族占據社會的頂端。身分、地位等關鍵詞，在春秋時期尤其重要。處於上層的貴族官員階層，肯定要維護自己乃至本階層的身分，確保種種利益和特權。其中的一個重要做法，就是保證自己的權威，維持自己的顏面。這應該也是一項基礎性的工作。一個貴族，一旦受到侮辱、嘲罵，就會威嚴掃地，還怎麼凌駕在平民、奴隸階層之上？他所屬的家族，還有整個貴族階層，都會感覺受到了冒犯。在「摘纓大會」上，如果楚莊王堅持要追查到底誰是調戲王妃的大臣，就把這樁醜聞公開化了。整個楚國的貴族階層都會感覺受到了冒犯。最終不是一個人

摘纓大會：身分制的尷尬

受到處罰，而是整個階層顏面掃地。而「顏面」兩個字，在貴族眼中至關重要。所以，先秦時期就有「刑不上大夫」的說法，目的就是保證貴族階層的尊嚴和身分。對貴族士大夫的處罰，各國、各個時期都很慎重。它雖然是權貴們的一項特權，也是維持身分社會的必要手段。

那麼，如果貴族真的犯罪了，怎麼處罰他呢？「刑不上大夫」裡面的「刑」指的是一般的刑罰，如肉刑、罰役、徒刑等。比如，你不能罰士大夫去搬石頭做苦役。可是，在一般的刑罰之外，還有很多「附加刑」，如沒收財產、剝奪待遇、削弱爵位等。各國可以用附加刑來懲罰他。比如，楚國後期的大夫屈原，為楚國其他貴族排斥，被流放湖南。流放，在當時就是一種附加刑。先秦時期的許多貴族，犯了罪或者政場失利了，往往自我放逐。這樣既避免了可能遭受的屈辱懲罰，同時也為當權者解決了「如何懲罰他」的難題。

如果一個貴族犯了重罪，整個貴族階層都不能寬恕他，非死刑不能解恨，那怎麼辦呢？遇到這種情況，貴族階層也會處死犯罪的貴族。但不會像殺死平民一樣砍頭。貴族的「死刑」只有暗殺、祕密處決和自盡三種。這樣做既是為了保證死者的尊嚴，也是為了維護整個階層的利益。

因為，無論何種死刑，都會傷害受刑者的身體，往往不能留以全屍。在行刑的前後，受刑者還要遭受執行官吏、差役的虐待、侮辱，還要在大庭廣眾之下蒙受圍觀者的嘲諷、

唾罵。對於平日裡高高在上的權貴階層來說，這些屈辱也許比死還要難受。而自盡或者祕密處決，就沒有上述這些缺點。對於貴族和官員來說，暗殺、祕密處決和自盡三種方式可以保存個人的尊嚴和體面。其中，自盡，不管是主動的，還是被動的，是古代權貴最「青睞」的死法。

舉例為證：秦始皇駕崩之後，胡亥、趙高等人圖謀篡位，最大的對手就是太子扶蘇和邊關大將蒙恬。胡亥等人假傳秦始皇詔令，「賜死」扶蘇和蒙恬。扶蘇肯定也覺得奇怪，但為了保持一個太子的尊嚴，自盡了。蒙恬覺得奇怪，抗旨不遵，結果遭到逮捕，被關押到大牢裡。進大牢後，蒙恬自殺了。他自殺的原因，不是「畏罪」，而是為了免於進一步的刑訊逼供，免於遭到獄卒劊子手的殺戮，同樣是為了保持一個貴族的尊嚴。

我們再來看隋煬帝楊廣的例子。隋末江都兵變的時候，亂兵湧入皇宮，要殺死楊廣。楊廣堅持說「天子自有死法」，也就是天子死得要有尊嚴，不能被亂刀砍死。楊廣先是要求飲鴆，也就是服毒，後來改以練巾勒死。

最後，我們來看一個反面的例子，發生在秦國的商鞅變法時期。商鞅變法的一大內容，是明刑重典，推行法治。這對秦國發展，是有利的；對商鞅的命運，是有害的。他得罪了秦國的貴族階層。秦國太子不守法，商鞅嚴厲懲罰了太子的兩位老師，也就是兩位貴族。一位被割去了鼻子，一位臉

摘纓大會：身分制的尷尬

上被刺字。這兩種刑罰是當時懲罰平民的主刑，但是對貴族來說是天大的侮辱。兩位太子太傅受刑後，連續幾個月躲在屋子裡，羞於見人。如果商鞅把他倆流放天涯海角，或者乾脆殺了他們，他們可能還好受一點。他們恨死了商鞅，秦國的貴族都恨死了商鞅，因為商鞅等於是羞辱了整個秦國貴族階層。商鞅的悲劇性結局與此密不可分。

綜上所述，「刑不上大夫」是古代對貴族官員的司法優待，放在身分社會背景下，是可以理解的。我們也就明白為什麼「賜死」、「賞白綾三尺」要「謝主隆恩」了。儘管從秦漢開始，貴族政治的色彩越來越淡，但歷朝歷代都規定一定級別以上的官員，可以不受主刑。魏晉以後還發展出了「八議」制度。「八議」制度是一種特權制度，這項制度規定，有八種人犯罪，必須交由皇帝裁決。「八議」為：議親、議故、議賢、議能、議功、議貴、議勤、議賓。他們不是皇親國戚、前朝貴冑，就是對國家作出過突出貢獻的高官顯貴。這八種人犯罪，司法機關無權審判，必須奏請皇帝裁決，由皇帝根據罪犯的身分及具體情況斟酌定罪，一般情況下，皇帝都會對犯罪者減輕罪罰。

我們在影視作品中會看到，某個達官顯貴被綁赴刑場，即將行刑了。這個時候，往往有一個大臣，或者太監，風塵僕僕地跑過來，手裡舉著聖旨高喊：「刀下留人！」最終，刑場上的達官顯貴，不是死刑改為監禁、流放，就是罷官革

職，甚至是一場血光之災從此煙消雲散。清朝咸豐皇帝之前，內閣大學士沒有一個被執行死刑。咸豐年間，大學士柏葰因為科場舞弊，判處死刑，押赴刑場。他以為只需要走個過場，就會有人來傳聖旨，刀下留人，將自己流放了事。所以，柏葰早早安排家人收拾行李，準備啟程。想不到，刀下留人的一幕最終沒有出現。到了大砍刀落下那一刻，柏葰這才意識到，自己創造了一項歷史：他成了清朝唯一一個被執行死刑的大學士。

明白了古代中國身分社會的特徵，明白了權貴群體的內心需求，我們再回過頭來分析在調戲王妃事件中楚莊王的處境。這是一起君臣雙方都難堪的惡劣事件，是讓整個楚國的貴族階層都蒙羞的醜聞。嚴厲懲處犯罪者並不是最現實的選擇，也不是最佳的選擇，「摘纓大會」才是符合當時制度背景的現實選擇。

百里奚求官：從奴隸到宰相

百里奚求官：從奴隸到宰相

「從奴隸到宰相？」一個是沒有自由、任人宰割的奴隸，一個是高高在上、大權在握，一人之下、萬人之上的宰相，兩者之間有巨大的鴻溝。到底是誰從奴隸奮鬥到宰相，他又是怎麼做到的呢？

本講的主角就是春秋後期的百里奚。百里奚複姓百里，名奚。關於他的身世記載非常少，甚至我們後人都搞不清楚他到底是哪裡人。有人說，百里奚是春秋時期虞國人，也就是現在山西省平陸縣一帶人；也有人說，百里奚是楚國宛邑人，也就是現在河南省南陽市人。大家爭論不休，沒有定論。但是有一點是確定的，那就是百里奚是一個平民，而不是貴族。春秋時期是貴族的時代，一個貴族的家族血脈、居住封地都是確定的。百里奚身世模糊，從一個側面證明了他的平民身分。

平民百里奚有一個壞毛病：喜歡讀書。為什麼說讀書是壞毛病呢？因為，在貴族時代，貴族世世代代是貴族，平民世世代代是平民。讀書認字是用來傳承文化、治理社會的，那都是貴族壟斷的特權。一個平民不好好地埋頭幹活，賺錢生活，有事沒事捧著書讀，就是不務正業。這不是壞毛病是什麼？在血統決定命運的時代，讀書是最沒用的。

沾染上「不良嗜好」的百里奚很快自食其果。他家本來就不富裕，因為百里奚不務正業，不幹活賺錢，家境越來越窮。百里奚一直到三十多歲才娶妻生子。這個年紀都已經超

過了春秋時期中國人的平均壽命了。

還真是「傻人有傻福」，百里奚娶了一位非常堅強、通達的妻子杜氏。杜氏認為丈夫滿腹經綸，是金子總會發光的。既然在家鄉沒有出路，無法憑藉才華提升社會地位，為什麼不行走四方、闖蕩天下尋找機會呢？所以，杜氏就鼓勵丈夫百里奚外出謀事，尋找施展才華的機會，謀求政治出路。臨行前，杜氏決定張羅一桌飯菜，讓丈夫吃飽了才有力氣找工作。家裡實在太窮了，沒有肉，杜氏就把僅有的一隻老母雞殺了。沒有柴，就把家中的門閂燒了。又煮了小米飯，熬了白菜湯，總算是讓百里奚吃了一餐飽飯。臨別時，杜氏叮嚀丈夫苟富貴，勿相忘。百里奚這一去，就是四十年。

那麼，百里奚的求職路順利嗎？可以說是極度不順利。我們之前說過，春秋時期是貴族時代，血統決定命運。當時的權力結構也好、社會結構也好，都是建立在宗法基礎之上的。在理論上，周天子是天下宗主，是各諸侯國的大宗。周天子分封叔伯子侄到各地建立諸侯國，建立了小宗。諸侯的叔伯子侄再一步步建立小宗，就是卿、大夫和士。天子統治天下，諸侯治理一方，卿和大夫們不是鋪助君主統治，就是治理各自的封地。士是沒有封地和官職的貴族，處於貴族階層的邊緣，同時也是官員的蓄水池、後備軍。權力的擁有者，離不開貴族這個大群體，大家都沾親帶故。平民幾乎沒

百里奚求官：從奴隸到宰相

有分享權力的可能，即便能夠進入統治階層，也只能擔任底層的小吏，不可能躍升到端坐朝堂、參與政治的高層。百里奚不是貴族，是行走他鄉的職場菜鳥，碰壁是正常的，快速應徵成功是不正常的。

百里奚想在黃河中下游地區求職。這個地區在春秋時代，人口密集，諸侯國眾多，百里奚覺得工作機會也多。但是他歷經宋國、齊國等國，沒有一個諸侯或者、大夫願意僱用他。百里奚日子越來越不好過，落得個衣食無著，淪落到街頭乞討的地步。

一天，百里奚在討飯吃，遇到了個叫作蹇叔的隱士。蹇叔也是一個讀過書的待業平民，但是家境殷實，日子過得比百里奚好多了。蹇叔在芸芸眾生中，偏偏看中了落魄到極點的百里奚，看好他的才華，蹇叔不僅資助了百里奚，還和他一起踏上了求職路。

齊國是東方大國，百里奚想找齊國國君謀一官職。找工作，誰不想找個大平臺啊！百里奚就是這麼想的，但是蹇叔覺得大國未必就是強國。蹇叔勸百里奚說，齊國內政混亂，不適合長期發展。百里奚聽勸，和蹇叔一起離開齊國。齊國不久後果然發生了政變，百里奚成功躲開了一場災難。他們兩個來到了周朝，周王子頹當時有招賢納士的名聲。王子頹喜歡牛，百里奚恰好有一手養牛的本領，就去找王子頹謀求祿位。面試的結果非常好，王子頹想聘請百里奚給自己養

牛。在周朝的王子看來一個平民百姓只配給自己養牛。這已經是天大的機會了，百里奚非常心動，很想接受這份工作。蹇叔又一次勸百里奚，你是有理想、有抱負的讀書人，難道就滿足於給一個王公貴族當飼養員？況且王子頹志大才疏，恐成不了什麼大事。百里奚冷靜下來後，覺得很有道理，主動放棄了這次機會。不久，周王室也發生了政變，王子頹被殺，百里奚又躲過了一場災難。

後來，百里奚和蹇叔一起來到了虞國，虞國的君臣覺得百里奚是一個人才，決定授予他大夫的官職。蹇叔又勸百里奚說：「虞國的國君素養低下，不僅不會重用你，而且虞國的前途堪憂。」

百里奚知道蹇叔的話有道理，但是實在是漂泊多年，經不住官位、利祿的誘惑，他決定留在虞國，當了一個大夫。

按說，百里奚實現了從平民到大夫的跨越，也有了施展才華的機會。但是就像蹇叔說的那樣，虞國國君並不重視百里奚，只是把他當作一個可有可無的官員而已。而且，虞國國君貪財好利，是個沒有長遠眼光的小人。虞國的北方是強大的晉國。晉獻公一直想吞併周邊弱小的鄰國。為了吞併虞國，晉獻公投虞君之所好，用千里馬和白璧作誘餌，向虞國借路去攻打南邊的虢國。大夫宮之奇勸諫虞君說：「虢亡，虞必從之……諺所謂『輔車相依，唇亡齒寒』者、其虞、虢之謂也」，可是虞君不聽。宮之奇料定虞國必亡，攜帶全家

百里奚求官：從奴隸到宰相

老小逃亡去了。百里奚見狀，知道多說無益，便默不作聲。果然，晉國軍隊滅亡了虢國後，在凱旋途中順便滅亡了毫無防備的虞國，虞君和百里奚都成了晉國的俘虜。成語「假道伐虢」、「唇亡齒寒」就出自這個故事。

虞國滅亡後，百里奚拒絕在晉國做官，晉獻公也不強留。當時晉國和秦國頻繁聯姻，史稱「秦晉之好」。剛好晉國公主要嫁到秦國去，晉獻公就把百里奚充作媵人，也就是陪嫁的奴隸，和嫁妝一起送到秦國去。百里奚此時已經年過半百，鬚髮皆白，背井離鄉闖蕩多年，好不容易謀了個一官半職，如今又跌落到谷底，連平民都當不了了，而且還變成了奴隸。一般的奴隸也就算了，還是一個陪嫁的奴隸。百里奚覺得，這簡直就是一種侮辱，自己空有一身才學和滿腔熱血，最後只落得成為一件「嫁妝」。百里奚實在接受不了，中途逃走，跑到了南方的楚國。這是西元前 655 年的事。

事情若是就這麼過去了，百里奚極有可能變成一個淹沒在歷史大潮中的無名人物。然而，偶然事件往往影響了歷史大局。當時秦國的國君秦穆公，突然對晉國送來的嫁妝發生了興趣，接著又翻看了嫁妝目錄，發現少了一個陪嫁的奴隸。當時奴隸逃亡的現象應該普遍存在，但是秦穆公偏偏對眼前的這個奴隸興趣濃厚，調查了一番，結果發現百里奚極有可能是一個有才學、有抱負的政治人才，秦穆公想把百里奚找回來。百里奚已經流落到楚國，以放牛養馬為生。秦穆

公就想派遣使節，拿著厚禮請楚國把百里奚送回來。可是轉念一想，不行！如果這麼大張旗鼓，楚國肯定會懷疑秦國為什麼這麼重視一個逃亡的奴隸。等楚國明白過來後，他們就會搶先重用百里奚，秦國就相當於白白把一個人才送給了楚國。那怎樣才能把百里奚要回來呢？

秦穆公想到了一個好辦法。當時，一個奴隸的價格等於五張公羊皮。秦穆公就派了一個小官，拿若五張公羊皮到楚國去，告訴楚國人說，現在奴隸逃亡很嚴重，我們有一個晉國送來的陪嫁奴隸逃到了貴國，為了殺一儆百，我們用五張羊皮把他要回來，押回國內嚴加處置。楚國人相信了，覺得沒有必要因為一個奴隸得罪秦國，把百里奚押上囚車，將他歸還了秦國。

秦穆公終於見到了百里奚。他看到自己寄予厚望的人才竟然是一個步履蹣跚、鬚髮皆白的糟老頭，理想和現實的差距太大了，心裡肯定是失望的。所以，秦穆公首先就問百里奚：「您今年多大了？」百里奚老實回答：「七十歲了。」秦穆公說：「年紀有點大了。」百里奚不服老，說：「國君如果要我去上山打虎、下海擒龍，我的確年紀太大了。但是治理國家，我比姜子牙還要小幾歲呢！」百里奚把自己和西周開國元勛姜子牙相提並論，秦穆公一下子對他產生了濃厚的興趣，想看看他到底有什麼真才實學。於是，秦穆公跟百里奚談論天下局勢、國家大事。不談不要緊，一談嚇一跳。秦穆

百里奚求官：從奴隸到宰相

公驚喜地發現，百里奚上知天文，下知地理，舉凡軍事外交、財政法律、行政管理，樣樣都有獨到的見解，百里奚不是普通的人才，而是安邦定國的大才。秦穆公知人善用，馬上就要任命百里奚為上大夫。這是品級很高的官位，是輔佐國君的重臣。

秦穆公這麼大的動作，倒是把百里奚給嚇著了。百里奚推辭自己是「亡國之臣」，恐怕不適合擔任這麼重要的職位。春秋時代的人們大多很迷信，覺得起用亡國的大臣不吉利。但是秦穆公堅持說：「虞國國君不會重用您，所以亡國了。這不是您的罪過。」他堅持要把國家大事託付給百里奚，拜他為上大夫。秦國人稱百里奚為「五羖大夫」，意思是五張羊皮換回來的大夫。

百里奚還幸運地找到了失散四十年的妻子杜氏和兒子，一家人在秦國團聚。他成功實現了「從奴隸到宰相」的逆襲。

百里奚向秦穆公推薦了好朋友蹇叔，說自己比不上蹇叔。他講述了自己的經歷，認為蹇叔的才能也被埋沒了。秦穆公果斷地派人迎請蹇叔，也任命他為秦國的上大夫，蹇叔也完成了人生逆襲。之後幾年間，秦國在百里奚、蹇叔等人的治理謀劃下，吞併了西北二十多個小國，使秦國站穩了腳跟，然後向東擴張，打敗晉國，把領土擴展到黃河西岸，成為了西方大國。秦穆公也成為「春秋五霸」之一。

百里奚死後，「秦國男女流涕，童子不歌謠，舂者不相

杵。」這反映出秦國君臣對百里奚的深切哀悼，也反映了百里奚在秦國的施政，取得了卓越的成就。

百里奚的故事能夠流傳下來，一方面固然是因為他是秦國崛起的重要功臣，更重要的原因是百里奚傳奇的人生經歷。他的傳奇，是春秋時代的一個奇蹟。在貴族政治下，官職是世襲的，普通人家的子弟想當官是極其困難的，百里奚、蹇叔這樣的例子實屬鳳毛麟角。正是因為罕見，所以人們才津津樂道、千古傳誦。幾乎同時期，鄭國也有一個叫作燭之武的人，有若類似的傳奇經歷。

燭之武，嚴格來說，並不是一個人的名字。「燭」是鄭國的一個地名，「燭之武」直譯就是「燭那個地方一個叫作『武』的人」，和「天津衛張三」、「王府井李四」類似。秦晉兩國聯軍，猛攻鄭國。大兵壓境，鄭國沒有還手之力、首都被圍得水洩不通。鄭國眼看就要亡國了。這時候有人推薦燭之武，鄭伯無奈之下，召見燭之武要破格使用。其實就是想讓燭之武去擊退秦晉聯軍。

燭之武很有意思，先抱怨了一通：「臣之壯也，猶不如人；今老矣，無能為也已。」意思是，我年輕的時候，國家不用我；現在我老了，幹不動了。害得鄭伯趕緊道歉：「吾不能早用子，今急而求子，是寡人之過也。」那一年，燭之武也是七十歲。

燭之武、百里奚這樣的傳奇故事，在貴族政治下實屬罕

百里奚求官：從奴隸到宰相

見，成功的案例屈指可數。然而，他們的出現，象徵著血統決定命運、貴族世襲官職的政治制度開始鬆動了。極少數有才華的平民百姓，有可能獲得權力，進入統治階層。這是因為春秋戰國時期是一個動盪的時代，戰亂頻繁，幾乎是三年一小戰、五年一大戰。各國都在全力應付戰爭，圖強爭霸。在這樣的情況下，原有的貴族階層就面臨著巨大的競爭壓力，迸發出強烈的生存慾望。可是，個人的能力畢竟是有限的。當個人能力不足以自保、自強的時候，最現實的選擇就是把一部分權力讓渡給有能力的人。現有的貴族階層透過與其他人分享權力，來實現既得利益的「保值」、「增值」。我們看到，春秋戰國時期各國的「變法」、「求賢」、「養士」等行為，都包含著類似的考慮。這就給百里奚、燭之武等平民提供了上升的渠道。所以才會出現「從奴隸到宰相」的傳奇故事。

一旦開放了政權，想要把分享出去的權力重新收回來，是不現實的。歷史的發展表明，貴族階層同意分享權力後，這種趨勢迅猛發展起來，速度越來越快，最終衝擊到了貴族政治本身。中國歷史慢慢從貴族政治向賢能政治轉化。百里奚的人生經歷，正好是這個偉大歷史轉折的閃亮見證。

顏斶說齊王：士的誕生

顏斶說齊王：士的誕生

顏斶是戰國時期齊國士人。士人的出現，是春秋戰國社會發展的一大趨勢。當時，王公貴族紛紛禮賢下士，聘請士人輔助自己圖強稱霸。士人也為主人作出了不少貢獻，展現了高超的見識、能力。在我們現在看到的許多春秋戰國時期的文獻中，士人的言行記載占了極大的比例。「顏斶說齊王」的故事就是一段有關士人定位的討論。

一次，齊宣王召見顏斶，對若他喊：「顏斶，上前來！」顏斶沒有走上前去，反而叫道：「齊王，上前來！」一個平民百姓竟敢和齊王叫板，齊宣王滿臉不高興。

齊王不高興，後果會很嚴重。左右大臣趕緊責備顏斶說：「大王是一國之君，而你顏斶，只是區區一介草民。大王喚你上前，你竟然也叫大王上前，這樣做成何體統？」顏斶不慌不忙地說：「如果我上前，那是趨炎附勢；而大王過來，則是禮賢下士。與其讓我蒙受趨炎附勢的惡名，倒不如讓大王獲取禮賢下士的美譽。」

顏斶的這兩句話，一下子說得左右大臣們啞口無言。

但是，齊宣王還是很生氣。他怒形於色，喝斥顏斶：「究竟是君王尊貴，還是士人尊貴？」齊宣王的這個問題，是中國政治上一個重要的命題。不同的人有不同的解讀。只聽顏斶不卑不亢地回答說：「自然是士人尊貴，君王並不尊貴。」

齊宣王就問他：「這話怎麼講？」顏斶回答：「我舉個

例子，以前秦國伐齊，秦王下令：『有敢在柳下季墳墓周圍五十步內打柴的，殺無赦！』秦王又下令：『能取得齊王首級者，封侯萬戶，賞以千金。』由此看來，活著的國君頭顱，比不上死去的賢士的墳墓。」這裡的柳下季就是大名鼎鼎的柳下惠，是魯國的大夫，品行高尚、堅持原則，受到各國朝野的敬仰。秦國進攻齊國的時候，路過柳下惠的墓地，秦王為了招攬人心，所以下令保護柳下惠的墓地。比起齊王的首級，秦王顯然更重視柳下惠的墓地，顏斶舉這個有點特殊的例子，的確可以說明士人比君王要重要，但赤裸裸地諷刺齊王，齊宣王肯定不高興。

齊宣王左右近臣維護君王的權威，與顏斶展開辯論。有大臣說：「顏斶，齊國是萬乘大國，立有千石重的大鐘，萬石重的鐘架。天下知仁行義之人都投奔齊國，為齊王服務：智謀之士無不趕到齊國，發揮他們的聰明才智。四方諸侯不敢不服。齊王所要的東西無不齊備：全國百姓無不擁護。齊王是多麼的偉大！可如今所謂的『高尚之士』，不過是被人稱作匹夫、徒步等鄙賤之人而已，他們身處農村，等而下之者不過是邊遠地方里巷的看門人而已。士人是這般的下賤，怎麼能和齊王相提並論呢？」

我們不知道主動站出來與顏斶辯論的大臣是誰，但是，他辯論的理由實在是不夠充分。他只是渲染君王的富貴和士人的窮迫，試圖用權勢來壓服顏斶。可是，真正的士人是權

顏斶說齊王：士的誕生

勢能夠壓服的嗎？

顏斶就反對說：「我聽說，遠古大禹時代，諸侯有萬國。為什麼會這樣呢？因為諸侯掌握了一套重教化、治國、愛民的辦法，並且重視士人，善於發揮士人的才幹。所以舜帝出身於卑賤農家，發跡於窮鄉僻壤，最終成為了天子。到了商湯時代，還有三千諸侯國。可是到了現在，稱孤道寡的只不過二十四家了。這難道不是由於『得士』和『失士』的政策造成的嗎？如果國家兼併繼續下去，諸侯漸漸被消滅，到那時，諸侯就是想做個邊遠地方里巷的看門人，都求之不得了。從古至今，從來沒有過沒有士人輔助而建功立業的君王。」

顏斶用歷史發展的大趨勢，證明了君王要建功立業，離不開士人的輔佐。顏斶提到了諸侯兼併的現實，到戰國時諸侯國已經不多了，強國有七個，小國不過十餘個。面對這麼嚴峻的現實，各個諸侯都要尋求士人的支持和輔佐。社會上游蕩著一個士人的階層。他們大多是知識分子，或有政治才能、能辯善謀，或有非凡的膽識、過人的見識，或有一技之長，甚至身懷絕技。士人可以東奔西走，尋找合適的出仕機會，只要有本事不怕找不到發揮的機會。但是諸侯君王就不一樣了，他們固定在某個國家，要為國家存亡直接負責。一旦國家滅亡，君王其的就是想找個邊遠里巷做看門人也難了。由此可見，士人比君王自由，比君王重要。

我們舉戰國時代的著名策士蘇秦、張儀來作為例子。蘇秦、張儀兩人都刻苦攻讀，學有所長，擅長策略謀劃。戰國前期的天下格局很混亂，西邊的秦國最強，壓迫東方六國，但又不足以打敗六國。幾個國家之間打來打去，局勢一片混亂，常常是誰都得不到好處。蘇秦、張儀兩人就憑自己的力量，釐清了混亂的格局，塑造了之後的國際格局基調。首先出場的是蘇秦，蘇秦遊說列國，提出了六國「合縱抗秦」的戰略思想，並成功說服六大強國，組建了合縱聯盟。蘇秦主持了六國的盟會，佩六國相印，風光無限。六國聯合後，實力強大，把秦國勢力牢牢限制在西部。秦國十五年不敢出函谷關。

張儀則提出了「連橫」策略，遊說秦國。他主張秦國交好東方六國中的個別國家，破壞六國的合縱。秦惠王封張儀為秦國相國。張儀出使遊說東方諸侯，各國紛紛由「合縱抗秦」轉變為「連橫親秦」。張儀因此被秦國封為武信君。蘇秦和張儀兩人在當時發揮了巨大的作用。史載：「蘇秦為縱，張儀為橫，橫則秦帝，縱則楚王，所在國重、所去國輕。」一個人的去留可以決定國家的興衰和國際格局的變動。後人已經記不住當時戰國七雄中各位國君的名號，但牢牢記住了蘇秦、張儀兩個人。

齊宣王聽了這一番辯論後，感嘆道：「唉！怎麼能夠侮慢君子呢？寡人這是自取其辱呀！今天聽到顏斶高論，才明

顏斶說齊王：士的誕生

白輕賢慢士是小人行徑。」道過歉後，齊宣王向顏斶伸出了橄欖枝，希望顏斶為自己所用。齊宣王說：「希望先生能收寡人為弟子。如果先生與寡人相從交遊，衣食住行我都給先生最好的，食有肉、出有車；先生的妻子兒女也全都錦衣玉食。」

　　齊宣王認定顏斶是有用之才，能夠鋪佐自己。他向顏斶伸出了橄欖枝，邀請他加入齊國的執政團隊。這是天下士人夢寐以求的機會。那麼，顏斶會如何選擇呢？

　　事實上，得到君王的賞識，輔佐君王成就一番事業，是戰國士人的目標，所謂「學成文武藝，貨與帝王家」。戰國士人的觀念是積極入世的，雖然在求職過程中自由灑脫，可以挑選，一旦跟定了某個君王，往往表現得很忠誠，傾盡所學來鋪佐君王。戰國士人雖然鄙視權勢壓人，但又追逐權勢，他們需要權勢來提供展現才華的機會。蘇秦如果沒有東方六國的支持，能夠實踐自己的合縱策略思想，主持六國聯盟嗎？張儀如果沒有秦國的認可，也無法實踐自己的戰路思想，登不上歷史舞臺。士人個人的價值，也展現在所依附的政治實體的價值之上。個人價值和君王價值是統一的。

　　蘇秦學成初期，遊歷諸侯國，潦倒不得志，回到家鄉還道遇了家人和親戚的嘲諷、冷遇。妻妾不認他這個丈夫，哥哥嫂子不認他這個弟弟，父母不認他這個兒子。等到他衣錦還鄉時，「父母聞之，清宮除道，張樂設飲，郊迎三十里：

妻側目而視，傾耳而聽」；最誇張的是蘇秦的嫂子「蛇行匍伏、四拜自跪而謝」。蘇秦見嫂子這副模樣，問她：「嫂何前倨而後卑也？」為什麼前後態度反差這麼大？嫂子倒也實話實說：「季子位尊而多金。」蘇秦不禁感嘆道：「嗟乎！貧窮則父母不子，富貴則親戚畏懼，人生世上，勢位富貴，蓋可忽乎哉！」依附政治實體，可以讓一個士人富貴傲人，更可以給他提供實現理想抱負的平臺與機遇，難怪天下士人趨之若鶩。

顏斶過人之處，在於他超越了同時代士人的知識水準。面對齊宣王的善意邀請，顏斶並沒有欣喜若狂，相反，顏斶請求告辭回家，他對齊宣王說：「美玉產於深山，一經思索就會破壞天然本色，不是美玉不再寶貴，只可惜失卻了本真的完美。士大夫生於鄉野，經過推薦選用接受俸祿，此後並不是不尊貴顯達，但是他們從此失去了自由，形神難以完全屬於自己。我只希望回到鄉下，餓了就吃飯，即使再差的飯菜也會像吃肉一樣津津有味：不慌不忙地走路，即使再長的路也能以步當車。做人可以沒有什麼過錯，自珍自重：內心純潔，行為正直，自得其樂。納言決斷的，是齊王您：秉忠直諫的，則是我顏斶。我已經把我的觀點表達清楚了，希望大王賜我回鄉，讓我能夠悠閒地步行回家。」說完，顏斶很鄭重地向齊宣王行跪拜大禮，告辭而去。

天下君子聽說顏斶的言行後，都讚嘆說：「顏斶的確是

顏斶說齊王：士的誕生

知足之人，返璞歸真，終身不辱。」返璞歸真說的是顏斶聽從內心的呼喚，保持著一顆淳樸真實的心靈。這一點容易理解。那麼，為什麼說顏斶「終身不辱」呢？這就涉及一個更大的命題了。那就是士人保持自由和獨立的問題。

在貴族政治中，不存在自由和獨立的問題。權位是與血統、宗法緊密連繫在一起的，貴族只在特定的宗法網絡中才享有權位，一旦離開了就喪失了權力。他們固定在特定位置，壟斷了權力和知識。到了戰國，宗法制度逐漸瓦解，社會流動性大大增加，很多士人開始自由流動。知識文化也不是貴族的專利，教育開始向更多的人普及，士人就成了中國早期的知識分子。他們雖然擁有了流動性，擁有了知識才華和滿腔的抱負，但是沒有世襲的權位。士人要想實踐才華、展現抱負，必然要投奔諸侯王公或者某派政治勢力，必須要和他們親密合作，其中就存在知識分子從政的悖論。一方面，知識分子需要借助政治提供的平臺，否則無法憑空施展拳腳。可是，每個平臺都有各自的規則與制度，知識分子必須適應它，往往是規則與制度塑造知識分子，而不是知識分子去改造平臺。另一方面，戰國時期的士人也好，後來的士大夫也好，都有渴望人格獨立、思想自由的一面。在束縛之下進行的思考，不是真正的思考，而是對指令的反饋、對權勢的奉承。諸侯王公希望士人提供的肯定不是重複的口號，或者隨波逐流的意見。可是，在適應政治的過程中，士大夫

難免隱藏鋒芒，作出妥協、對自己的思想觀點和主張進行修改，甚至喪失本心，失去了獨立的人格和自由思考的能力。自古以來，知識分子從政後自由舒展、功成名就者是少數，絕大多數從政者不是沒有什麼建樹，就是遭遇了悲慘的命運。一方面是渴望從政，另一方面是從政束縛手腳，這就是知識分子從政的悖論。

權勢對士人的吸引力實在太大了，既能提供施政的平臺，又能給予榮華富貴。但是，付出的代價也是巨大的。我們還是以蘇秦、張儀為例子來說明。

為了維持住脆弱的合縱聯盟，蘇秦時時刻刻都在「走鋼絲」。關東六國誰都不是省油的燈、他們和秦國有矛盾，相互之間的矛盾更多。他們不希望秦國侵略自己的領土，卻覬覦著其他國家的領土，他們只是為了對付更加強大的敵人秦國，而暫時聯合在一起。這就是一個脆弱組合，蘇秦為了拉攏這些人，要付出的心血與努力可想而知。

蘇秦所能依靠的，只有自己對局勢的判斷和三寸不爛之舌。而離間東方六國的，有秦國的挑撥、領土的誘惑、遺留的歷史問題等。最後，他們的聯盟難以為繼，齊國、魏國、趙國、燕國等紛紛開打。聯盟一旦破裂，大家都把攻擊的矛頭對準蘇秦，蘇秦遭到燕國的猜忌，投奔齊國。齊國任命蘇秦為客卿，結果招致齊國眾大夫的嫉妒，眾大夫派人刺殺蘇秦。蘇秦身負重傷，臨終前請求齊王將自己屍體五馬分屍，

顏斶說齊王：士的誕生

根據眾人的反應來判斷凶手，結果，蘇秦遭到五馬分屍。張儀的結局也比蘇秦好不到哪裡去。張儀勞心勞力遊說諸侯，同樣面臨蘇秦的困境。最終，支持張儀的秦惠文王死了，繼位的秦武王不喜歡張儀，張儀出逃魏國，擔任魏相一年後去世。

顏斶早在戰國時代，就神奇地預見到了古代知識分子的「從政悖論」，顏斶不想過蘇秦、張儀那樣的生活，在從政和獨立自由之間選擇了後者。後世還有許多士大夫作出了同樣的選擇，比如嚴子陵、陶淵明。世間存不存在桃花源，這個問題可以爭論：但是有一群人選擇了生活在「桃花源」中，保持精神的獨立與自由，卻是不爭的事實。

長鋏之歌：馮諼客孟嘗君

長鋏之歌：馮諼客孟嘗君

　　春秋時代，貴族政治開始向平民政治過渡。這個轉折的發生和當時激烈的紛爭息息相關。戰國時期，列國紛爭，諸侯和貴族面對激烈的競爭，迫切需要有人給自己出謀劃策，於是王侯將相爭相養士。齊國的孟嘗君、趙國的平原君、魏國的信陵君與楚國的春申君，都養士數千人，號為戰國四公子。今天的故事，就發生在孟嘗君和他的門客之間。

　　孟嘗君姓田名文，是齊國宗室大臣，受封於薛邑，即今山東省的滕州，號孟嘗君，他是齊湣王時期的相國。有個叫馮諼的齊國人，窮得沒法養活自己，托關係找到孟嘗君，說願意在孟嘗君家裡當個門客。但凡毛遂自薦的人，都有一技之長。沒有一技之長，王侯貴族憑什麼要收留你？孟嘗君就問馮諼：「客人有什麼愛好？」馮諼回答：「沒有什麼愛好。」孟嘗君又問：「客人有什麼才能？」馮諼回答：「沒有什麼才能。」如果一般的貴族，遇到馮諼這樣「無才無能」的人，大概都會拒之門外。孟嘗君不愧是戰國四公子之一，心想自己有禮賢下士之名，門下食客三千，也不多馮諼一張嘴，所以笑著回答：「行，我收下你了。」孟嘗君雖然有些看不起馮諼，但還是慷慨地收留了他。

　　孟嘗君門下的食客分為幾等：頭等的門客出去有車馬，一般的門客吃飯有魚肉，下等的門客就只能吃粗菜淡飯了。孟嘗君身邊的人看出來主人有些輕視馮諼，他們就更加輕視馮諼，每天只拿些蔬菜給他吃。過了不久，馮諼靠著柱子

敲擊自己的佩劍，唱道：「長鋏啊，回去吧！吃飯沒有魚。」孟嘗君知道後說：「給他魚吃，按照門下一般食客的標準對待他。」

又過了不久，馮諼又敲起了佩劍，唱道：「長鋏啊，回去吧！出門沒有車。」府上辦事的人都笑話他，又把這情況告訴了孟嘗君。孟嘗君說：「給他備車，按照門下坐車客人的標準對待他。」於是馮諼乘著車，配著劍，去拜訪朋友，說：「孟嘗君把我當作客人看待了。」

又過了不久，馮諼第三次敲起了佩劍，唱道：「長鋏啊，回去吧！沒有辦法養家！」辦事人員開始厭惡馮諼，覺得這個人怎麼這麼貪得無厭、不知滿足。孟嘗君知道後，問馮諼：「馮先生有父母嗎？」馮諼回答：「有個老母親。」孟嘗君就派人給馮老太太送吃的送用的，讓老人家衣食無憂。於是，馮諼再也不唱歌提要求了。

有人可能會覺得奇怪：馮諼這人看不出有什麼本事，孟嘗君為什麼一而再，再而三地遷就他，供養著他呢？戰國時期「養士」是一種風尚，王公貴族聚攏門客，不是直接的付出與收穫的關係，這不是物質交換，而是「養兵千日，用兵一時」。即便是付出的成本太高了，可能收不回去，但是為了博取禮賢下士的名聲，王公貴族也願意花些「冤枉錢」，展現出一種求賢敬賢的姿態。更何況，保不準門客中就隱藏著「不鳴則已，一鳴驚人」的高人。之前，孟嘗君曾經前往

長鋏之歌：馮諼客孟嘗君

西方的秦國，被秦王扣留，就是憑藉兩個「雞鳴狗盜」的門客的幫助，才逃回齊國的。所以，孟嘗君很重視門客隊伍，能夠容忍像馮諼這樣的「異類」。

很快，孟嘗君就遇到了難事。他的門客多達三千人，封地的收入不足以供養這麼多人。先秦的王公貴族沒有俸祿，也就是沒有薪水的，但都有封地。他們就靠封地的收入來供養門客，靠門客的協助來鞏固和擴大權勢，增加封地來獲取利益。這有些類似後世的「投入與產出」的道理。蓄養門客是必需的投資，門客幫助主公飛黃騰達了，就相當於給主公帶來了收益。當然了，這其中是有風險的，並不是所有投資都有收益，也並非所有門客都能協助主公解決困難。所以，王公貴族最現實的做法，就是擴大「投資面」，蓄養很多門客。可是，封地的收入是固定的，供養的門客的數量也是有限度的。孟嘗君因為供養門客太多，不得不尋找其他的收入來源。他就在封地放貸，借錢給老百姓，收取利息。但是，放貸有風險，因為收成不好，借貸者付不起利息，孟嘗君不僅面臨投資血本無歸的危險，而且家裡也拮据起來。孟嘗君著急了，需要門客出面解決難題。

孟嘗君便出了一個告示，詢問門客誰能替他到薛邑去收債。馮諼自告奮勇說：「我去。」孟嘗君先是感到奇怪，問左右：「這人是誰呀？」左右回答：「就是那個唱『長鋏啊，回去吧』的人。」

孟嘗君笑著說：「這位客人看來是有才能的人。我之前沒有接見過他，慢待他了。」這時，孟嘗君展現出了不凡的風度，把馮諼請過來，向他道歉說：「我被一些瑣事纏住了，搞得自己又疲勞又煩惱，加上我生性懦弱愚笨，陷在國事家事之中，一直沒有與先生見面長談。我對不起先生。先生不介意我的慢待，還願意替我到薛邑去收債嗎？」馮諼說：「願意。」於是，孟嘗君給他準備了車馬，馮諼收拾行李，載著借契出發了。臨行前，馮諼問孟嘗君：「債款收齊後，用它買些什麼回來嗎？」孟嘗君說：「你看看我家裡缺些什麼東西，就買些回來吧。」

　　馮諼趕著車到了薛邑，召集欠債的老百姓來核對借契。借契全核對過了，馮諼站起來宣布，主人說了，大家日子都不好過，不然也不會拖欠借款，這些錢我們不要了，都送給大家。說完馮諼當眾燒了那些借契。老百姓們喜出望外，歡呼萬歲。

　　接著，馮諼空手返回來，求見孟嘗君。孟嘗君見馮諼事情辦得這麼快，既驚又喜，穿戴整齊出來接見他。孟嘗君問他：「借款收齊了嗎？怎麼回來這麼快？」馮諼回答：「收完了。」孟嘗君見馮諼赤手空拳，就問：「你用它買了什麼回來？」馮諼說：「臨行前，您讓我看家裡缺些什麼就買回來。我考慮了一下，您宮裡堆積著珍寶，蓄養著獵狗和駿馬，美女站滿了堂下，您什麼都不缺。但是，您缺少

『義』。我就私自用債款給您買了『義』。」孟嘗君更加奇怪了，問：「買『義』是怎麼回事？」馮諼說：「薛是您的封地。您不把封地的人民看作自己的子女，撫育愛護他們，反而用商人的手段在他們身上謀取私利。我假托您的命令，把債款送給了老百姓，還當眾燒了那些借契。老百姓們都高呼萬歲。這就是我給您買的『義』。」孟嘗君聽完，很不高興，但又不便發作，只好說：「好吧。這事就這麼算了吧。」

　　如果是一般的主子，遇到一個並不討人喜歡的門客，自作主張，讓一筆巨款付之東流了，估計會暴跳如雷，不把馮諼的腦袋砍了，也要把馮諼踢出門外。孟嘗君也很生氣，但是他沒有衝著馮諼發火，而是自己默默地承受了這個結果。在這裡，我們也能看出孟嘗君有涵養，有氣量，不愧是著名的戰國四公子之一。

　　孟嘗君更大的難題還在後面。齊國的內政並不團結。孟嘗君身為相國，面臨著數不清的明槍暗箭。有很多人想推翻孟嘗君的地位。一年後，有人向齊湣王進讒言，說孟嘗君聲名遠播，功高震主。諸侯和老百姓都知道齊國有孟嘗君，卻不知道有齊王。齊湣王很不高興，就對孟嘗君說：「我不敢用先王的臣子作我的臣子。」這句話，就是通知孟嘗君：「你被炒魷魚了。」孟嘗君沒有辦法，只有回歸封地薛邑去。

　　離薛邑還有一百里路的時候，孟嘗君就看到老百姓扶老攜幼，在路上迎接他一整天，孟嘗君都看到老百姓絡繹不絕

地趕來迎接，可見大家都很擁戴孟嘗君。孟嘗君回頭，對馮諼說：「先生給我買義的道理，我今天終於明白了。」買義的道理，就是人心的重要性。戰國是一個劇烈變革的時代，諸侯亡國者都不可勝數，更不用說卿大夫了。好的血統出身，只能讓卿大夫有一個政治起點，並不能保障他能走到終點。血統和出身的重要性越來越淡，能依靠的就是自身後天的實力。而民心是自身實力的重要因素。王公貴族蓄養門客，是積攢人心；給老百姓辦好事，更是積攢人心。誰有了強大的民意支持，誰就有了政治對抗的強大後盾。孟嘗君看到了禮賢下士、蓄養門客的重要性，但是沒有進一步下移，去爭取更多的民心。好在馮諼替他做了。如今，即便孟嘗君在齊國朝堂上失勢了，但是他有封地老百姓的衷心擁護，就有了穩固的大本營、根據地，不管政壇風雲如何變幻，孟嘗君總有一個歸宿，一個避風港。

馮諼看得更遠，他對孟嘗君說：「狡猾的兔子都有三個洞穴，那樣就能避免死亡。現在您只有一個洞穴，尚不能墊高枕頭睡大覺。請讓我替您再鑿兩個洞穴。」成語「狡兔三窟」的典故，就出自這裡。

馮諼向孟嘗君要了五十輛車，五百斤黃金，目的是裝出架勢，烘托出氣勢來。他帶著車隊，向西遊說梁國。馮諼對梁惠王說：「我給梁王帶來了一個圖強爭霸的妙計！強國都離不開賢臣的治理。齊國的孟嘗君，天下聞名，而且熟悉治

長鋏之歌：馮諼客孟嘗君

國之道和齊國的虛實。如今，齊竟然把孟嘗君放逐了。諸侯國中，誰首先迎接他，就會國富兵強。」梁惠王覺得有道理，把原來的相國調為上將軍，把相國位置空出來，派遣使者帶上一千斤黃金、一百輛車，浩浩蕩蕩、風風光光地去聘請孟嘗君到梁國上任。

馮諼則赴在梁國使者前面，驅車赴回齊國，提醒孟嘗君說：「一千金，是很重的聘禮；一百輛車，是很顯赫的禮節。梁國的動作這麼大，齊國朝野很快就會聽說這情況了。」梁國是誠心誠意要聘請孟嘗君，但是，孟嘗君並不是真的想去梁國工作。所以，梁國的使者往返了三次，孟嘗君婉拒了三回，推辭不去梁國。孟嘗君此舉，是把梁國挖人的動靜鬧得更大，把戲唱得人盡皆知。

可憐梁國，無償客串了馮諼安排的這出大戲。

齊湣王很快知道了這個情況，齊國君臣都驚慌害怕起來。如果孟嘗君真的做了梁國的宰相，別人就會說齊國的宗室竟然被他國吸引走了，不僅齊國臉面無光，而且本國的虛實都被他人知曉，這對齊國的國家利益是重大損害。所以，齊湣王決定把孟嘗君留住。他派遣太傅載著一千斤黃金、兩輛彩車，並且解下自己的一把佩劍送給孟嘗君，邀請孟嘗君重新出任齊國相國。齊湣王還寫了一封書信向孟嘗君道歉：「我很倒楣，遭受祖宗的懲罰，又被那些逢迎討好的奸臣所迷惑，得罪了您。您不幫助我沒關係，但是我們是

同宗同胞，希望您能顧念祖先宗廟，姑且回來統率全國人民吧！」齊湣王都做到這一步了，孟嘗君決定返回首都臨淄，復任相國。

馮諼的本意也是讓孟嘗君挾外援再登相位。但他沒有讓孟嘗君立刻復任相國，而是建議孟嘗君說：「您可以向齊王請來先王傳下的祭器，在薛地建立宗廟。」既然是齊湣王求孟嘗君回來，那麼孟嘗君就可以提條件了。請祭器、建宗廟，會大大提高薛邑在齊國的地位。封地地位提高了，孟嘗君的地位隨之提高。齊湣王答應了。齊國的宗廟建在了薛邑，孟嘗君也復任了齊國的相國。

馮諼這才對孟嘗君說：「三個洞穴都已成了，您可以高枕而臥了！」馮諼給孟嘗君營造的「三窟」分別是：封地老百姓的擁護、齊王的重用，以及建造在封地的齊國宗廟。有了這三大籌碼，孟嘗君在齊國為相數十年，沒有再遇到大災大難。這都是門客馮諼的功勞。

這個故事是戰國時期王公貴族和門下食客相知相得的典範。《戰國策》和《史記》都有專門的記載，雖然具體內容有所出入，但故事的主幹是相同的。它為我們後人提供了了解戰國時期的養士風氣，了解士在戰國政壇的重要作用有直接的幫助。

當初馮諼毛遂自薦到孟嘗君府上當門客，提出了各式各樣在我們看來很過分的要求，但是孟嘗君都一一滿足了他的

長鋏之歌：馮諼客孟嘗君

要求。當馮諼把孟嘗君的借契一把火燒掉，讓一筆巨款付之東流，孟嘗君也沒有追究馮諼。我們可以說孟嘗君禮賢下士，有涵養，有氣量，懂得識人用人，但如果我們僅僅從孟嘗君的個人修養去看這件事，那就錯了。

中國歷史進入戰國，禮崩樂壞、紛爭四起。原有的建立在宗法和分封制度上的權力結構難以為繼，貴族政治加速瓦解。原先屬於貴族階層邊緣的士脫離束縛，游離在諸侯國之間，飄蕩在社會上，所謂「士散於野」，成為一股不可忽視的力量。他們掌握知識，有專業技能，熟悉政治，對制度和國情有相當的了解。諸侯和王公大臣們為了應付日益激烈的國際、國內紛爭，必須借助士人的輔佐，利用士人的力量來鞏固和發展自身權勢。這一點在孟嘗君和馮諼的關係上有突出的表現。如果沒有馮諼這樣的門客的效力，孟嘗君早就在齊國內鬥中失敗了。這就可以解釋為什麼各國諸侯和王公人臣紛紛禮賢下士、求賢若渴，甚至不計成本地招攬、蓄養士人。戰國爭霸，很大程度上可以簡化為爭奪士人的戰爭。士人入齊，則齊強；士人背秦，則秦衰。那時候的政治舞臺，是馮諼、蘇秦、張儀、荊軻等人的舞臺，是士人們你方唱罷我登場的舞臺，在中國古代歷史上譜寫了罕有的繽紛絢爛的篇章。在戰國，多種資源可以自由流動、自由組合。這種自由氛圍催生了很多的精彩故事，也催生了諸多的政治理論，孕育了百家爭鳴的繁盛局面。

當然了，對於孟嘗君、馮諼等人的為人，對於士人階層的行為，每個人都有自己的評價。比如，司馬遷就以「好客自喜」評價孟嘗君，說孟嘗君的許多行為並非出自公心，出於國家利益的考慮，而主要是為自身利益謀劃。士人階層更是為自己、為主人籌劃。每個人都可以從道德、現實各個角度展開評價。但是我們不能否認的是，戰國時期是一個社會寬容、政治寬鬆的時期，在後世，我們很難想像有孟嘗君和馮諼這樣的上下級關係，更不可能出現像孟嘗君這樣挾外援與君主討價還價的情況，時代不同，門客制度也發生了相應的變化。

秦朝統一天下，戰國時代結束，門客制度也演化為其他的形式。比如秦漢魏晉時期，王公顯貴可以自辟僚屬，招募下級官員協助政務，出謀劃策；隋唐時期，達官顯貴擁有參軍、幕僚等；發展到明清時期，官員一般都招募師爺、長隨。名目不同，實質是類似的。達官顯貴們離不開幕僚，需要幫手。但是，先秦之後各種形式的幕僚參隨，很少發揮戰國時期門客那樣的作用。之後的朝代越來越限制王公大臣建立自己的政務團隊，對大臣幕僚團隊的力量非常警惕，生怕威脅到中央集權，危害到皇帝的統治，所以，門客的外表雖然保留了下來，實質卻悄然改變。

鬧朝擊犬：君相纏鬥先聲

鬧朝擊犬：君相纏鬥先聲

　　春秋戰國是一個劇烈變動的時代，貴族政治開始瓦解，出現了許多對中國歷史和政治產生重大影響的新變化。其中有一個從春秋時代一直延續到清朝的政治話題，那就是君權和相權的爭鬥。

　　西元前 607 年的九月底，晉國經歷了一系列的重大變故，幾乎每天都有爆炸性新聞傳出來。先是在當月下旬，執政的晉國正卿趙盾匆匆忙忙地逃出首都，據說逃亡到其他國家去了。趙盾的逃亡非常倉促，連滿朝官員都不知道是怎麼回事。有人說，在位的晉靈公夷皋要殺害趙盾，在召見趙盾的時候埋伏了武士要殺他，可是不知道為什麼還是讓趙盾給跑了。還有人說，當天宮中傳出了好一陣子的砍殺之聲，事後搬運出多具屍體。總之，大家傳得神乎其神。

　　接著，在二十六日，晉靈公夷皋暴斃身亡。國君年紀輕輕怎麼突然就死了呢？有人說，當天晉靈公在自己鍾愛的桃園裡和將軍趙穿飲酒作樂，喝著喝著，趙穿帶來的武士們突然湧上來，把晉靈公殺死了。也有人說，將軍趙穿親自帶著部隊，衝進了桃園，殺死了晉靈公。總之，晉靈公遇害了。

　　幾天之後，又發生了爆炸性新聞。幾天前逃亡在外的正卿趙盾又回來了。有人說趙盾並沒有逃出國境，一直在準備回來。在這個國家沒有國君、政局動盪的特殊時刻，朝廷大臣們都需要主心骨。趙盾很自然地又主持了朝政，準備推舉新君。

就在這個真相撲朔迷離、朝野還沒有從一連串的變故中完全清醒過來的時候，太史，也就是負責記錄歷史的官員董狐，鄭重在國史上記載：「趙盾弒其君。」寫完後，董狐把這條記載拿到朝廷上公布。趙盾說：「事實不是這樣的。國君是趙穿殺的。」董狐回答說：「您是國家的正卿，雖說當時在逃亡，但沒有越過國境，可您回來後不聲討叛賊，您說，弒君的不是您，又是誰？」趙盾無法辯解，嘆氣道：「唉！《詩經》云：『我之懷矣，自詒伊戚。』我依戀祖國，反而自尋麻煩了。」根據趙盾的說法，國君晉靈公並不是他殺的。

　　那麼，晉靈公是怎麼死的？趙盾又在其中扮演了什麼角色？他到底有沒有弒君呢？

　　《左傳》對此事有專門的記載，但是顯然站在為趙盾辯護的立場上。《左傳》記載的題目是「晉靈公不君」，從題目就可以看出它認為此事的責任在晉靈公。君臣有道，君王和臣子都有各自的權利和義務，要遵守一定的準則。君有君道，臣有臣道。哪一方違反了，都是不對的。為此，《左傳》列舉了晉靈公夷皋的種種倒行逆施：

　　晉靈公貪圖享樂，加重賦稅來彩飾宮殿的牆壁。他喜歡從臺子上用彈弓射人，觀看人們躲避彈丸來取樂，人們跑得越慌亂，他越高興。更駭人聽聞的是，有一次廚子燉熊掌沒有燉熟，晉靈公因此殺了他。宮女把屍體裝進筐裡，準備抬

出去扔了，結果在路上被趙盾和大夫士會發現筐子邊緣露出的廚子的手，追問得知了廚子被殺的事。趙盾為此事很憂慮，準備進諫，大夫士會攔住他說：「您是正卿，您進諫，如果國君不接受，那就沒有誰能繼續進諫了。還是讓我先去吧，國君不採納我的意見，您再繼續勸說。」士會進去後伏地行禮準備勸諫，晉靈公假裝沒看到。士會往前走了三次，伏地行禮了三次，靈公還是假裝沒看見。最後，士會差不多都走到了晉靈公跟前了，晉靈公這才不等士會開口，主動說：「我知道所犯的錯誤了，我準備改正它。」士會叩頭說：「國君知錯就改，是國家的大幸，是百姓的大幸。督促國君，是我們臣子的職責。」但是，晉靈公事後仍我行我素，根本不改。趙盾為此多次進諫，一點用都沒有，還引起了晉靈公的記恨。

晉靈公非常厭惡趙盾，但是趙盾勸諫本身並沒有錯，錯的是晉靈公，他沒有正當理由處罰趙盾。思來想去，正常的處罰行不通，晉靈公就決定來「陰」的，而且是直接一步到位。晉靈公找了一個名叫鉏麑的刺客，決定暗殺趙盾。殺了趙盾滅口，估計以後再也沒有人敢在晉靈公耳朵邊絮絮叨叨了。鉏麑選了一天清晨，偷偷潛入趙盾的府邸，埋伏在院子裡的一棵大槐樹上。鉏麑利用繁茂的枝葉的掩護，尋找趙盾的身影。鉏麑看到趙盾臥室的門打開著，當時離上朝的時間還早，趙盾卻已經穿戴整齊、端坐在那裡等待出發。這一幕

把鉏麑給感動了，他感嘆：「趙盾時刻關心國事，時刻不忘恭敬，真是百姓之主。殺害百姓之主，就是不忠。可是，我不履行國君的使命，就是不信。如果讓我不忠不信，我還不如自盡。」說完，鉏麑一頭撞死在了槐樹上。

晉靈公派遣刺客刺殺趙盾不成，心裡又生一計。他決定為趙盾召開一場酒宴，埋伏武士，殺害趙盾。當年九月，晉靈公賜趙盾酒宴，預先埋伏好了全副武裝的武士，等著趙盾走進圈套。為了以防萬一，晉靈公還專門訓練了一頭猛犬，飼養員特意紮了草人，穿戴成趙盾的模樣，再把鮮肉放在草人裡，訓練猛犬去撕咬草人。晉靈公這一招真是夠狠的。到了宴會的那一天，趙盾絲毫沒有防備就去赴宴了，晉靈公先是藉口要看趙盾的佩劍，趙盾就動手去解自己的佩劍，準備呈遞給國君。其實，等趙盾解下佩劍，晉靈公就準備藉口趙盾要行刺，招呼預先埋伏的武士衝上來殺害趙盾。就在關鍵時刻，趙盾的車右提彌明發現情況不對，快步走上堂去，說：「臣子侍奉國君飲酒，超過了三杯，不合乎禮儀。」接著，他不由分說就扶趙盾下堂。晉靈公馬上放出那條猛犬向趙盾撲去，提彌明徒手搏擊猛犬，把牠打死了。此時，晉靈公埋伏的武士蜂擁上來，趙盾和提彌明兩人且戰且退，提彌明為了掩護趙盾逃亡，不幸遇害。

就在趙盾要絕望的時候，有個武士突然把戟掉過頭來，保護趙盾，這個武士叫作靈輒。早先，趙盾打獵的時候，

鬧朝擊犬：君相纏鬥先聲

看到靈輒餓倒在地，就給他東西吃，靈輒留下一半食物不吃。趙盾問起原因，靈輒回答：「我在外當奴僕多年了，不知道母親還在不在，現在離家近了，請讓我把這些東西送給她。」趙盾感動了，堅持要靈輒把食物吃光，同時額外預備了一筐飯和肉送給他。趙盾就這樣救了靈輒母子倆。如今靈輒做了晉靈公的甲士，主動報恩，保護趙盾逃出了宮外。趙盾見國君要殺自己，不得不在當天倉促逃亡。整個故事就被稱為「鬧朝擊犬」。

以上就是《左傳》對晉國此次政治風波的詳細記載，突出了晉靈公的種種不道德行為，向讀者傳遞出「晉靈公該死」的資訊。而趙盾即便涉嫌殺害晉靈公，也帶有正當防衛的意味，責任很輕，甚至有「為國除害」的成分在。《左傳》明顯偏向趙盾，忽略了許多重要的事實。我們只有對一個歷史事件先有一個全面的了解，才可能作出客觀的評價。那麼，本次晉國政治風波還有什麼重要事實呢？

首先，趙盾是一個權臣，掌握國家的軍政實權。在趙盾的勢力影響下，趙氏家族在晉國的勢力急遽膨脹。晉國趙氏的勢力發源於趙盾的父親趙衰，趙衰是追隨晉文公流浪各國，並且輔佐他成就霸業的功臣之一，當時趙衰只是晉國諸多重要大夫中的一位。但他的兒子趙盾擔任了執政的正卿，並且排擠其他功臣，兼任了中軍元帥。晉國軍隊分上、中、下三軍，三軍聽命於中軍元帥，趙盾就等於集軍政大權於一

身。他在國內強制推行法治，並提攜同族子弟，專權二十餘年，權勢如日中天。

趙盾的勢力強大到什麼地步呢？他能夠左右國君的廢立。這就涉及第二個重要的事實，那就是趙盾原本反對晉靈公夷皋當國君。晉靈公是費了一番波折才當上國君的。

晉襄公臨終前託孤給趙盾，囑咐趙盾擁立太子夷皋。晉襄公死後，趙盾召集文武群臣商討立嗣問題。他認為太子夷皋年紀太小，不利於晉國圖強爭霸。趙盾公開主張迎立流亡秦國的晉襄公的弟弟公子雍為新國君，並且派出了大夫士會等人去秦國迎接公子雍。當時，國內反對趙盾的勢力也派人前往陳國迎立流亡的公子樂。趙盾察覺後，派遣殺手在半路刺殺了公子樂，同時逼走了反對派勢力。眼看迎立公子雍就要成為定局了，不料，太子的生母、晉襄公夫人穆嬴強烈反對。她天天抱著太子夷皋去晉國宗廟哭啼，每次朝會時，她和夷皋也是持續不停地哭泣。穆嬴不僅哭個不停，還公開責問趙盾：「國君臨終前將太子託付給你，說太子全靠您的教育輔導。現在先君還沒入土，你就要放棄自己的責任，辜負先君的信任嗎？」穆嬴為了兒子夷皋的前途，就差給趙盾下跪求情了。趙盾心軟了，最終同意以太子夷皋為新國君。夷皋即位後就是晉靈公。

晉靈公年幼不懂事，趙盾進一步聚攏權力，幾乎就是晉國的攝政。事實上，各諸侯國已經把趙盾當作晉國的掌權

鬧朝擊犬：君相纏鬥先聲

人，而趙盾也飄飄然了，把自己當作了國家的代表。當時晉國還是中原霸主，趙盾兩次擔任晉靈公的全權代表，在扈地主持諸侯會盟。其他國家都是國君親自參加，訂約立誓，晉國卻是趙盾參加。他幹了國君才能幹的事情，趙盾以臣子身分，會盟諸侯，開了一個歷史先河。

這些事情，晉靈公看在眼裡，心裡難免會有想法。這就涉及了我們無法忽視的第三個重要事實：晉靈公夷皋和掌握實權的趙盾君臣不和。趙盾對夷皋繼位的反對、趙盾架空國君夷皋的權力、趙氏家族在晉國勢力膨脹，這些都足以讓晉靈公對趙盾不滿，進而怨恨。在晉靈公年紀還小的時候，他的不滿和怨恨還只是小孩子的情緒罷了。可是，等到晉靈公逐漸長大，到了血氣方剛的年紀，不滿和怨恨就要尋找渠道宣泄出來。《左傳》記載的晉靈公的種種不道德行為，的確是晉靈公做錯了。可是如果把上述事實都考慮進去，這些記載何嘗不能理解為一個被架空了的年輕國君，無所事事，進而對權臣的一種變相反抗。晉靈公和趙盾雙方，都對西元前607年九月底晉國的一系列變故負有責任。

權力的一大屬性是排他性。專制君權更是具有絕對的排他性，絲毫不允許他人染指，否則就稱不上是「專制」了。君王的權力，是不會和臣子分享的。一旦臣子使用了專屬於君王的實權，勢必造成君臣矛盾。可是，君王又離不開大臣的輔佐，尤其是有才能、有威望、有經驗的元勛重臣的輔

佐。比如，晉靈公剛繼位的時候，還是一個小孩子，不可能親自執政。趙盾在此時包攬政務，掌握實權，事實上是幫助晉靈公治理國家，客觀上避免了政局動盪，是符合晉靈公的利益的。即便是晉靈公長大成人可以親政了，由於能力和精力的局限，他也不可能每件事情都過問，都處理。每一個君王都離不開大臣的輔佐，君臣儘管會發生矛盾，但又是不可能分離的。君王勢必要讓渡一部分權力，與臣子分享，幫助君王的，往往就是趙盾這樣的宰相級人物。其中的度就很難掌握，君王讓渡的權力太少了，大臣難以發揮輔佐的作用；君王讓渡的權力太多了，很容易產生權臣奸相，進而威脅到君王的權威乃至安全。

根據上面的分析，我們會看到，古代政治會始終存在專制君王掌握的「君權」和以宰相為代表的「相權」之間的矛盾。晉靈公和趙盾的矛盾，只是早期的君權和相權爭鬥的一個表現而已。

此後，這種矛盾會貫穿中國古代史。趙盾式的權臣威脅到君權的情況時有發生。同時，君王也設計了種種制度來限制、分割相權，防止權臣的出現。無論是秦漢時候的虛設三公，丞相職位輕易不授予他人，還是到隋唐時期的三省六部，實行集體宰相制，再到明朝的廢除丞相，另外設置內閣，最後到清朝的軍機處，都是君權和相權角力的表現。雖然在歷史上出現過諸多的權臣奸相，但大的歷史趨勢，還是

鬧朝擊犬：君相纏鬥先聲

君權壓倒了相權。我舉個簡單的例子，來說明這個大趨勢：秦漢時期，君臣議事，雙方都是相對而坐，丞相進出，國君都要起身迎送；到了清朝，君臣議事，皇帝高高端坐在上，軍機大臣要跪聽聖訓，進出都要跪拜皇帝，然後倒退而出。

我們再回到趙盾。晉靈公遇害後，趙盾主持迎立了晉襄公的兄弟公子黑臀為新國君，史稱晉成公。晉成公看到姪子晉靈公的遭遇，不與趙盾爭鬥，繼位後將國政完全委任於趙盾。晉靈公的遇刺客觀上推動了晉國的大臣專權。此後，晉國卿大夫勢力繼續膨脹，君臣矛盾逐漸激化。趙盾死後，矛盾爆發了，趙家被滿門抄斬，只有一個孤兒趙武，因為門客的保護倖免於難，後來在其他卿大夫的幫助下光復門楣，這就是「趙氏孤兒」的故事。「鬧朝擊犬」和「趙氏孤兒」，可以看作兩個「姐妹篇」故事。兩百年後，晉國被國內的趙、韓、魏三家大夫瓜分了，史稱「三家分晉」。西元前 403 年，趙盾的八世孫趙籍正式建國，史稱趙國。

子產為政：「鑄刑鼎」與政治公開

子產為政：「鑄刑鼎」與政治公開

　　門客的盛行、士人階層的出現，無不代表著貴族政治的轉折。今天我們講另外一起重要的轉折事件。西元前536年三月，鄭國執政的大夫子產，將鄭國的刑法鑄在象徵諸侯權位的金屬鼎上，向所有人公布。子產此舉史稱「鑄刑鼎」。之前，中國從來沒有公布過法律，也沒有公布過其他制度文書。「鑄刑鼎」是中國歷史上第一次公布成文法的活動，也是中國政治史上的里程碑式的事件。

　　不過就是公布法律條文嘛，這在現代人看來是一件司空見慣的事情，但是在當時卻掀起了軒然大波，輿論都沸騰了。人們展開了激烈的爭論。這場爭論持續時間頗長，可算是古代政治史上的一大熱門話題。

　　「鑄刑鼎」後，晉國的大夫叔向寫信痛斥子產。鄭國公布法律，竟然招致了晉國的批評，況且寫信的叔向還是子產的好朋友，可見這件事情在當時影響有多大。叔向在信中，系統論述了反對意見，可以看作對當時反對聲音的一個總結。我們來看看叔向的信是怎麼寫的：

　　叔向在信中，先是表達了對子產的失望。接著，叔向指出了「理想」的法制，或者說政治，應該是什麼樣子的。「昔先王議事以制，不為刑辟，懼民之有爭心也。」自古賢明的君王治國理政，依靠的是禮法，而不是刑罰。用道德來約束人們，而不是依靠強制的力量，就是擔心老百姓滋生爭強好勝的心思，忘記了謙和禮讓的性情。

一旦公布法律就會「民知有辟，則不忌於上。並有爭心，以征於書，而徼幸以成之，弗可為矣」。法律不可能包管一切，不可能涵蓋所有的情況和問題，不可能是萬能的。叔向擔心老百姓會利用公布的成文法，鑽法律的空子來謀取私利，利用法律條文來對抗貴族和官員，助長老百姓的僥倖心理、爭鬥心理，到時候局面就會失控了。反之，如果老百姓不知道法律的內容，這些問題就不存在了。同時，統治者還可以把不公開的法律當作治理百姓的工具。

　　接著，叔向開始舉例：「夏有亂政，而作《禹刑》；商有亂政，而作《湯刑》；周有亂政，而作《九刑》：三辟之興，皆叔世也。」夏代的《禹刑》、商代的《湯刑》和周代的《九刑》都是亂世的產物。事實說明，明確的刑罰是亂世的產物。

　　然後，叔向譴責子產擔任鄭國執政以來的種種行為，比如丈量土地、改革稅賦制度，比如獎儉罰奢、限制貴族勢力，現在又大鑄刑書，想要靠這些來安定鄭國，太難了。為什麼就不能學習周文王等前代明君，守禮修德來治國理政呢？

　　最後，叔向預言：「民知爭端矣，將棄禮而征於書，錐刀之末，將盡爭之。亂獄滋豐，賄賂並行。終子之世，鄭其敗乎？」人們知道了法律，就會去「征於書」，大作文字遊戲；就會維護私利而與官府、與他人進行爭辯，就會造成種

子產為政：「鑄刑鼎」與政治公開

種爭端，犯法的人也就會多起來。因此，叔向對鄭國的前途非常悲觀，認為鄭國從此將糾紛四起，人們會拋棄禮法，蠅營狗苟，為一點小小的利益就鑽營爭鬥。鄭國將官司四起，賄賂公行，鄭國就要敗在子產的手裡了。叔向嘆息說：「肸聞之：『國將亡，必多制。』其此之謂乎！」一個國家快要滅亡了，就會多出來許多的法律、制度。鄭國就要滅亡了。

叔向的信寫得很長，話說得很重，那麼子產會作出什麼樣的回覆呢？

子產的回覆非常簡單，只有兩句話。第一句：「若吾子之言，僑不才，不能及子孫，吾以救世也。」子產名僑，在這第一句話，子產謙虛地表示自己沒有像叔向考慮得那麼長遠，而是出於「救世」的目的。子產和叔向所處的地位不同，叔向是晉國普通的大夫，而子產是鄭國的執政，需要對鄭國的命運負責。他遇到的許多困難和情況是叔向沒有經歷的。當時的鄭國在現在的河南省鄭州附近，是中原地區的一個小國，四周都是虎視眈眈的大國。而鄭國地勢又是一馬平川，無險可守，經常成為大國爭霸的戰場。尤其是當春秋進入北方的晉國和南方的楚國爭霸的時候，夾在晉楚之間的鄭國就成為兩國征戰的受害者。

身為鄭國的執政，子產必須周旋在各個強國之間，擺事實，講道理，為鄭國爭取生存環境。子產清楚，鄭國要想生存，必須圖強。而圖強必須發展經濟，增強國力。只有自己

的力量強大了，才有可能對強國說「不」。鄭國的地理位置決定了它交通發達，商貿往來繁密，是一個社會流動性大，商人等新社會階層力量強的國家。鄭國可以透過吸引商貿、招攬新式人才等方式來提升國力，圖強生存。那為了實現這一點，公布成文法，坦誠地吸引各方力量就是題中之義了。這就是子產在回信中提到的「救世」。

子產回信的第二句話是：「既不承命，敢忘大惠！」意思是，我不能接受您的意見，我還是要公布刑法，這是現實情況決定的，同時，我非常感謝叔向大夫您的來信。叔向的意見也是有幾分道理的。身為當時的超級大國──晉國的大夫，叔向不清楚子產面臨的真實情況，他從自己的觀念和立場上提出了反對意見，子產也表示尊重。

叔向從觀念、技術、歷史和鄭國的現實等方面，講述他反對公開刑法的意見。而子產可能是因為工作太忙了，只回覆了一條「簡訊」。子產簡短的回覆，是從現實角度出發表明了態度，似乎表明叔向的意見在理論上是正確的。其實，叔向的反對意見，完全可以從理論上加以反駁。

分析叔向的反對意見，可以歸納為兩大條。第一是公布法律破壞了既有的政治格局，侵害了貴族利益。叔向提倡的是祕密執法，把法律當作官員的專利，便於官員執法。事實上，在子產鑄刑鼎事件之前，中國一直實行「刑不可知，則威不可測」的祕密法。統治階層都認為法律應該保密，不應

子產為政：「鑄刑鼎」與政治公開

該公之於眾。一旦平民百姓知道法律的確切內容，就可以知道官員審判案件時是否合理合法，這樣，就有一股強大的社會輿論監督著官員的言行。老百姓也就不會俯首聽命於貴族和官員的任意擺布，貴族們的權威就受到了極大的侵害，等級森嚴的社會結構就受到了極大的衝突。法律如此，政治也如此。

簡單地說，叔向傾向於一種「祕密政治」，反對子產的公開透明。子產雖然沒有直接回應這一點，但是在另外一件類似的事情上作出了鮮明的回答。鄭國的鄉村存在「鄉校」，鄉校不僅是鄉村的教學場所，也是老百姓聚會議事的公開場所。鄭國人習慣於到鄉校休閒聚會。許多人湊在一起，往往就討論時事，議論執政者施政的好壞。鄭國大夫然明曾經向子產建議把鄉校毀了。子產說：「為什麼要毀鄉校呢？人們早晚沒事的時候聚在那裡，議論一下施政措施的好壞。他們讚賞的、認可的，我們就推行；他們討厭的、反對的，我們就改正。這是我們的老師，為什麼要毀掉它呢？」子產以一種開闊的胸襟，容納鄉校議政形式的存在。接著，子產闡述了自己對社會輿論的態度：「我聽說用忠信善良來減少怨恨，沒聽說過可以靠作威作福、強制力量來防止怨恨。防民之口甚於防川。為什麼不能馬上制止議論呢？這就像堵住河水一樣危險，河水大決口，傷害的人必然很多，我是挽救不了的；不如開個小口慢慢疏導。為政者不如聽取社

會輿論，把它當作治病的良藥。」

子產把社會輿論當作執政的借鑑，但是很多其他人像叔向那樣，把社會輿論看作洪水猛獸，希望老百姓都沉默服從。但沉默並不等於服從，相反，沉默可能孕育著爆發。就在「子產不毀鄉校」的三百年前，爆發了「周厲王止謗」的事件。周厲王暴虐，國人議論紛紛，周厲王很生氣，把非議朝政的人都抓起來殺了頭。社會上馬上就沒有人敢議論周厲王殘暴了，天下看似一片安靜。周厲王沾沾自喜，說：「吾能弭謗矣，乃不敢言。」他以為自己找到了應付社會輿論的好方法，實際上是「國人莫敢言，道路以目」。最終，憤怒的國人忍無可忍，攻入王宮，將周厲王放逐了。這件事從反面證明了社會輿論可以引導，不能壓制。

事實上，老百姓議論執政者施政好壞，起碼表明他們還關心時政，對現在的執政者還有所期待。如果老百姓對執政者不聞不問，恰恰表明他們完全不關心執政者的好壞，對現有的政治徹底喪失了興趣，喪失了信心。一條政策出來，社會上一丁點的輿論反響都沒有，說明人們壓根就不搭理你。這麼一比較，是不是有輿論比沒有輿論要好得多呢？

叔向第二大反對意見是刑罰是與道德相悖的。人們一旦知道了法律條文，就會很現實地專注於法律，只求免於犯罪，而不再看重道德，遵守禮儀，漸漸就失去內心的廉恥，整個社會的道德水準就降低了。而叔向嚮往的理想社會是人

子產為政：「鑄刑鼎」與政治公開

人講仁愛，家家談道德，全社會都有超高的道德水準，沒有違道德的言行和衝突爭鬥的情況。在建設這樣的理想社會的過程中，道德、禮法、說教等是主要的手段，法律是次要的，刑罰更是不應該公布於世。

道德與法律的爭論，也許是人類社會的一個永恆話題。子產也承認道德、禮法的重要性，他曾說過：「德，國家之基也。」在和大國周旋的過程中，子產也多次利用禮法制度來為鄭國爭取權益。不同的時代背景，不同的身分處境，對道德與法律兩者的關係的側重也有所不同。比如，叔向所在的晉國，是當時的超級大國，根本不存在生存壓力問題，所以容易傾向於高揚道德的旗幟；而像鄭國等掙扎在大國面前的小國而言，道德拯救不了自己，只能依靠務實的態度生存圖強。這是子產和叔向兩位好朋友意見相左的一個現實背景。後世參與道德與法律爭論的很多人，也難免因為所處時代、局勢和身分地位的不同而發出不同的聲音。

人們可以因為現實情況不同而產生不同的意見，但是不能忽視一些本質的內容。比如，叔向等人可以站在道德立場上反對公開法律，但是不能忽視祕密執法環境下對平民和奴隸階層的侵害。貴族把法律壟斷在自己的手裡，的確維護了司法權威，也保障了貴族階層的利益。但是眾多的平民和奴隸就成為任由貴族官員宰割的羔羊，他們的權益一點都得不到保障，他們對自己言行的是否得體缺少相應的判斷標準，

這樣如何讓他們參與到社會活動中去？也許事實正如叔向說的那樣，公布成文法會逐漸降低社會的道德水準，但當時社會上絕大多數的人的權益得到了保障，這一點絕對是「得大於失」。要知道，這個世界不僅僅只有權貴，權貴是置身於平民百姓的汪洋大海之中的。大家共處一片藍天之下，同處在一個國家之中，只有調動所有人的積極性才能合力推動社會進步。只有保障大眾權益，才是真正符合道德的。

子產治理鄭國二十年。在他的執政期間，鄭國雖然面臨南北征戰，但周旋在晉楚兩個霸權之間，處置得宜，國家的根本利益和尊嚴得到了保障。子產的種種改革還讓鄭國的國力有所增長，鄭國也並沒有陷入刑獄遍地、賄賂公行的境地，更沒有亡國。諷刺的是，晉國在春秋末年滅亡了，而鄭國則堅持到了戰國後期，晉國滅亡在鄭國前面。更加諷刺的是，子產「鑄刑鼎」後不久，西元前 513 年冬天，晉國也開始鑄造鐵鼎，公布刑書。可見，公開法律，讓政治公開透明運行成為了歷史發展的潮流。

子產的改革，開啟了春秋、戰國時期種種改革的序幕。子產的「鑄刑鼎」也開啟了諸多政治討論的序幕。

呂后專權：后妃干政之弊

呂后專權：后妃干政之弊

　　提及後宮干政的女子，人們首先會想到西漢開國皇后呂雉，歷史上稱呂后。呂后的丈夫就是西漢開國皇帝、漢高祖劉邦。

　　呂后是劉邦的結髮妻子。當年劉邦還是小小的泗水亭亭長，相當於現在鄉鎮的治安委員，整天游手好閒，屬於要錢沒錢、要顏值沒顏值、要前途沒前途的「三無人員」。呂雉的父親呂公是有名望、有家產的大戶人家，一眼看出劉邦不是凡人，也不徵求女兒意見，就把呂雉嫁給了劉邦。此後，呂后不僅默默接受了強制的婚姻，而且始終忠誠於劉邦，應該說完美地扮演了一個合格的妻子的角色。

　　劉邦的為人，史書記載是「常有大度，不事家人生產作業」，通俗的說法是性格豁達，不從事平常人家那樣的生產勞作。即使《漢書》也記載劉邦「好酒及色」，在外面有情婦，劉邦並不是一個合格的丈夫。呂后嫁進劉家後，默默操持家務，一個人從事艱苦的農業生產勞作，還為劉邦生育了一男一女。後來，劉邦造反了，亡命江湖，呂后不僅要一個人支撐家庭，還要給劉邦送吃送穿、通風報信。劉邦的造反事業蓬勃發展，但是呂后長年累月沒有沾到丈夫的好處，一直留在沛縣老家，在楚漢相爭的時候，呂后和兒子、女兒還一起成了項羽的人質，做了階下囚。楚漢達成「鴻溝之盟」後，項羽釋放人質，呂后才回到劉邦身邊。

　　一家人久別團聚，這本來是一個大團圓的故事。可惜的

是，呂后發現劉邦身邊早已經有了許多美女，其中，劉邦最喜歡的是定陶的戚姬。戚姬貌美如花，劉邦常常把她帶在身邊，甚至在關東征戰的時候都帶著。和戚姬相比，呂后已經年老色衰，劉邦早已經不喜歡這個結髮妻子了，就把呂后留在後方。後來，夫妻二人見面的機會越來越少，呂后雖然沒有被廢黜掉，但是「冷宮」是住定了，呂后又默默接受了現實。我們得承認，到這裡為止呂后完全是一位隱忍的賢妻良母。但是，緊接著發生的事，卻讓呂后爆發了，從後方走到了政治的舞台。到底是什麼事情刺激了呂后的轉變呢？

這件事情就是劉邦要更換太子。劉邦一共有八個兒子。長子劉肥是劉邦和呂后結婚之前，和一個姓曹的情婦生的。劉邦承認了這個兒子，呂后也接受了劉肥這個私生子。因為出身的原因，劉肥雖然是長子，卻沒有被立為太子，西漢建立後被冊封為齊王。

呂后的獨生子劉盈是劉邦的第二個兒子，由於呂后是明媒正娶的原配，劉盈就是嫡長子。所以，劉邦還是漢王的時候就立劉盈為王太子。西漢建立後，劉盈順理成章地升格為皇太子。但是，劉邦和呂后母子的感情早已經疏遠了，並不喜歡劉盈。劉邦認為劉盈心腸太軟、為人懦弱，一點都不像自己。劉邦最喜歡的是第三子劉如意，覺得他最像自己。而劉如意的生母恰恰是戚姬，劉邦對戚姬的寵愛，多少也蔓延到了劉如意身上。而戚姬也仗著自己得寵，不停地給劉邦吹

呂后專權：后妃干政之弊

枕邊風，要求改立如意為太子。史書記載戚姬「日夜涕泣，欲立其子代太子」。劉邦於是就明確流露出了改立三子如意為太子的意願。

不過，如果大家把改立太子看作皇帝個人的喜好，那麼就把這件事情看得太簡單了。劉邦身為開邦立國的皇帝，決策不能只看個人的好惡。從政治角度看，劉邦覺得正因為劉盈「為人仁弱」，擔心自己死後他能否把控全局，維持住劉姓的江山。劉邦改立太子有著關乎社稷命運的長遠考慮。

太子人選也和各派政治勢力的利益密不可分。誰繼承皇位，誰背後的政治勢力就可獲得更多的利益。因此，皇位繼承不可避免地成為各派勢力殊死搏鬥的核心事件。當時，多數大臣不贊成改立太子。為人剛直敢言的御史大夫周昌，就反對改立太子。他有口吃的毛病，一次對劉邦說：「臣口不能言，然臣期期知其不可。陛下雖欲廢太子，臣期期不奉詔。」呂后當時躲在一旁，等周昌出來後，不顧皇后的尊嚴，跪在周昌面前，感謝他為太子劉盈力爭。但是，大臣的反對並沒有使劉邦放棄自己的念頭，呂后很擔心，不知道怎麼辦好。有人提醒她去請善於謀劃，深受劉邦信任的張良幫忙，呂后請兄長呂釋之出面，求張良出謀劃策。張良建議呂后以劉盈的名義，請「商山四皓」出面輔佐太子。「商山四皓」是秦末漢初為了逃避亂世，隱居商山的四位知名老人。劉邦很敬重他們，幾次邀請他們出山，可惜都沒成功。呂后

就派人卑辭厚禮，請出了這四位老人。

　　西元前 196 年，諸侯英布造反。當時劉邦年事已高，且身患疾病，就令劉盈領兵前往征討。「商山四皓」認為，劉盈已經是太子了，即使鎮壓了英布，地位也無法提高；如果失敗了，還會惹麻煩上身。而英布又是天下猛將，前去討伐英布的那些將領是和劉邦一起打天下的老將，絕不會為劉盈賣力，太子必定徒勞無功。更可怕的是，劉盈出征後，戚姬和劉如意日夜在劉邦身邊，很可能取而代之。呂后覺得很有道理，苦苦哀求劉邦不要派劉盈去打仗。最終，劉邦無奈，只好抱病親征。

　　經過這麼一折騰，劉邦廢太子的決心更堅定了。次年，他打敗英布回來後，病情加重了，決心更換太子。張良出面諫阻，劉邦不聽，劉盈的老師叔孫通以古喻今，借晉國和秦朝改立太子，導致內亂的歷史教訓，阻攔劉邦換掉劉盈，劉邦還是沒有被說動。有一次，劉邦召開酒宴、劉盈席間侍奉，四位老者緊隨在後，「鬚眉皓白，衣冠甚偉」。劉邦看著奇怪，這四個人是誰啊？一問才知，這四個老者就是自己求之未得、知名天下的「商山四皓」。劉邦大驚，問四人：「寡人求四位出山好幾年了，你們逃避我，如今怎麼跟隨我兒子去了？」這四位老人乘機稱讚劉盈說：「我們聽說太子為人仁孝，恭敬愛士，天下莫不延頸欲為太子死，所以我們出山輔佐太子來了。」這一幕對劉邦產生了巨大影響，他已

呂后專權：后妃干政之弊

經知道群臣多數支持劉盈而不支持趙王，即便改立趙王如意為太子，恐怕自己死後也會生出禍患，他徹底打消了改立太子的念頭。劉邦叫來戚姬，說道：「我本想改立如意為太子，但現在太子劉盈羽翼已成，難以撼動了。」劉邦並非出於情感，而是出於政治考慮，在不厭惡劉盈的前提下，審時度勢地作出一個效益最大化的選擇。劉盈坐穩了太子位。母以子貴，呂雉皇后的位置，也穩固了下來。

劉邦的身體越來越差，在他病重臥床期間，有人揭發呂雉的妹夫、大將樊噲和呂氏家人拉幫結派，結成政治勢力，只等劉邦一死，就要殺害戚氏和趙王如意。劉邦未必相信樊噲等人要殺害趙王如意，但是皇帝的警覺本能，讓他對將領和外戚搞政治團體的行為非常忌諱。他隨即下令陳平速至軍中，斬樊噲頭顱來見。

陳平顧慮到樊噲的身分，又眼看劉邦馬上要死了，只是把樊噲關進囚車，慢慢押回長安。還沒到長安，劉邦駕崩了，呂后立即釋放了樊噲。此事也說明，劉邦生前擔心呂氏家族興風作浪。那麼，他的擔心會不會成為現實呢？呂后在劉邦死後，在政治舞臺上會有什麼樣的表現呢？

西漢高祖十二年（西元前 195 年）四月，劉邦駕崩。太子劉盈繼位稱帝，史稱漢惠帝。漢惠帝尊呂后為皇太后。

客觀地說，呂后在劉邦生前受到了一些不公正的對待。她為家庭作出了許多犧牲，甚至多次被置於險地，但是並沒

有受到劉邦的寵愛與憐惜。如今，自己成為了太后，沒有人可以束縛、打壓自己了，呂后心中原本壓抑的委屈和不快，要加倍釋放出來過去壓抑的情緒越重，如今釋放的能量就越大。後宮女子，如果有類似的遭遇，想必都有相似的行為。

　　呂雉的作為非常殘忍。她最怨恨戚夫人及其兒子趙王如意，下令將戚夫人囚禁於永巷，剃去頭髮，頭頸套上鐵箍，穿上囚衣，強迫她舂米。戚夫人怨憤至極，邊舂米邊哀嘆自己的不幸。呂雉又派人召趙王如意來長安。劉如意當時年僅十一歲，不懂世事，果真來到了長安。漢惠帝劉盈，念手足之情，親自到郊外迎接趙王，與他一起入宮，一起起居飲食，使得呂雉找不到下手暗殺的時機。有一天，劉盈早起外出狩獵，劉如意因年少不能早起，獨自留在宮中，呂雉立即派人拿著毒酒給趙王灌下去。等劉盈返回，趙王如意已經死了。

　　毒死趙王後，呂雉又向戚夫人下毒手。她殘忍地斬斷了戚夫人的手足，弄瞎了眼睛、弄聾了耳朵，又給戚夫人灌了啞藥，扔到廁所裡，命名為「人彘」。過了幾天，呂雉召來漢惠帝劉盈「觀人彘」，可憐的戚夫人早已是面目全非，劉盈問左右侍從，這個人是誰？當得知是戚夫人，劉盈大哭，斥責母親呂雉說：「此非人所為。我身為太后的兒子，終不能治天下。」從此，劉盈頹廢消沉，縱情聲色，不理朝政，很快疾病纏身，大權旁落於呂雉股掌之中。

呂后專權：后妃干政之弊

漢惠帝七年八月，劉盈病死，年僅二十三歲。因為惠帝沒有嫡子，九月，呂雉挑選了後宮一個美人之子，名為劉恭，立為少帝，隨後下令殺害了劉恭的生母。漢少帝劉恭年幼，呂雉繼續稱朝。

親生兒子劉盈死了，呂雉並不十分痛心。因為劉盈並不完全聽自己的，特別是在迫害劉氏宗室上，劉盈是反對的，母子間感情並不親近。在劉盈發喪時，呂雉只是大聲乾號，沒有流一滴眼淚。張良的十五歲兒子侍中張辟彊，對丞相王陵、陳平兩人說：「太后只有惠帝一個兒子，如今惠帝駕崩，太后並不悲傷，那是因為皇帝死了，而您二位大權在握，太后很不放心。兩位可以請求拜呂臺、呂產、呂祿等人為將，率領南北禁軍，同時請求呂家人都參與朝政，如此一來，則太后心安，君等也能脫禍了。」左丞相陳平隨即照辦，呂雉果然很高興，心安之後真正為兒子的死悲傷痛哭。從此，天下事皆決於呂后。

至此，常年的政治生涯已經剝奪了呂雉身為正常人的情感，甚至對權位的思慮勝過了獨子過世的悲傷。宮中的女子，是古代最接近最高權力的一群人，也是最容易被權力扭曲的一群人。或許，拋棄正常人的感情，是她們獲取權力的必要代價。又或許，常年的權力爭鬥，逐漸剝奪了她們身為正常人的情感。最終，後宮的女人，走出了賢妻良母的理想設計，變得面目可憎，走上了政治舞台。

呂雉專權後，封呂氏為侯，不久又要立諸呂為王。但是，劉邦為了劉姓江山能夠傳襲千秋萬代，生前命令非劉氏不得封王。呂雉在封自家人為王之前，對朝廷重臣們還是有所顧忌的，她試探右丞相王陵、左丞相陳平、太尉周勃等人的意見。王陵性格剛直，明確反對；而陳平、周勃則違心迎合了呂雉的意圖，表示支持。事後，呂雉因為王陵反對立諸呂為王，將他明升暗降，提升為太傅，奪了他的相權。王陵一怒之下，稱病閉門不朝。因為陳平迎合自己，呂雉改陳平為右丞相，提拔親信審食其為左丞相，掌握實權。朝廷政務由審食其決策，陳平完全被架空。陳平明白呂雉並不信任自己，從此飲酒看戲，自甘墮落。呂后聽說後，暗自高興。調整了朝廷重臣後，呂雉大封呂氏諸侯和王爺，包括追諡在內，她一共封呂氏七人為王、九人為侯。其中，呂雉封自己的妹妹呂嬃為臨光侯，此外還封外孫張偃為魯王，可謂是光耀門楣、舉家歡慶。

　　呂雉造就了呂家權傾朝野，顯耀一時。但是，她似乎忘記了，自己的權力來源於太后的身分。正是因為呂雉是劉姓王朝的太后，所以她才有資格掌握朝政，發號施令。從本質上說，呂雉是在皇帝年幼、虛弱的特殊時期，代替劉家暫時理政而已。宮中女子的權力，歸根究底是依附於皇帝，依附於皇權的。呂雉利用漢惠帝劉盈軟弱、西漢前少帝年幼無知之時，能夠專權干政，那麼她的權力能夠長久嗎？

呂后專權：后妃干政之弊

　　西元前184年，夏天，西漢前少帝劉恭得知自己生母是漢惠帝劉盈後宮美人，被呂后殺害。年幼無知的西漢前少帝，得知實情後，口出怨言，要為母親報仇。他說：「呂后怎麼能殺了我的母親，又利用我。我現在還小，等我長大了一定要和她算帳。」呂后聽說後，擔心夜長夢多，把少帝劉恭幽禁在永巷之中，對外宣稱皇帝得了重病。沒多久，呂后就向群臣們宣布：「皇帝病重，眼看就要不行了，無法祭祀宗廟、不能君臨天下，請群臣商議替代人選。」懾於呂雉的權勢，大臣們都隨聲附和，不敢質疑皇帝的病情。於是呂后下詔廢劉恭，不久暗殺了他。五月，呂后找來了另一個漢惠帝劉盈庶出的幼子、常山王劉義，更名為劉弘，立為新的漢少帝，即西漢後少帝。呂后繼續「以太后制天下事」。為了給局勢上一道雙保險，呂后幾年後又命令呂家人中最能幹的梁王呂產，不去封地，而是留在長安為太傅，監控局勢。

　　當時，呂后放眼天下，皇帝、軍隊和朝堂都在自己呂家人的把控之下。呂后頗有些飄飄然，在掌權的十多年時間裡，犯下了許多被後世記為「罪行」的壞事。後來，劉氏力量反攻，攻擊呂雉的主要罪行有：

　　第一，殺三趙王。第一位趙王就是劉如意，遭到毒酒毒殺。劉如意死後，呂后徙封淮陽王劉友為趙王，強迫安排一位呂氏女子為趙王王后。劉友不愛這個呂氏女子，呂家就告發劉友曾經揚言：「呂氏安得王！太后百歲後，吾必擊之。」

呂雉隨即召趙王劉友到長安，關在孤室中活活餓死。此後，呂雉徙封梁王劉恢為趙王，又以呂產的女兒為王后。呂產的女兒飛揚跋扈，仗勢欺人，連劉恢的寵妃都想殺就殺。劉恢悲憤至極，結婚三個多月後就自殺了。

第二，滅梁、趙、燕以王諸呂。趙王劉友餓死後，呂后將梁王劉恢徙封到趙國，把呂產封為梁王。趙王劉恢死後，呂雉立呂祿為趙王。此後，燕靈王劉建死，呂雉竟然派人殺掉了他的所有兒子，好立呂通為燕王。呂后如此斬盡殺絕，難怪劉姓宗室對她恨之入骨了。

劉姓諸侯中，勢力最大的齊王劉肥，僥倖躲過了一劫。漢惠帝二年十月，漢惠帝劉盈與齊王一起家宴。因為劉肥是長兄，劉盈以家人之禮相待，讓齊王劉肥上座，還給齊王斟酒。呂雉大怒，叫人取來兩杯毒酒，下令劉肥祝酒。齊王劉肥起立，漢惠帝劉盈舉杯就要喝，呂雉慌了，奪過劉盈手中的酒杯把酒潑掉。劉肥見狀大驚，不敢再喝，假裝酒醉，逃席而去。事後，劉肥打聽出呂雉給他喝的是毒酒，十分恐慌，一度以為自己要死在長安了。身邊幕僚給劉肥出謀劃策，齊王獻出城陽郡作為呂后獨生女兒魯元公主的湯沐邑，博得了呂雉的歡心，方得逃歸齊國，免於橫死。

呂雉做了這些殘暴行徑後，終於在西元前 180 年病重。她清楚地知道呂、劉兩大勢力已是水火不容、勢不兩立，自己一死，劉氏集團肯定會對諸呂發動反攻。為了保住呂氏家

呂后專權：后妃干政之弊

族，呂雉在臨死前採取了三項措施挽救自家人：第一是掌握禁衛軍，封趙王呂祿為上將軍，掌握北軍，呂王呂產掌握南軍；第二是傳下遺詔，以呂產為相國；第三是以呂祿的女兒為漢少帝皇后。

臨終前，呂后一再告誡呂氏家族的代表人物呂產、呂祿：「如今呂氏稱王稱霸，大臣們心理都不平。我就要死了，皇帝年少，大臣們恐怕會發動變亂。你們一定要掌握軍隊、保衛宮廷，千萬不要給我送喪，不要被人給騙了。」

西元前 180 年，呂雉去世。她死時，表面上看呂家人的勢力如日中天，掌握著京城長安。實際上，劉邦的老臣舊將們還握有相當大的實力。西漢王朝是在群雄爭霸中建立起來的，當年打江山的一幫開國元勛，都有各自的能量。《漢書》記載劉邦稱帝的時候，「群臣飲爭功，醉或妄呼，拔劍擊柱」。劉邦也無可奈何。劉邦駕崩的時候，呂雉害怕這幫大臣變亂，「四日不發喪」，封鎖劉邦駕崩的消息，並與親信審食其密謀誅殺諸將。將軍酈商警告說，陳平、灌嬰等人手握重兵，倘若對這些老人動刀子，勢必爆發戰爭，諸侯並起，到時候誰死誰活還不一定呢。呂后考慮再三，未敢輕舉妄動。如今，呂雉死了，勢力割據並沒有本質變化。諸呂聚在一起，也密謀聚集兵力，殺戮老臣舊將。但是懾於灌嬰等人握有大軍，大家舉棋不定。

就在這極為微妙的時刻，呂祿的一個女兒，嫁給朱虛侯

劉章為妻。這位女子在劉呂兩家之間權衡再三，決定效忠劉姓。她把自己知道的呂氏集團動向，告訴了丈夫。劉章是齊王劉肥的兒子。當時，劉肥已死，嫡子劉襄繼位為齊王。劉章馬上聯絡遠在山東的哥哥劉襄，讓他整頓兵馬西進，自己和弟弟東平侯劉興居在長安作為內應，誅殺諸呂，擁立齊王為帝。齊王劉襄，在諸侯中勢力最大，早有覬覦帝位之心。得報後首起發難，調集兵馬，同時亮出了「誅不當為王者」的旗號，書寫了討伐呂氏的檄文分送給劉姓諸侯，劉姓諸侯紛起響應。

消息傳至長安，相國呂產等立即令大將軍灌嬰迎戰齊軍。灌嬰本來就是劉邦手下的將領，對呂雉扶持呂氏極為不滿。他帶兵走到河南滎陽，與左右諸將商議，認為如今是呂氏要危害劉氏的江山，謀求自立，我們如果攻破了齊軍，那是助紂為虐。所以，灌嬰駐軍滎陽，按兵不動，還暗中派人聯絡劉姓諸侯，商定共同誅殺諸呂。

形勢急轉直下，長安的呂產、呂祿等人騎虎難下，更加猶豫不決。一方面，他們想在長安馬上清除異己，又忌憚周勃、劉章等人，更害怕關外劉姓諸侯；另一方面，他們依然幻想灌嬰能和齊軍交戰，待雙方兩敗俱傷後再動手清除異己。

當時在長安的劉氏集團也沒有坐以待斃。以陳平、周勃為首的老臣們加緊行動，準備和外面的劉姓諸侯內外聯合，

呂后專權：后妃干政之弊

一網打盡呂氏集團。首先，老臣們需要奪回兵權。呂祿、呂產各自掌握南北兩大駐軍，周勃雖然名義上是太尉，是最高的軍職，但沒有直接指揮軍隊的權力。周勃、陳平就透過掌管皇帝符節的襄平侯紀通獲得兵符，假稱皇帝敕命太尉統領北軍。周勃進入北軍軍中，號令「擁戴呂氏的袒露右肩，擁戴劉氏的袒露左肩」，官兵們紛紛袒露左肩，呼聲震天，周勃很順利地就控制了北軍。接著，周勃協助劉章控制了南軍。掌握軍隊後，陳平下令平陽侯曹窋轉告守衛宮廷的衛尉，不准相國呂產進入殿門。同時，周勃命令劉章率領一支一千人的部隊，以進宮保衛皇帝為名，捕殺了呂產、呂祿兩個呂家的核心人員，接著分頭殺戮諸呂。呂氏一族不論老少，不管男女，全部誅殺。至此，呂氏集團被剿滅，統治大權又回到劉氏集團手中。長安重歸劉氏控制，接著就派人去北方誅殺了燕王呂通，又廢黜了呂媭的外孫、魯王張偃。至此，呂氏集團被一網打盡，沒有遺漏了。齊王劉襄、灌嬰等得知呂氏之亂已平，紛紛罷兵而去。

劉氏集團幾乎不費吹灰之力，就族誅了呂媭家族。這從一個側面說明了呂媭家族並無多少真正的力量。後宮女子的勢力，是依附於皇權的。「后亦君也。天曰皇天，地曰后土，故天子之妃以后為稱，取象二儀。」皇后的權力是皇帝給的，皇后勢力的強弱必然伴隨皇權的波動而波動，不可能獨立存在，想取而代之更是困難重重。皇后一旦成為太后，能夠臨

朝聽政，看似勢力大漲，實際上只是皇權的監護人而已，皇帝遲早要收回這份權力。而中國歷史上有些後宮女子，一旦品嘗了權力的味道後，往往不願意主動放權，最終就只能以呂氏之亂這樣的結局收場。即便精明強悍如武則天那般，不僅牢牢掌握實權，還黃袍加身，自己當了幾年皇帝，但最終還是被夫家的勢力逼宮下臺，還是要以自己早逝的丈夫、唐高宗李治的皇后的身分，葬入李家的陵墓——乾陵。

後宮是依附於皇權的，中國歷史上沒有一個後宮能真正改朝換代並延續王朝的。

誅滅呂氏集團後，誰來繼承皇位就成了頭等大事。太尉周勃、丞相陳平等元老重臣以及在長安的劉氏宗族及二千石以上的官員，聚會商討。大家一致認為，呂雉所扶持的少帝劉弘，並非漢惠帝劉盈真正的兒子，而是呂雉用計搶了別人的孩子，養在後宮，專門當作傀儡用的。如果繼續以呂氏的傀儡為皇帝，將來後患無窮。所以，大家達成一個共識：西漢後少帝及呂后以漢惠帝兒子名義分封的梁王、淮陽王、常山王等，都不承認是漢惠帝的親子。朝廷派人，把梁王、淮陽王、常山王及西漢後少帝劉弘分別殺死在各自的居所。事實上，有不少人認為，並沒有證據證明這些人就一定不是漢惠帝劉盈的親生兒子。只是由於呂雉的關係，群臣及宗室不願意承認這些人是劉氏宗室，更擔心他們成為日後的敵人，所以快刀斬亂麻，乾淨俐落地把他們清洗了。可憐這些小孩

呂后專權：后妃干政之弊

子，成了呂氏家族的陪葬品。

殺害諸王後，大家商定要從劉邦嫡系子孫中挑選最賢者，立為新皇帝。按照這個標準，最有希望的就是劉邦的長子，齊王劉肥這一系的子孫。其中，最有希望的候選人就是劉肥之子齊王劉襄。在誅殺諸呂的行為中，最先發難的就是劉襄兄弟。劉襄也認為自己是最合適的皇帝人選。但是，大臣們經過了呂后專權的十幾年教訓後，對皇帝的後宮勢力產生了巨大的警惕。恰好，齊王的舅家非常強悍，讓大臣們忌憚三分。加上當年劉邦憐惜齊王劉肥，把「諸民能齊言者皆予齊王」，齊國地大物博，勢力強大，招惹了不少人嫉妒。如今在繼承人的討論上，大家紛紛不中意齊王劉襄，指出了他的諸多缺點。劉襄想不到自己第一個出局，鬱鬱寡歡，第二年就病死了，諡號「齊哀王」。

人臣們捨棄劉襄，冠冕堂皇的理由就是要在劉邦還在世的兒子中尋找繼承者。當時，劉邦尚且在世的兒子只有淮南王劉長和代王劉恆兩位。

淮南王劉長，其母早死，從小在呂雉身邊長大，和呂雉感情很深。所以，呂雉專權期間，一直沒有處理他。如今，大臣們就非常擔心劉長會不會懷念呂氏的好處，捧他繼位後反而可能對自己不利。所以，劉長也被排除了。

代王劉恆，為人低調機智。當年，呂后一度想徙封劉恆為更為重要的趙王，劉恆予以謝絕，表示「願守代邊」，表

現出無意爭權奪利的姿態，一副退隱邊遠的樣子。因此，呂雉也就沒有傷害他。如今，絕大多數大臣同意推舉劉恆為新皇帝。西元前 180 年，陳平、周勃等人派人迎代王劉恆到長安繼承皇位。劉恆就是漢文帝，他將帶領中國歷史進入「文景之治」。

漢文帝劉恆繼位，很大程度上得益於大臣集團對後宮干政的擔憂。如何防範後宮干政是古代政治制度的一大難題。古人發明了不少舉措，比如在冊立太子的時候將生母殘忍處死，又比如明文禁止後妃接觸政務，再比如嚴格限制外戚的勢力等，但都沒有禁絕後宮干政。歷史上不斷上演皇太后或者皇后垂簾聽政、專權攬政的現象。這是因為，君主世襲和高度集權，難免會出現小皇帝登基、無法理政的情況，或者出現皇帝因為種種原因無法處理政務的情況，這個時候，皇太后或者皇后就在血統和倫理上天然地具有協助皇帝、分享皇權的優勢。這一方面是維持國家穩定、鞏固皇權的需要，另一方面又打開了後宮專權的大門。只要君主世襲和獨裁制度不變，後宮干政的情況就不可能消失。

七國之亂：宗藩爭權之鑑

七國之亂：宗藩爭權之鑑

上一講我們透過西漢初期的呂后專權問題，介紹了古代政治的后妃干政之弊。皇權衍生的另一大弊端是宗室藩王爭權問題，也就是皇帝如何管理同宗的叔伯子侄的問題。這個問題可以從「七國之亂」說起。

西元前 206 年，劉邦開創了西漢王朝。西漢王朝是建立在秦朝的殘暴統治和秦末群雄連年混戰造成的廢墟之上的。劉邦面臨的局面，可以用「滿目瘡痍」來形容，劉邦出巡，想找一輛四匹馬拉的車駕，都湊不齊同一毛色的馬匹。劉邦龍椅還沒有坐穩，緊接著就要解決迫在眉睫的難題：如何建立對全國的有效統治？

當時的人們，也都在思考類似的問題。大家首先把目光投向秦朝，希望吸取歷史教訓。秦朝奉行高度中央集權，朝廷直轄所有郡縣，同時創立皇帝制度，大權集於皇帝一身。秦朝雖然建立了大一統的國家，但因為權力過於集中、執政過於嚴苛，短短十幾年就被天下豪傑推翻了。現在，大家總結秦朝速亡的教訓，得出一大結論就是秦朝過於集權。秦朝沒有封邦建國，所以遇到政局變動，沒有藩鎮拱衛中央，結果秦朝速亡。西漢王朝要吸取教訓，自然就要冊封諸侯，以備危急時刻有人勤王保衛朝廷。

除了從歷史中汲取智慧，劉邦還面臨現實的難題。他是群雄混戰的勝利者，但並沒有消滅所有的武裝豪傑，一些豪強尚且割據一方；同時群雄爭霸過程中又培養出了新的強權

人物。西漢初年，韓信、彭越等開國元勛擁兵自重，功高震主。我們可以把劉邦看作當時天下最強大的武裝力量首領，但他不是唯一的武裝首領。對於許多偏遠地區，西漢朝廷也是鞭長莫及，沒有辦法建立有效統治。比較現實的做法，就是冊封諸侯來開疆拓土，鎮守地方。

所以，劉邦綜合考慮後，決定分封諸侯。經過秦朝大一統的實踐，西漢的分封諸侯，與先秦時期的封邦建國，有實質的區別。先秦的諸侯國是獨立的，全國沒有統一的法律、市場和度量衡。但是，西漢及其之後的諸侯國，奉行統一的法律、度量衡，諸侯世系的傳承，還有諸侯國內關鍵崗位的人選，都掌握在皇帝手中。它們並不是獨立國家，更像是統一王朝內部的一個「聯邦」。

劉邦要想讓諸侯保衛中央，就要賦予他們相應的實力。西漢初年的諸侯不僅占地廣闊，而且擁有軍隊，有很大的人事權和財政權，就是一個半獨立的王國。起初，劉邦默認現實，冊封了韓信等七個功臣為王。但是，劉邦和異姓諸侯之間，相互猜忌，很快就爆發了衝突。漢高祖和呂后先是想方設法，剪除了聲望最高、實力最強的楚王韓信。而北方的燕王臧荼最先謀反，劉邦起兵平叛，臧荼做了階下囚；韓王信和後來分封的燕王盧綰，在朝廷的壓迫下不得不投降了匈奴；梁王彭越因被人誣告謀反，遭到了族誅。趙王張敖被取消了王位，降為宣平侯。淮南王英布知道自己不會善終，起

兵造反。當時劉邦已屆暮年，且身體多病，掙扎著御駕親征，平定了英布造反。最終，劉邦費了九牛二虎之力，剷除了除了長沙王吳芮之外的其他六個諸侯王。

在這個過程中，劉邦得出結論：異姓諸侯離心離德，只有劉家人才能相信。殘酷的戰爭，讓劉邦信賴自家兄弟子侄，認為只有自家人才會在危急時刻保衛中央。劉邦公開宣布「非劉氏不得封王」。在剷除異姓諸侯的同時，劉邦陸續冊封了九個劉姓諸侯王，其中齊王劉肥是劉邦的庶長子，封地有七十多座城池；楚王劉元是劉邦的弟弟，封地有四十多座城池。劉邦考慮到東南地區的吳郡、會稽郡的百姓輕佻強悍，希望冊封一個勇猛強壯的諸侯來鎮撫。當時，劉邦的兒子不是缺乏勇氣，就是年幼，他最終挑中了二十歲的侄子劉濞，任命他為吳王，封地有三郡五十多座城池。冊封之時，劉邦看劉濞面貌凶猛，似乎有反相，隱隱約約擔心劉濞將來造反。劉邦拍著劉濞的後背說：「漢朝建立五十年後，東南方向會發生叛亂。這個讖語難道要應在你身上？天下同姓皆為一家，希望你慎重從事，不要造反。」當時，劉邦一代梟雄的威望還在，劉濞又年輕沒有根基，嚇得連連叩頭說：「不敢。」

齊、楚、吳三國面積，就差不多有天下的一半。再加上其他諸侯國，諸侯國領土總和占據天下的三分之二以上。直轄於朝廷的只有十多個郡。劉邦在世時，同姓諸侯尚且安分。

劉邦大封諸侯，廣建藩鎮，真的能夠實現王朝長治久安嗎？同姓諸侯王會不會成為西漢王朝堅固的屏障呢？

　　到劉邦的兒子、漢文帝劉恆繼位的時候，諸侯領土犬牙交錯。此時離西漢開國已經過了二十多年。天下雖然看似風平浪靜，實際上暗流湧動。一次，吳國太子劉賢來長安朝見，陪同皇太子劉啟飲酒、下棋。兩個堂兄弟因為一盤棋局吵了起來，皇太子劉啟抓起棋盤打向吳國太子劉賢，失手把劉賢打死了。朝堂把劉賢的棺木送回吳國安葬。到了吳國，吳王劉濞非常生氣，說「天下同宗，死在長安就葬在長安，何必送回吳國！」他派人又把兒子的棺木給送了回去。從此，吳王劉濞漸漸不遵守藩臣之禮，長期稱病，不去朝拜了。漢文帝劉恆為人寬厚，知道劉濞是因為兒子的緣故怨恨朝廷，不忍心處罰他。從此，劉濞越來越驕橫。吳國開始和朝廷關係疏遠了。

　　實際上，劉賢的意外死亡，只是吳國和朝廷越走越遠的導火線而已。經過二十多年的發展，形勢已經和西漢初年大不相同了，各諸侯國實力大增，逐漸形成尾大不掉之勢。

　　我們還是以吳王劉濞為例。當初漢高祖劉邦把吳國封給劉濞的時候，在劉邦看來，吳國是一個烏煙瘴氣、刀耕火種的蠻荒之地。經過二十多年的辛勤勞作，吳國的經濟和社會有了長足發展。吳國盛產銅、鹽，吳王劉濞「即山鑄錢，煮海為鹽」，又不向中央上繳財稅，很快就富強起來。劉濞有

錢後，都不向老百姓徵收賦稅，相反，青壯年服役當兵，劉濞還根據市場用工價格，給予補貼。所以，百姓都擁護劉濞，吳國的統治相當穩固。加上劉濞定期徵辟人才，賞賜百姓，又接納其他諸侯國和郡縣的逃亡人士，加以庇護，吳王劉濞更加名聲在外。吳王劉濞如此統治四十多年，吳國儼然成為了一個獨立、強盛的東南大國。

當初，漢高祖劉邦選擇劉濞為吳王，是希望劉濞能夠鎮服民風彪悍的吳國。幾十年後，劉濞反而成了一個對朝廷心懷怨恨、行為不敬的諸侯王，統率著一個實力強大、百姓強悍的半割據政權。吳國非但沒有成為朝廷的忠誠藩鎮，反而是漢朝長治久安的一個威脅。吳國如此，發展類似的楚國、齊國也是如此。形勢的發展和當初的目的背道而馳了。

劉邦的兒子漢文帝劉恆，意識到了諸侯王的威脅。漢文帝聽從大臣賈誼的建議，「眾建諸侯而少其力」。就是利用諸侯內部矛盾，冊封更多的諸侯，分散諸侯實力。比如，漢文帝冊封齊悼患王劉肥的兒子為王，將齊國一分為七；又抓住淮南王劉長謀反的把柄，把淮南國一分為三，冊封劉長的三個兒子分別為淮南王、廬江王和衡山王。漢文帝的做法比較溫和，遇到的阻力也比較小。但是沒有從根本上解決諸侯國尾大不掉、威脅中央的難題。

漢文帝太子劉啟繼位為漢景帝。他採納大臣晁錯的意見，找各式各樣的理由，削去諸侯國的封地，收歸中央直

轄，稱為「削藩」。削藩就是從諸侯的碗裡搶食吃，這種強硬做法，肯定會引起諸侯的反對。晁錯也意識到此舉很危險，但是他的基本判斷是：「今削之亦反，不削亦反。削之，其反亟，禍小；不削，反遲，禍大。」諸侯遲早會造反，那麼長痛不如短痛，朝廷早和諸侯刀兵相見，禍害還小點。

一些諸侯行為不端，朝廷不愁抓不到他們的把柄。漢景帝劉啟繼位之初，就展開了轟轟烈烈的削藩運動。比如，楚王劉戊，是楚國的第三位諸侯王，按輩分是漢景帝的堂兄弟。漢景帝二年，薄太后去世，舉國服喪。劉戊在服喪期間與人私奸，被人告發。國喪期間淫亂，按律應當除國。漢景帝劉啟網開一面，削去了楚國的東海郡。劉戊懷恨在心，開始與吳王劉濞勾勾搭搭。此外，趙王劉遂被削去常山郡；膠西王劉卬被削去六個縣。各國被削去的領土，漢景帝都收歸直轄。

吳王劉濞的把柄更多。吳國不是要不要削地的問題，而是削去多少土地的問題了。朝廷大臣們開始緊鑼密鼓地謀劃削弱吳國。吳王劉濞沒有坐以待斃，開始密謀造反舉事。楚王劉戊已經是吳國的盟友，劉濞並不擔心。劉濞需要再尋找強有力的盟友。他挑中的目標是膠西王劉卬。劉卬是齊王一系諸侯中的骨幹，聯合了他就等於得到齊悼惠王劉肥後裔的支持。而且劉卬為人勇猛好鬥，喜歡談論兵事，其他諸侯都有些怕他。

七國之亂：宗藩爭權之鑑

　　西元前 154 年，吳王劉濞派遣吳國中大夫應高遊說膠西王劉卬，密謀聯合造反。應高說服劉卬的理由是漢景帝任用奸臣，聽信讒臣，欺壓同姓諸侯。吳國、膠西國和其他諸侯國，唇亡齒寒，大家不能坐以待斃。他們從根本上反對削藩，不願意既得利益受損。所以，他們商議以「清君側」誅殺晁錯的名義，起兵造反。吳王劉濞還制定了出兵策略，劉濞、劉戊率領吳楚大軍，從東南向西北進軍，劉卬等齊系諸侯，舉兵從東向西，兩路大軍在函谷關一帶會師，再和漢景帝爭奪天下。劉濞甚至和劉卬商定了日後瓜分天下的「宏圖大業」。劉卬對劉濞的計畫舉雙手贊成。應高回報吳王劉濞後，劉濞為了穩妥起見，又親自擔任使者，到膠西國再次和劉卬確定造反計畫。天底下很快形成了以吳王劉濞為首，包括楚王劉戊、趙王劉遂、膠西王劉卬、濟南王劉辟光、菑川王劉賢、膠東王劉雄渠等諸侯的造反集團。

　　不久，朝廷削去吳國會稽、豫章兩郡的文書公布。漢景帝此舉動作很大，等於削去了吳國三分之二的領土。吳王劉濞率先起兵，殺死了朝廷派駐吳國的官員。膠西、膠東、菑川、濟南、楚、趙等國紛紛響應。楚王劉戊、趙王劉遂都殺了反對造反的本國丞相。造反的諸侯國一共有七個，史稱「七國之亂」。

　　齊王原先也參與了造反密謀，等到造反時後悔了，固守城池。膠西王、膠東王、菑川王、濟南王就集合四國兵馬，

進攻齊國，包圍了齊國首都臨淄。齊系諸侯的這一系大軍並未能夠按約西進。趙王劉遂就發兵駐紮在本國西邊，同時勾結匈奴，等待吳、楚聯軍前來再幹一番大事。諸侯造反大軍，能夠機動的就剩下吳王劉濞的主力了。劉濞傾盡全國兵馬，下令：「寡人六十二歲，親自為將；我最小的兒子十四歲，也身先士卒。國內凡是上與寡人同歲，下與小兒子同歲的，都要參軍出征。」吳國集結了二十多萬兵馬，再聯絡閩、東越發兵。途中與楚王劉印率領的楚軍會師，浩浩蕩蕩殺向現在的河南。

七國之亂爆發時，天下一共有二十二個諸侯國，大致可以分為三個陣營。吳楚七國是造反陣營。齊國、燕國、淮南等七國雖然沒有參與造反，但也沒有起兵勤王，而是靜觀局勢變化，西漢朝廷和造反陣營，誰取得最後的勝利，他們就會投入誰那一方，齊燕等七國可算是旁觀陣營。這兩大陣營占據了諸侯國的大多數。可見，西漢初期大封諸侯的初衷，基本上都沒達成。

剩下來的梁國、代國、汝南等八個國家，都站在漢景帝的一邊，反對造反，紛紛整頓兵馬，和造反集團作戰。這八個國家，不是漢景帝劉啟的親兄弟，就是漢景帝的親兒子，和現任皇帝的血統比較近，受封的時間比較短。從這一點我們可以看出，宗室藩鎮的作用，並不是一丁點都沒有發揮出來。在朝廷危難時刻，還是有少數宗藩願意保衛朝廷、拱

衛中央。

吳王劉濞起兵後，發布告諸侯書，以誅殺晁錯為口號。漢景帝劉啟起初還抱有罷兵求和的想法，殺死了晁錯，派遣使者到吳楚聯軍營中談和。當時，吳楚聯軍進展順利，旗開得勝，使者命令吳王劉濞拜受皇帝詔書。劉濞哈哈大笑，回應說：「我已為東帝，誰拜誰啊！」劉濞的野心暴露無遺。他完全不念同宗之情，處心積慮要奪取天下。漢景帝得到回報，後悔誅殺了晁錯，準備和劉濞一決勝負。西漢初，漢高祖劉邦大封同姓諸侯，如今，這項制度需要在戰火中加以錘煉了。

內戰初期，形勢對西漢朝廷極為不利。吳王劉濞處心積慮，為叛亂準備了好多年，吳國兵強馬壯。因此，叛亂開始的時候，吳楚聯軍進展非常順利。聯軍殺向河南，首先來到了梁國。梁國也是西漢的諸侯國，領土主要在今天的河南東部，地跨河南、山東兩省，位置非常重要。梁國橫在東南和西北之間，叛軍要想進攻洛陽、長安，必須跨過梁國。

而梁王劉武是當時在位的漢景帝劉啟同父同母的親弟弟，堅定站在皇帝哥哥的一邊。吳王劉濞等人在叛亂前祕密串聯的時候，就把梁國排除在外，根本沒有聯絡梁王劉武。他們知道即便聯絡了，劉武不但不會參與叛亂，而且還會告發大家的陰謀。果然，叛亂發生後，梁王劉武不但沒有響應，還整頓兵馬，防禦叛軍，保衛朝廷。吳楚聯軍也對梁國

展開了猛烈攻擊。梁國成為了七國之亂的主戰場。

叛軍旗開得勝，迅速攻破了梁國的棘壁，殺死數萬人。吳楚聯軍乘勝前進，非常囂張。梁王劉武遣出兩支部隊迎戰，兩支部隊都被吳楚聯軍擊潰。很快，叛軍就推進到梁國首都睢陽，把睢陽圍得水洩不通。劉武一邊向朝廷報警，一邊死守睢陽。睢陽城在今天河南的商丘，是周朝宋國的都城，是中原地區的一座重鎮。劉武獲封梁王后，又加固城池，設置壁壘，做了充分的戰備工作。吳楚聯軍猛攻了多日，睢陽巋然不動。叛軍被拖在了睢陽城下，進攻的勢頭被遏制了。

梁王劉武堅定捍衛朝廷，梁國成為了平叛的主戰場。這證明了西漢大封諸侯制度並沒有失敗，起碼在劉武身上達到了這一制度的目的。梁國和梁王成為平叛的中流砥柱，得益於兩方面的因素：

第一，朝廷充分信任劉武，刻意增強梁國的實力。梁國不僅地理位置重要，而且漢文帝劉恆在冊封兒子劉武為梁王的時候，故意增加了梁國的領土，把黃河南岸、山東西邊的許多領土劃歸了梁國。七國之亂爆發的時候，梁國封地南起今安徽太和，北至黃河，西至今河南杞縣，東與泰山郡、魯國接壤。這塊地方，是當時人口最密集、經濟最發達的地區。梁國有四十多座城池，大多數是高城大縣。漢文帝希望梁國能成為抵禦東方諸侯的重要力量。

七國之亂：宗藩爭權之鑑

第二，梁王劉武沒有辜負皇帝的信任，以朝廷的東方藩屏為己任。漢文帝和竇太后生育了兩個皇子，大兒子是漢景帝劉啟，小兒子就是梁王劉武。從血統上來說，劉武是漢文帝、漢景帝的至親。漢文帝即位第二年，就封劉武為王，十年後改封梁王。漢文帝希望「以親制疏」，以感情比較親近的諸侯來制約關係疏遠的其他諸侯，培養兒子劉武來監督、防禦關係惡化的遠房堂兄弟們。漢景帝繼位後，他和劉武二人本來兄弟感情就深，現在劉武更是頻繁入朝，和皇帝哥哥的關係更加密切。叛亂發生後，劉武堅定站在朝廷一邊，順理成章。

就在劉武和吳楚聯軍艱苦鏖戰的時候，西漢朝廷開始排兵布陣，準備平叛工作。漢景帝派遣軍隊分頭迎擊山東、趙國等叛軍，把主力授予周亞夫，拜周亞夫為太尉，率領漢軍主力迎戰吳楚叛軍。周亞夫向漢景帝匯報了自己的平叛策略：叛軍勢頭凶猛，難以與之爭鋒，「願以梁委之，絕其食道，乃可制也」。周亞夫的策略是讓梁國拖住叛軍的主力，把叛軍拖疲了、拖累了，周亞夫則在外線攻擊叛軍的後勤供應，打敗叛軍。在這個策略布局中，西漢軍隊主力不與吳楚聯軍正面交鋒，交鋒的重任交給了梁王劉武。劉武能否堅守孤城，承受住壓力，是戰爭勝利的一大保障。劉武和梁國的壓力很大。

漢景帝同意了周亞夫的平叛策略。周亞夫就率軍向東折向山東，繞開了在河南地區激戰的吳楚聯軍。吳楚聯軍集中

力量猛攻梁國，劉武多次派人向周亞夫求救，周亞夫都不出兵。劉武的壓力實在太大了，對周亞夫心生怨恨，多次派人直接向漢景帝告急求援。漢景帝派人命令周亞夫出兵救援梁國，周亞夫拒絕奉詔，堅壁不出，擺出一副旁觀梁國和吳楚兩虎相鬥的架勢。

劉武對救援絕望了，只能自力更生，靠自身力量堅持下去。他調兵遣將，主動出擊叛軍。出兵之前，劉武不惜屈尊，跪送軍隊出征。他以宗室貴胄之尊，給出征的將士們下跪，拜託大家奮勇作戰，讓梁國將士們都很感動。劉武選擇的將領是梁國的中大夫韓安國和將軍張羽。他用人得當，張羽的哥哥原本是楚國的丞相，因為反對楚王劉戊造反，被劉戊殺害了，因此張羽滿懷仇恨、奮勇殺敵，作戰很勇敢。而韓安國老成持重，和張羽配合默契，多次擊敗叛軍。吳楚叛軍猛攻睢陽兩個多月，都毫無結果。叛軍想繼續西進，因為梁國橫在前方，阻斷了叛軍前進的方向。結果，吳楚叛軍早先的銳氣和鬥志不復存在了。

周亞夫又出兵抄到吳楚聯軍的後面，斷絕了他們的後勤供應渠道。吳楚聯軍放棄睢陽，折向周亞夫，準備與西漢來個主力決戰。周亞夫堅壁不出，聽著叛軍在營外挑釁，但就是堅絕不出戰。很快，吳楚聯軍就出現了饑荒，很多士兵不是餓死，就是當了逃兵，叛軍實力大為下降，劉濞不得不撤軍。周亞夫乘勝追擊，大破吳楚聯軍。吳王劉濞拋棄大部

隊，挑選了幾千名壯士連夜逃亡江東，最終被東越人殺死。東越人向西漢朝廷獻上了劉濞的頭顱。楚王劉戊自殺身亡，楚軍投降了周亞夫。

吳楚聯軍失敗後，膠西、膠東、菑川等叛亂諸侯紛紛撤兵歸國。膠西王劉卬自殺，膠東王、菑川王、濟南王等人被殺。響應叛亂的趙王劉遂，聞訊自殺。七國之亂以叛亂諸侯的徹底失敗，西漢王朝的勝利，最終了結了。

七國之亂，把分封宗室藩王制度的缺點和優點都暴露無遺。政治複雜多變，危機四伏，皇帝一個人應付一切，心有餘而力不足，很自然要尋求幫手。首要人選就是那些血統親近的同宗兄弟。皇帝授予這些宗室藩王相當大的權力，希望他們能夠幫助自己，尤其是在危急時刻勤王護駕。在現實中，確實也出現了像梁王劉武這樣堅定捍衛朝廷的諸侯王。七國之亂的平定，劉武功不可沒。可是另一情況是，像吳王劉濞這樣的野心家在歷史上也不少見。宗室藩王實力壯大後，既可能成為保衛朝廷的有生力量，也可能成為與朝廷爭奪天下的叛軍。這是分封制度「一個硬幣的兩面」。

皇帝和朝廷希望的是，天底下的諸侯藩王都是捍衛朝廷的忠王，而不是劉濞這樣的叛亂者。怎麼多培養捍衛朝廷的藩王，怎麼遏制心存叛念的藩王，這是擺在皇帝面前的難題。歷朝歷代採取的應對措施，主要有兩大方面。第一方面是權衡授予宗室王爺的權力，怎麼把王爺們的權力限制在可

控的範圍內。第二方面是加強宗室的教育，培養王爺們忠君報國的思想。

　　真正遇到處理宗室藩王這個難題的是漢朝。漢高祖劉邦的對策我們已經了解了，就是大封諸侯，授予兄弟子侄軍事、用人和財政的實權。諸侯實權過大，是七國之亂爆發的一大原因。七國之亂平定後，朝廷取得了對諸侯各國的優勢，陸續剝奪了各國軍事、用人和財政實權，把宗室王爺限制在只能享受租稅、享受物質生活而沒有政治實權的地步。到了漢武帝時期，漢武帝實行「推恩令」，允許各國繼續分封，在原有諸侯國裡冊封諸侯子孫為新的諸侯，把諸侯國越劃越小，更加沒有力量和朝廷對抗。同時，漢武帝以各種理由，削奪諸侯的封地，雙管齊下，徹底解決了西漢開國以來的宗藩問題。從此，西漢的封王，更多的是一種政治地位和待遇，並不享受實權。可是，這麼做的一個負面結果是，宗室勢力過弱，沒有力量爭奪政權的同時也沒有力量保家衛國。西漢在消滅劉濞之流的同時，把劉武這樣的宗藩也一併消滅了。我們就會看到，漢武帝之後的漢朝再也沒有宗室造反的情況，可是多了外戚專權和宦官干政。外戚和宦官，交替破壞漢朝政治，外戚王莽甚至一度篡奪了漢朝劉姓的江山。在整個過程中，劉姓諸王作壁上觀，即便有心捍衛自家的江山，也沒有能力採取實際行動。

　　嚴格限制宗室藩王實力，到了曹魏時期發展到了一個極

七國之亂：宗藩爭權之鑑

端。曹文帝曹丕建立魏朝後，對親弟弟曹植嚴加防範，把他幽禁在封地，曹植不能擅自給其他宗室寫信，出了封地三十里地要報告，沒有曹丕的召喚不能來首都。而且他身邊有曹丕派的監國謁者，全天受到監視。曹植和囚犯沒有本質區別，只是關押他的監獄更大一些而已。即便如此，曹丕還不放心，頻繁徙封曹植。曹丕登基的第二年，黃初二年，他冊封曹植為安鄉侯，當年七月就改封鄄城侯，黃初三年冊封曹植為鄄城王，黃初四年徙封雍丘王。黃初七年，曹丕病逝，魏明帝曹叡繼位。曹叡對叔叔曹植還是嚴加防範、嚴格限制。曹叡登基的第三年，即魏明帝太和三年，徙封曹植東阿王；魏明帝太和六年，曹植改封陳王，當年年底曹植在憂鬱中病逝。曹植如此，其他叔伯兄弟的處境也類似，大家都是懸崖邊的貴族、囚籠中的貴胄而已，連正常人的生活都過不上，更不用談什麼實力了，這就導致後來司馬懿來奪權的時候，曹氏宗室沒有一個人起來反抗。司馬氏奪權相當順利，所以，司馬家族建立晉朝後吸取了曹魏的教訓，為了防止宗室力量太弱、無法拱衛中央，晉武帝司馬炎大封宗室。司馬家族只要能沾親帶故的不封個王爺也能封個侯爵，而且像漢高祖劉邦時期一樣，受封宗室都享受政治、軍事實權。結果，司馬炎一死就爆發了「八王之亂」。這就從一個極端走到了另一個極端。

之後的朝代，在宗室藩王問題上，基本都在上述這兩個

極端之間搖擺。既希望多出些捍衛朝廷的忠王，又對劉濞之流非常忌憚；既希望藩王成為國之長城，又時刻防備著自己家裡出現亂臣賊子。大體上而言，歷朝歷代對宗室藩王的限制要多於重用。

到了明朝，宗室藩王政策的兩個極端又重新演繹了一遍。明太祖朱元璋繼位的時候兄弟都沒了。朱元璋念及兄弟感情，同時需要借助親人的力量鎮服地方，他就分封了很多宗室藩王，讓藩王鎮守邊疆、開疆拓土。藩王要完成這些使命，就要賦予他們軍權、財權和人事權。到了建文帝的時候，建文帝要削藩，結果爆發了「靖難之役」。「靖難之役」的本質和「七國之亂」一脈相承。

燕王朱棣發動「靖難之役」的口號就是反對削藩，可是他自己當了皇帝以後，削藩削得比誰都厲害。他把父親朱元璋建立的宗藩制度基本上都給推翻了，只留下一項，那就是高官厚祿。他規定所有皇室的男子都可以封爵位，而且都是世襲的。王爺一年有上萬石的糧食，而且有王府，畢生享受榮華富貴，但就是不能參與政務。沒有皇帝的允許，宗王不能到南京和北京；沒有皇帝的允許，王爺和王爺之間不能有交往，這是為了防止他們聯合起來反對皇帝；沒有皇帝的允許，不能離開封地；沒有皇帝的允許，不得從事任何工作。朱棣這就走到了另一個極端，導致明朝宗藩整天無所事事，只能在封地裡腐化墮落。明朝宗藩制度給國家造成沉重的財

政負擔。宗室什麼事情都不能幹，但生孩子這件事朝廷禁止不了。反正生的孩子都有爵位、都有封地，所以明朝的宗室就使勁地生育子孫，最後導致明朝用來供養皇室的經費超過了稅收的三分之二。

清朝的宗藩制度相對比較成功。清朝吸取明朝的教訓，不可能讓子孫都養尊處優，但是又不可能不讓子孫享受一定的權力和待遇，清朝就在這兩者之間取了一個平衡點。首先，清朝規定爵位不是天生就有的，不是說皇帝的兒子就是王爺，宗室成員只有具備一定的能力或者建立了功勳，才能封王。如果皇子不符合要求，有可能連貝勒、貝子都封不了。筆者統計了一下，康熙皇帝有序齒的皇子一共有二十四名，其中四個皇子夭折、一個皇子成為太子，剩下的十九人中，只有三個在康熙生前獲封親王、三個獲封郡王、一個獲封貝勒、三個獲封貝子，剩下的九個皇子，康熙都沒有冊封他們爵位。其次，清朝取消了爵位世襲制，規定所有的爵位降一級襲封。所以，王爺的子孫如果無法建功立業，經過幾代後可能就淪為普通人了。只有那些為國家建立了巨大功勳的宗室，才能世襲爵位，清朝稱為「鐵帽子王」。清朝的宗室成員數不勝數，但「鐵帽子王」屈指可數。最後，清朝對宗室嚴格管理，非常重視皇子皇孫的教育與培養，皇室成員只要斷奶了，就開始讀書。歷朝歷代宗室骨肉相殘、恣意妄為，與教育失敗不無關係。宗室的素養直接關係這個國家的

前途與命運，所以清朝很重視宗室教育。皇帝會根據皇子的情況，分配一些力所能及的事情讓他們去辦，或者可以安排一些難題，磨練他們的能力。因此我們就發現，清朝皇室的素養的的確確比其他朝代要好一點。清朝入關後，沒有發生宗室藩王造反謀逆的事情。

緹縈救父：西漢廢除肉刑改革

緹縈救父：西漢廢除肉刑改革

　　刑罰，是人類社會最古老的發明之一，也許與政權的歷史相始終。刑罰，就是犯了罪的人應該受的刑、接受的懲罰。那麼，具體都有哪些刑罰措施呢？先秦時期，中國主要有五種刑罰：黥、劓、刖、宮、大辟五種。黥，就是用刀具割破犯人的臉，或者用針炙破犯人的臉，然後在傷口處塗抹上墨色。這是最輕微的處罰。接著是劓，就是割去犯人的鼻子。商鞅變法的時候，秦國的太子太傅教唆太子犯罪，結果被商鞅割去鼻子，也就是劓刑。刖是砍去犯人的一隻腳，或者是砍去雙腳。春秋時期，和氏璧的發現者卞和，向楚王獻玉。楚王不識貨，認為和氏璧只是普通的石頭，下令將卞和施以刖刑，也就是砍腳。第四種刑罰宮刑，就是破壞人的生殖系統。大歷史學家司馬遷，因為觸犯了漢武帝，就被施以了宮刑。最嚴重的第五種刑罰大辟，就是死刑。這五種刑罰都殘害人體，讓犯人飽受肉體痛苦，被稱為肉刑。

　　肉刑起源於人類「殺人償命，傷人報復」的原始心理，是復仇欲望的制度展現。在夏商周三代，國家逐漸把上述五種肉刑確定為國家的常刑，或者說主刑，也就是最常用的主要刑罰措施。

　　春秋戰國時期，社會動盪，肉刑廣泛使用。晏嬰擔任使臣出使齊國的時候，當著齊景公的面談到對齊國的印象：「國之諸市，屨賤踊貴。」屨，就是鞋子；踊，是受到了刖刑的人穿的特殊的鞋子，類似於原始的假肢。齊國的市場

上，鞋子便宜，假肢反而貴。這一方面說明當時受刖刑的齊國人很多；另一方面也說明，肉刑的懲戒效果並不明顯，並沒有很好地造成震懾作用。肉刑既殘忍又不人道，而且實施的效果也不好，社會上對肉刑的意見越來越大，一場刑罰改革開始醞釀。那麼，情況將如何發展呢？

誰也沒有料到，一場影響深遠的刑罰改革，會由一個小女孩來觸發。

漢文帝十三年，齊國的臨淄，也就是現在的山東淄博發生了一件事情。當地人淳于意，曾經擔任過太倉令，也就是管理倉庫的官員。他認真學習醫術，行醫救人，後來乾脆不當官了，轉行做專職醫生。淳于意的醫術越來越高明，來找他尋醫問藥的人日益增多，淳于意救治好的病人越來越多，名聲越來越大。齊王、濟南王、膠西王、吳王等諸侯都想聘他為御醫，專門給自己治病，淳于意都拒絕了。有一次，有個豪強請淳于意給家人看病，因為病情嚴重，淳于意無力回天，病人去世了。豪強怪罪到淳于意身上，認為這是淳于意的醫療事故，把他告到了官府。剛好之前淳于意因為拒絕當御醫，得罪了諸侯王，很快官府就判淳于意有罪，要施以肉刑。一樁案子，就這麼發生了。如果不出意外，淳于意很快就會被施以刑罰，然後整個案子就湮沒在茫茫史海之中。歷史的有趣之處就在於，一些看似偶然的細節，常常會改寫歷史。

淳于意案子的第一個小細節是，淳于意擔任過太倉令，

緹縈救父：西漢廢除肉刑改革

擁有官員身分。西漢法律規定，地方官府無權對官員或者曾經是官員的人施加肉刑，必須押送首都長安用刑。於是，齊國官府就用公車載著淳于意，準備押送長安。

淳于意案子的第二個細節是，淳于意沒有兒子，而是有五個女兒。淳于意被押送長安之日，五個女兒圍著公車痛哭流涕。淳于意在車上感嘆說：「生子不生男，緩急非有益！」意思是自己沒有生下一個兒子來，遇到事情了也沒有人可以幫忙。淳于意覺得五個女兒除了哭哭啼啼，並不能給自己什麼實質性的幫助。這裡包含著對女兒們的責備。

父親的不滿，讓其中最小的女兒，十幾歲的緹縈心裡非常不好受。父親無辜，卻即將遭受肉刑，身為女兒，怎麼能置身事外呢？緹縈於是決定，陪父親到長安去，要替父親鳴冤！她決心已定，跟隨著押送父親的公車，千里迢迢趕到了長安。

緹縈還寫了一封求情的奏章：「小女子的父親當官的時候，齊國人都稱讚他是清廉公平的好官，如今觸犯了刑罰，即將遭受肉刑。小女子傷心地認為，死者不可復生，刑者不可復屬，人們遭受肉刑後，即便想改過自新，也往往因為身體殘疾而無法如願。

我願意充當官婢，來贖我父親的刑罪。請陛下給我父親一個自新的機會。」西漢初期法律規定，子女可以主動充當官婢，給父母贖罪。

就這麼一封求情信，最後送到了漢文帝劉恆的案頭上。

要知道，普通百姓想和皇帝直接連繫，在任何時代都是極其困難的事情。緹縈的請求，能夠讓漢文帝知道，其中肯定有強有力人物在背後幫忙。而漢文帝不僅認真閱讀了緹縈的求情信，而且對現行的刑罰制度進行了深入的宏觀的思考。我們不得不承認，這封求情信的力量太強大了，而它之所以能夠發揮這麼大的作用，要從當時的時代背景中去尋找原因：

秦朝和西漢初年，都沿用了先秦的刑罰制度，以五種肉刑為主刑。社會上對肉刑的反思越來越多。輿論的總體趨勢是認為肉刑太殘酷了，應該改革。朝廷迎合社會輿論，陸續進行了一些改革。比如，西漢初年沿用之前「夷三族」的酷刑：「當三族者，皆先黥、劓，斬左右止，笞殺之，梟其首，菹其骨肉於市，其誹謗詈詛者，又先斷舌。」呂后掌權期間，廢除了「夷三族」的刑罰。此後，族誅的人直接斬首，不再受一系列的肉刑。

事發時，在位的是漢文帝劉恆。漢文帝為政寬厚，信奉黃老學說。他提拔的主管司法的廷尉張釋之，也是一個信奉黃老學說的法官，案子凡是有疑點的，利益都歸於百姓，不輕易興大獄。

史載漢文帝期間「刑罰大省」。我們可以說，當時從上到下，瀰漫著一股改革殘酷肉刑的風氣。筆者做一個大膽的推測，緹縈的上書，在這個微妙的時刻出現了，極有可能引起了部分剛好想改革肉刑的官員的注意，得到了後者的支

緹縈救父：西漢廢除肉刑改革

持，這才直達天聽，送到了漢文帝的手裡。

漢文帝讀了緹縈上書後，非常同情。他思索後，下達了一道詔令。漢文帝首先說：「聽說到有虞氏的時候，在犯人的衣冠上塗抹顏色、衣服上做特殊的記號，作為懲罰，而老百姓都不違法犯罪，治理得很好。現在肉刑很多，罪犯卻前赴後繼，問題出在哪裡呢？難道不是我道德淺薄、教導不明嗎？我非常慚愧。可以說，教導的失敗導致百姓違法犯罪。《詩經》有云：『愷悌君子，民之父母。』」

在這第一層意思中，漢文帝論述了教化的重要性。任何刑罰，包括肉刑在內，都是用傷害來給犯人造成恐懼，進而震懾住犯罪。這種對抗犯罪的方法，只是表層的，並沒有深入人心，實際效果並不理想。漢文帝更推崇道德宣傳、教導感化的作用。在人們的心裡種下道德的種子，人人追求真善美，從而由內而外地約束自己、多做善行，不會去幹違法犯罪的事情了。道德教化的作用是深層次的、根本性的，遠優於用外在的傷害和心理的恐懼來遏制犯罪的刑罰。

漢文帝接著說：「如今，人們有了過失，教育沒有施行而刑罰已經加在了他身上。即便有的人想改邪歸正、一心向善，但已經沒有可能了。我很可憐這些人。刑罰折斷人們的肢體、傷害人們的肌膚，造成了終身的傷痛，這是多麼痛苦而且不道德的行為啊！這難道是『為民父母』的意思嗎！」漢文帝從第一層意思延伸開來，批評了肉刑給人造成終身傷

害，並且斷絕了犯人今後向善的可能性。在漢文帝看來，刑罰的目的不是以血還血，以牙還牙，而是讓犯人改邪歸正，回歸真善美的道路上來，顯然肉刑達不到這樣的目的。因此，漢文帝在詔令的最後明確表示：「要廢除肉刑，用別的方法來代替它。對於有罪的人，可以根據罪行的輕重加以懲罰，不讓他們逃亡，到達一定的年數就赦免他們。相關部門要根據這個原則，制定法令。」

大臣們討論了漢文帝的詔令後，丞相張倉、御史大夫馮敬回奏了一個處理意見：「肉刑由來已久。陛下下明詔，可憐遭受肉刑的人終身痛苦，且受刑後改邪向善的道路受阻。陛下盛德，臣等所不及也。我們商議後，請求更改一系列肉刑：完刑改為城旦舂；黥刑改為髡鉗並為城旦舂；劓刑改為笞三百；刖刑中的斬左腳，改為笞五百；判決斬右腳的刖刑，以及殺了人投案自首的、官吏受賄枉法的、監守自盜的、已經判決有罪又被判處笞刑的，都直接判決死刑。判處完刑並城旦舂的，滿三年後改為鬼薪、白粲。服鬼薪、白粲一年，改為隸臣妾。隸臣妾一年後釋放為平民。而判決隸臣妾的罪犯，滿兩年後改為司寇。司寇滿一年，或者服類似於司寇刑罰滿兩年後，都釋放為平民。」

漢文帝的決策，意味著肉刑在中國正式廢除。西元前167 年，也就作為中國歷史上的刑制改革之年被記入了史冊。至於淳于意，幸運地免受肉刑。緹縈救父成功！

緹縈救父：西漢廢除肉刑改革

　　當然了，任何一項改革都不是下一道命令就能實現的，在實踐當中必然面臨反覆與曲折，廢除肉刑的改革在實踐中就遇到了諸多的障礙。首先是表面上看廢除了肉刑，但是改判的刑罰還是相當重。比如，斬左腳者笞五百，劓刑者笞三百。可是，一般人哪裡受得了三五百的板子，打完板子之後就死了。所以《漢書》記載漢文帝改革初期「外有輕刑之名，內實殺人」。因此，漢景帝時期進一步減輕處罰，笞五百降為三百，笞三百降為兩百，後來又進一步分別降為兩百和一百，並且規定了刑具的大小、尺寸。打人的板子越大越重，肯定對人的傷害越大，規定刑具的標準有助於降低傷害。同時規定笞杖只能打臀部，中間不能更換行刑人。此後，很少有人因為笞刑而喪命了。

　　其次，廢除肉刑對官府的管理能力提出了新的、更高的考驗。原來肉刑很簡單，斷人手足之後，官府就沒有事情了。如今改為服役，官府要負責這些犯人的服役情況，防止他們逃脫，又要折算刑期等，工作量大大增加，管理壓力也大大加重，官吏們內心是有牴觸的。同時，肉刑廢除後，人們心中對刑罰的恐懼大大降低，一些違法亂紀之徒蠢蠢欲動，犯罪率難免有所上升，所以從官府內部產生了一股要求恢復肉刑的聲音。一般是國家分裂、社會動盪的時候，政府權威降低、治安情況糟糕，官府內部就會爆發恢復肉刑的議論。雖然個別時間、局部地區曾經恢復過肉刑，但肉刑沒有

再全面恢復。

　　後人稱讚漢文帝廢除肉刑是千古之仁政。為什麼評價這麼高呢？因為，漢文帝此舉重申和明確了道德教化的作用，和中國以德治國的政治思想一脈相承。古代政治思想重視道德的作用，理想的政治狀態是道德掛帥，人人遵守道德，實現國泰民安。具體到司法領域，人人心中有道德、以道德規範言行，就不會違法犯罪。對於罪犯，讓他們重歸道德軌道是目的，任何刑罰措施都只是手段而已。所謂「德主刑輔」、「明德緩刑」、「以德弼政」等都反映了類似思想。肉刑是違背道德的，而漢文帝的改革自然就是仁政的表現了。

　　廢除肉刑展現了人類的巨大進步。肉刑是建立在傷害和恐懼之上的。可是，人類社會解決了溫飽生存問題之後，大家的追求也多元化，向著精神思想層面挖掘，自由、名譽等超越了肉體成為人們更在意的內容。漢文帝廢除肉刑，把中國社會的主刑從身體傷害改為了限制人身自由的刑罰。中國逐漸演化出了新的五種主刑，分別為笞、杖、徒、流、死。笞和杖還停留在傷害身體的階段，而徒刑類似於現代的有期徒刑，流刑是流放到其他地方監管服役，都是以限制人身自由為處罰的主刑。此外，刺字、充軍、沒收財產、枷號示眾等輔助刑罰，也主要是以毀壞個人名譽、限制人身自由為主。這不僅是中國刑罰制度的重大進步，也是中國社會的巨大進步。

張釋之執法：皇權與司法公正

張釋之執法：皇權與司法公正

　　西漢張釋之，是中國傳統社會樹立的司法楷模。張釋之是漢文帝時期的大臣。當時，全天下都知道薄太后和漢文帝寵愛太子劉啟和梁王劉武。兩位皇子慢慢變得也有些飄飄然了。一次，太子與梁王同乘一輛車入朝，到了皇宮外的司馬門也沒有下車，要長驅直入。按照制度，除了皇帝以外，其他人沒有特許是不能在皇宮內乘車的。但是，大家一看車上坐著的一位是太子，一位是梁王，誰也不敢多事，眼看著車駕就要進入皇宮了！

　　說時遲，那時快，突然有一個官員，衝上前來，直接擋在了車駕的前面。這個人是誰呢？他就是張釋之。

　　張釋之當時擔任公車令，是管理朝廷車輛、承擔部分接待工作的中級官員。他主動迎上前去，阻止太子、梁王，不讓他們乘車進宮，惹得太子劉啟和梁王劉武很不高興，喝問張釋之：「你是何人？膽敢阻攔我們的車輛？」張釋之不卑不亢地回答：「臣是公車令，兩位殿下不能乘車進去！不僅不能進宮，而且還犯了在皇宮門外不下車的不敬之罪。臣要奏報皇帝，懲罰兩位殿下。」

　　太子和梁王生氣了。小小的公車令，竟然不讓我們入宮，還要懲罰我們！真是天大的笑話。這兩個血氣方剛的年輕人，硬要闖進宮去。張釋之就張開雙臂，用身體擋在太子車駕的前面，拚死不讓車駕入宮。一方是非進不可，另一方不僅阻攔，而且還要治罪，雙方僵持在司馬門門口，成為了

轟動皇宮內外的特大新聞！

薄太后很快知道了這件事。自己的愛孫和兒子的大臣，在家門口慪氣，鬧出了這麼大的動靜，這還了得！老人家把漢文帝叫過來，斥責說現在事情鬧成了一個笑話，你這皇帝怎麼當的？漢文帝是一個頭腦清楚的皇帝，他摘下冠冕，賠罪說：「怪我教導兒子不嚴。」也就是說，漢文帝承認此事的根源是自己的兩個兒子違反了朝廷規章制度，乘車擅入宮門。公車令張釋之可能在工作方式方法上有所不當，但占了理。最後還是薄太后派使臣帶著太后赦免太子、梁王罪過的詔書趕到司馬門門口，宣讀了詔書。張釋之這才做了讓步，讓太子、梁王進入宮中。僵局這才得以破解。

這件事情充分展現了張釋之不畏權貴、執法如山的品格，他堅持在法律面前人人平等。公平公正是一個理想的口號，在實踐當中會遭遇很多障礙。檢驗一個執法者是否公正執法，不是看他的口號喊得如何響亮，而要看他面對艱難險阻，能否冒著風險，甚至不顧個人安危，嚴格按照規章制度來辦事。張釋之的過人之處在於，他完全可以看著太子和梁王駕車長驅直入皇宮，反正太后和皇帝都寵愛這兩個年輕人，事後也不會追究相關的官員不制止車輛入宮的責任。但是張釋之沒有坐視不管，而是依法辦事迎難而上，打壓了太子和梁王驕橫的勢頭。而漢文帝的過人之處就在於他從這件事中看出了張釋之剛直的性格和公正執法的決心，非但沒有

張釋之執法：皇權與司法公正

為難張釋之，還很快提拔他做了中大夫，之後又拜張釋之為廷尉。廷尉是九卿之一，是西漢主管司法的最高長官。

不久後，漢文帝出巡經過長安城北的中渭橋，御駕行進過程中，突然有一個人從橋下跑了出來，御駕的馬匹受了驚，漢文帝大怒，命令武士把驚擾御駕的人捉了起來，交給了廷尉審理。

張釋之審訊驚駕之人。那個人說：「我是長安鄉下人，聽到了皇帝出巡、禁止行人通行的清道命令，就躲在橋下。過了好久，我以為皇上的隊伍已經過去了，就從橋下走了出來，結果一下子看見了皇帝的車隊，嚇得馬上逃走。」他這一跑，反而驚動了御駕馬匹。審理之後，張釋之判此人觸犯了清道禁令，應處以罰金。他把這個結果奏報了漢文帝。

漢文帝發怒了，說：「這個人驚了我的馬，幸虧御駕馬匹馴良溫和，假如是別的馬，說不定就把我摔傷了，廷尉為什麼才判處他罰金呢！」張釋之解釋說：「制定法律是讓天子和百姓共同遵守的。法律規定，違反了清道禁令，只要交納罰金就可以了。如果要加重處罰，那麼法律就無法取信於民。如果是那樣，陛下派人直接殺了驚駕之人就行了，還需要廷尉幹什麼？現在，既然陛下把人交給廷尉審理，就得依法審理。廷尉身為天下司法的表率，如果都不遵守法律，那麼天下司法者都會隨意執法，老百姓豈不是更加手足無措？願陛下明察。」

漢文帝仔細想了一會，不得不說：「廷尉的判處是正確的。」漢文帝再一次表現出了對法律的尊重，頭腦還是清醒的。那麼，他會繼續支持張釋之，接受張釋之的嚴格執法嗎？

　　不久，又發生了一件和皇帝有關係的案子。有一個盜賊，偷了高祖廟神座前的玉環，被抓到了。漢文帝很憤怒。高祖廟是祭祀漢文帝的父親、漢高祖劉邦的神廟。中國古代講究孝道，皇帝主張以孝治天下。古代法律對於侵犯墳墓、祭品等犯罪行為往往加重處罰，對於侵犯皇室宗廟的犯罪行為更是嚴加處罰。如今這個盜賊，竟然偷到高祖皇帝的廟裡去了，真是膽大包天。這個案子，又交給了廷尉治罪。

　　張釋之按法律所規定偷盜宗廟服飾器具之罪，判處盜賊死刑，然後把判決奏報了漢文帝。

　　漢文帝勃然大怒，罵張釋之：「這個盜賊無法無天，竟然偷盜先帝廟中的器物！朕交給廷尉審理的目的，是要給他滅族的懲處，而你卻一味拘泥於法律條文，只判處他死刑，這不是我恭敬奉承宗廟的本意。」

　　漢文帝的這段話，很值得玩味。之前車駕直入司馬門和百姓衝撞御駕兩件案子，雖然都和皇家有關係，但沒有對他的心理造成太大觸動，而偷盜劉邦宗廟物品的案子，直接觸動了漢文帝的神經，傷害了他對父親的感情。所以，漢文帝的反應遠遠大於前兩個案子。

張釋之執法：皇權與司法公正

那麼，漢文帝有什麼強硬的反應呢？他預先就給盜賊設定了判決結果，那就是要誅滅盜賊的全族。漢文帝把盜賊發給張釋之審訊，其實是讓張釋之「領會」自己的意思，給自己的意思披上一件「合法」的外衣。可惜，張釋之偏偏就沒有領會漢文帝的意圖，反而繼續嚴格按照法律行事，判處盜賊死刑，餘者不問。在之前的兩件案子裡，張釋之這麼做，漢文帝還覺得他執法公正，現在就痛罵張釋之拘泥於法律條文，違背孝道原則了。

如果說張釋之在前兩個案子之中，都能夠獨立將自己的想法付諸實踐，那麼在高祖廟盜竊案中，皇帝的意圖和張釋之個人的意志從一開始就纏鬥在了一起。這是古代每一個司法官遇到的最糟糕的情況。皇帝是古代立法的最高來源之一，並且擁有現行法律的最終解釋權。皇帝的意志何其強大？一般的司法官在皇帝的意志面前，還不嚇得戰戰兢兢，以皇帝的旨意為準則。

事實上，中國古代司法遇到的終極障礙就是皇權。皇帝是破壞古代公正執法的罪魁禍首！為什麼這麼說呢？古代社會是一個身分社會，身分決定人們的地位、利益分配和社會行為。而決定一個人身分的是與權力的關係遠近。財富、知識等並不必然導致一個人身分的改變。比如，土財主再有錢也還是土財主，除非他能花錢買個一官半職；窮書生再有學問也還是窮書生，除非他能夠科舉及第。權力在古代社會占

據重要角色，在影響司法公正的諸多因素中，權力的力量要大於財富、學問等其他因素。官員比商人更有可能干預司法，我們返回過去看古代的諸多判案，往往發現干涉司法、影響判決的有王公大臣、達官顯貴的身影，而站在這些人背後的就是皇帝了。官員也好，親貴也好，他們能夠干預司法，是因為他們分沾了皇權的光彩。反過來，如果皇帝對他們不信任，或者乾脆皇帝直接插手司法，官員和親貴們就要靠邊站了。因此，我們可以說，權力是古代司法追求公平公正的最大障礙，而皇權是最終極的禍首。

在高祖廟盜竊案中，漢文帝就直接干預了司法，要強硬貫徹自己的意圖，他對張釋之依法辦案非常不滿。張釋之怎麼辦呢，是妥協屈從，還是堅持己見呢？只見張釋之脫了冠帽，叩頭謝罪，然後說道：「陛下，依照法律，盜竊宗廟財物者死，不用株連家族。況且在罪名相同時，也要區別犯罪程度的輕重不同。如果現在偷盜宗廟器物的人就要處以滅族之罪，萬一有愚蠢的人挖了長陵的一抔土，陛下又用什麼刑罰懲處他呢？」的確，現在皇帝怒火中燒，要把偷竊器物的人族誅了，那以後有人犯了更嚴重的罪行，該如何處罰呢？

漢文帝在火頭上，當場沒有採納張釋之的意見，君臣不歡而散。漢文帝到後宮，和母親薄太后談起了這件事，母子交換意見，漢文帝最終同意了張釋之的判決。張釋之頑強地抵抗住了皇帝的意志，沒有濫加殺戮，取得了勝利。當時，

張釋之執法：皇權與司法公正

中尉周亞夫、梁國國相王恬開等人看到張釋之執法如山、處事公正，都和他結交為親密朋友。張釋之由此得到了天下人的稱讚。時人稱讚：「張釋之為廷尉，天下無冤民。」

司法公平，是中國人自古的追求。戰國時期的荀子更是明確提出「公生明，偏生暗」的觀點，指出公平公正和政治清明、百姓幸福有密切關係。後世還有「公平」、「中和」、「不偏不黨」等類似的表述和追求。張釋之的名言「法者，天子所與天下公共也」，可以理解為兩大含義：一是法律面前人人平等，人人都要守法；二是法律對以天子為代表的權力所有者的限制要更多一點。權力所有者比普通人強大有力，對他人、對法律的潛在侵害更嚴重。所以法律更要限制權力所有者。執法者以法律為準繩，而不屈從於君主的旨意，這在君主專制體制下是非常可貴的品格。張釋之冒著丟官捨命的巨大風險，捍衛法律的嚴肅性，規範有序地執行法律，被譽為中國理想的循吏典範，為後世效仿。

中國歷史上有許多深受愛戴的執法者形象，比如唐朝的魏徵、北宋的包拯等，張釋之可算是第一個得到官民並尊的司法偶像。我們梳理這些「青天」的傳說，會發現他們都有著不屈從於皇權，堅持法律、追求公正的故事。魏徵一而再，再而三地勸諫唐太宗；包拯在開封府沒少懲治親王和國舅，最後把太后和皇帝也給得罪了，用鍘刀鍘了駙馬爺。而

他們之所以功成名就，也離不開當時寬容、接納他們的皇帝。張釋之的成功，其實也有提拔、包容他的漢文帝劉恆的一份功勞。

然而，當漢文帝駕崩、漢景帝劉啟繼位後，張釋之就陷入了不安之中。漢景帝劉啟就是當年張釋之在司馬門硬攔下來，不允許他乘車長驅直入的那位太子。經過這件事情後，劉啟和張釋之的關係鬧得很僵。如今，兩人成為了君臣，張釋之如何自處？張釋之假稱生病不上朝，一度想要辭職離去，又擔心招來殺身之禍，最後選擇主動去向漢景帝劉啟謝罪。這其實是張釋之的一次妥協。他並沒有做錯什麼事情，為什麼要向漢景帝謝罪呢？身為皇帝，漢景帝並沒有處罰張釋之，但兩人的關係，注定不會像漢文帝時期那般的君臣相得。

漢景帝即位一年後，張釋之就被免去了廷尉的職位，外放任淮南國國相，國相的重要性遠不如廷尉，張釋之被貶官了。他鬱鬱寡歡，最後死在了任上。最終，他這位後世效仿的理想廷尉，並沒有如魏徵、包拯那般有一個美好的結局，也沒有備及哀榮的待遇。張釋之的兒子張摯，曾經出任大夫，因不善迎合權貴，不容於當世，辭官後默默而終。

桑弘羊理財：政府與市場

桑弘羊理財：政府與市場

赫赫有名的漢武帝劉徹，是一個雄才大略的皇帝。劉徹想幹很多事情：他要和地方諸侯博弈，壓制住諸侯的分裂傾向，保證內部的統一和安定；他立志北擊匈奴，連年發動對匈奴的大規模戰爭，希望徹底解決外部安全問題；他收服了割據兩廣地區的南越國，並在西南少數民族地區推廣郡縣制；他對遙遠的西方世界充滿好奇，致力於開拓東西方交流，把中華文明擴展到西域去……可是，漢武帝想辦的事情越多，頭就越大，就越傷腦筋。

因為，他想做的每件事情，哪一件不需要花錢？而且要花費巨額資金。那麼，問題就來了，漢武帝到哪裡籌錢去？

文景之治給漢武帝留下了不錯的物質累積，可是再豐厚的家底也有用完的時候。經過二十年消耗，到元狩初年（西元前 122 年），漢朝的財政情況已經非常糟糕了。國庫已經被掏空，財政收入遠遠抵不上開支，國家財政到了崩潰的邊緣。可是，前方的戰爭不能說停就停，國內的政策不能說放棄就放棄。漢武帝劉徹必須硬著頭皮去開源，尋找新的收入。

面對財政困境，漢武帝可以用的增加收入的措施主要有三條：

第一，漢武帝可以提高農業稅。農業稅是古代國家最重要的財政收入。客觀地說，漢朝的農業稅非常輕，漢高祖時期定下的稅率是十五稅一，漢景帝時期甚至一度降低到了

三十稅一。所以，適當提高農業稅稅率，是個選擇。

第二，漢武帝可以用金融手段籌措資金，比如規範貨幣，或者拍賣皇家園林等。

第三，漢武帝可以鼓勵工商業的發展，推動經濟繁榮，從而增加稅收。以上這三條措施，應該是國家應對財政困境的主要方法。但是，漢武帝一條也沒採納，他走出了第四條道路。那麼，漢武帝的新路子是什麼？

漢武帝有一個親信大臣，叫作桑弘羊。桑弘羊是洛陽人。

當時，洛陽是富冠海內外的大都市，在西漢初期人口就超過了三十萬，這裡市場繁榮，交通發達。

洛陽人善於經商，洛陽城裡聚集著四面八方的商人。桑弘羊就是在這樣的環境中成長起來的城市家庭子弟，從小耳濡目染商業思維活躍，進取心強。十二歲的時候，他因為擅長「心算」，也就是對數字和計算很有心得，被徵召到長安，擔任了侍中。

侍中是魏晉和唐宋時期的三公之一。但是，桑弘羊時期的侍中，還遠遠比不上後來的侍中那樣顯赫，只是皇宮中的陪侍小官。但是他的運氣比較好，桑弘羊陪伴的恰恰是劉徹，當時他們倆年紀相仿。劉徹後來成了漢武帝，桑弘羊的官職也逐漸提升。

元狩三年（西元前 120 年），漢武帝任命桑弘羊為大農丞，把國家財政實權託付給他，大力支持他改革財政制度，

桑弘羊理財：政府與市場

應對日益嚴重的財政困境。

桑弘羊大刀闊斧地改造了西漢王朝的財政體系，創造性地推行了後世統稱為「鹽鐵官營」的政策，對中國歷史產生了巨大的影響。我們來看看，「鹽鐵官營」都包括哪些內容：

「鹽鐵官營」的第一項政策，也是核心政策，就是鹽和鐵的官營。桑弘羊在鹽鐵產區分別設置鹽官和鐵官，專門負責官營業務。食鹽的官營採用官府提供煮鹽的鐵鍋、招募百姓煮鹽，官府再統一收購食鹽、壟斷銷售的做法；鐵的官營，則由官府徹底壟斷，從開礦、冶煉到銷售，都由官府負責。我們可以想像，這兩項做法可以給官府帶來持續不斷的收入。

「鹽鐵官營」的第二項重要政策是均輸平準。我們先來解釋一下這個詞。所謂均輸，就是各地向長安輸送的物資，除了少數關鍵物資外，都就地變賣或運到價格高昂的地區變賣，那麼這個地區的物資就得以豐富，物價就自然降了下來。然後購買價格低廉的物資，稱之為均輸。所謂平準，就是官府在某項物資便宜的時候大量採購，等到價格昂貴的時候再拋售，來平抑物價。均輸和平準，都是著眼於商品流通，造成影響市場價格的作用；打擊了投機倒把的商人，維持了市場的穩定。

「鹽鐵官營」的第三項政策是幣制改革。朝廷禁止私人鑄幣，由上林三院鑄造統一規格的錢幣流通全國。漢武帝時

期鑄造的錢幣，歷史上稱為「五銖錢」。

「鹽鐵官營」的第四項政策是酒榷，也稱為榷酤，就是國家壟斷酒類經營。中國釀酒歷史悠久，社會上酒類銷售巨大，酒榷政策自然也給朝廷帶來了源源不斷的收入。

除了上述幾項政策外，桑弘羊還協助漢武帝開墾屯田。為了與匈奴人打持久戰，同時也為了經營河西走廊等邊疆地區，桑弘羊先後派遣了六十萬人屯田戍邊。這是一個短期耗費巨資，但是長遠收益豐厚的決定。

以上就是「鹽鐵官營」政策的基本內容。

「鹽鐵官營」政策是中國歷史上很重要的一項政策，影響深遠。要想理解「鹽鐵官營」，還要從中國社會自古以來的「重農抑商」觀念談起。

顧名思義，「重農抑商」就是重視農業、抑制商業。農業能生產出實實在在的糧食，讓人們吃飽肚子，提供人類社會賴以存在的物質基礎。在古代，吃飽肚子是一項艱苦的任務，大多數時候，並不是所有中國人都能吃飽肚子。糧食安全始終是一個問題。即便是文景之治這樣的盛世，也僅僅是沒有出現饑荒，絕大多數人能吃飽飯而已。一旦出現大面積的饑荒，有可能誘發動亂，使統治者面臨政權危機。所以，如何解決糧食安全是擺在所有人面前的一個現實問題。

在土地面積相對固定的前提下，最現實的做法就是盡地力之教，派遣老百姓埋頭耕種，盡可能多地生產糧食。中國

桑弘羊理財：政府與市場

農業技術的發達、精耕細作的傳統就受益於此。而商人不可能埋頭耕種，他們四處遊蕩，脫離農業生產，他們並不生產實實在在的物資，在很多人看來反而是不勞而獲地消耗糧食。同時，商人的存在可能誘使更多的農民脫離土地，加入他們的行列，影響農業生產。因此，統治者和農民們自然對商人沒有好感。商人被稱為「無用之民」，就像田野中的「無用之苗」一樣。這是中國古代「重農抑商」的經濟原因。

「重農抑商」的觀念，還出於政治方面的考慮。早在商鞅時代，《商君書》就說：「聖人知治國之要，故令民歸心於農。歸心於農，則民樸而可正也。」農業生產決定了農民與土地保持高度穩定的連繫，過著「雞犬之聲相聞，老死不相往來」的固定生活。他們關心天氣、土壤，注重總結農業生產規律；他們的目光是向下的，追求是可以預期的。久而久之，農民養成了簡單淳樸的性格和安土重遷的觀念。

而商業塑造的商人群體的特點恰恰相反。商業是物資流通、追求利潤的行業，商人們需要四處奔波，關心成本和收益，關心稅收也關注時事。隨著閱歷的增長、視野的開闊，他們逐漸養成了獨立的思想，關注自己的權益，並且會爭取自己的權益。久而久之，商人在統治者的眼裡就變成了「見利忘義」、「無商不奸」的市儈小人。桑弘羊認為：「民大富，則不可以祿使也；大強，則不可以罰威也。」也就是說商人群體有了錢，你用什麼方法來讓他為你所用呢？因此，

從政治方面考慮，古代統治者也排斥商人。歷朝歷代執行「重農抑商」政策，政治方面的考慮，可能勝過經濟因素。

從戰國時代開始，變法的各國就確立了「重農抑商」的國策，並且進一步內化為全社會的觀念：農業是根本，商業是細枝末節。漢高祖劉邦起兵入關中，準備攻擊秦軍，戰前，張良對他說：「秦兵尚彊，未可輕，臣聞其將屠者子，賈豎易動以利。」君臣商議後，派人用重金賄賂了秦將，後者不僅不和劉邦作戰，還願意與劉邦聯合進攻咸陽。後來，劉邦和陳豨作戰，陳豨的將領王黃、曼丘臣，都是商人出身，劉邦又各以千金賄賂了王黃、曼丘臣等人。現實的例子，讓劉邦等西漢的締造者，強化了商人忘恩負義、唯利是圖的印象。西漢建立後，朝廷執行嚴格的「重農抑商」政策；規定商人不得乘車、不得穿綢緞衣服，禁止商人及其子弟入仕等。商人幾乎就是「二等公民」。

因此，我們就會發現，當漢武帝君臣面臨財政困境、需要增加收入的時候，他們不會發展工商業來增收，因為這樣會給統治增加不穩定的因素。同樣，漢武帝君臣也不會透過提高農業稅來增收，因為農業是「本業」，需要扶持。事實上，中國社會另一個重要觀念是推崇「輕徭薄賦」。因此，提高農業稅負的政治風險很大，還面臨更大的觀念束縛。至於放債、拍賣園林等措施，同樣是和社會觀念相悖的。種種選項都被排除了，剩下來，把目光投向商業，就不難

桑弘羊理財：政府與市場

理解了。

綜上所述，我們不難得出結論：漢武帝時期「鹽鐵官營」政策是「重農抑商」社會觀念的反映，也是「重農抑商」政策的邏輯發展。這是這項政策得以推行下去的重要原因。那麼，「鹽鐵官營」政策到底執行得怎麼樣呢？

桑弘羊的理財措施客觀上取得了巨大成功，源源不斷的金錢和物資湧入官府，國庫在短短幾年時間內重新充盈了起來。漢武帝雄才大略開啟的各項事業，比如北擊匈奴、經略西域等，得以繼續推行，桑弘羊提供了雄厚的物質基礎。漢武帝對桑弘羊非常滿意，提升他為大司農，因功賜爵左庶長，賞賜黃金二百斤。漢武帝臨終前，鑑於繼位的漢昭帝年幼，任命霍光為大司馬、大將軍，為輔政大臣之首，加封桑弘羊為御史大夫，與霍光共同輔政。

同時，鹽鐵官營後剝奪了百姓經營官營事業的權利，還因為官僚主義作風導致官營產品品質不高、售價高昂。桑弘羊的政策導致民眾負擔加大，百姓貧困不堪。漢武帝晚期，社會不穩，民怨四起，其中被詬病最多的就是「鹽鐵官營」。漢昭帝早期，漢朝戶口凋零、民生凋敝，輿論普遍認為這是「鹽鐵官營」造成的後果。

到漢昭帝始元六年（西元前 81 年），朝廷召集全國各地的賢良文學到長安，徵詢政策得失。所謂的賢良文學，基本上是來自基層的儒家知識分子。這是一場最高層官員與基

層賢良文學的政策對話，持續了兩三個月，討論的範圍逐漸從「鹽鐵官營」政策最終擴散到權力與道德、現實與理想的哲學層面。賢良文學指責桑弘羊的政策是與民爭利，同時倡導「興利」之心，違背了聖人的教誨；桑弘羊則認為政策要從現實出發，鹽鐵官營造成了不增加賦稅而國庫充裕的客觀效果。有人把當年的會議紀要和若干賢良文學的回憶整理成書，命名為《鹽鐵論》，歷史上也就稱這場會議為「鹽鐵之議」。

應該說，「鹽鐵之議」並沒有得出一個最終的結論，也沒有對錯之分；雙方的出發點不同，政治理念不同。但是，隨著儒家思想逐漸成為主流觀念，桑弘羊被扣上了逐利忘義、背棄禮教的帽子。從政治的角度來分析，「鹽鐵之議」是一場權力爭鬥的預演。漢昭帝繼位後，霍光把持大權，但是霍光並沒有突出的功績，相反，桑弘羊在輔政大臣中政績最為突出。而桑弘羊自認為功勞最大，幾次倚仗功勞要為子弟求官，遭到了霍光的拒絕。這樣，霍光和桑弘羊就產生了矛盾。為了打擊桑弘羊的聲譽，霍光授意召開了「鹽鐵之議」。大會的辯論，事實上是對桑弘羊最倚仗的政策、最驕傲的政績的攻擊。賢良文學等儒生們，不知不覺充當了霍光攻擊桑弘羊的工具。大會之後，桑弘羊與霍光的矛盾更加激烈。次年，元鳳元年（西元前 80 年）九月，發生了燕王劉旦造反事件，桑弘羊牽連其中。霍光將桑弘羊處死，並誅滅

桑弘羊理財：政府與市場

了其家族，桑弘羊最後成了一個政治上的失敗者。

霍光殺死了桑弘羊，卻繼承了「鹽鐵官營」政策。這項政策成了之後歷代王朝的國策，均輸平準政策在唐宋時期更是被奉為財政調控的法寶。唐朝的劉晏、宋朝的王安石、明朝的張居正，在改革之時，都或多或少地從桑弘羊身上汲取經濟方面的養分。可見，桑弘羊的財政思想中包含著難以否定的積極意義。每當王朝財政窘迫之時，就是桑弘羊的理論重出江湖的時候，鹽鐵大會上的類似辯論，又在朝野內外重新上演一輪。遺憾的是，桑弘羊本人的社會評價始終不高，後世學者大多把桑弘羊看作「言利」之人，「興利」之臣。理想與現實、道德與權力的辯論，始終存在於古代中國。在輿論領域，道德往往占據優勢。因此，桑弘羊就陷入了客觀上被效仿、主觀上被批判的尷尬境地。

長生不老：漢武帝的實驗

長生不老：漢武帝的實驗

　　中國古代有很多帝王寵信神仙方士、喜歡搞迷信活動，種種荒誕離奇的行為，最終都指向同一個目的：長生不死。我們知道，世界上沒有什麼神仙鬼怪，人也不可能長生不老。歷史上沒有一個帝王真的是「萬壽無疆」所謂長生不老，只是空餘笑柄而屍。那麼，為什麼一代又一代的帝王還要前赴後繼，耗費國力追求長生不老呢？

　　在追求長生不死的帝王隊伍中，漢武帝劉徹是「出類拔萃」的一位。《史記·孝武本紀》一開始就說：「孝武皇帝初即位，尤敬鬼神之祀。」整篇傳記有一半的篇幅在講漢武帝終其一生如何寵信方士，如何勞師動眾追求仙藥，讀後令人感嘆漢武帝的「執著」。

　　漢武帝即位不久，就從長安大老遠跑到泰山去，不是去登山，而是聽說高山之上有神仙，漢武帝試圖與神仙親密接觸。但他真正大規模接觸道士方術，是在寵妃李夫人死後。李夫人的死，讓年紀尚輕的漢武帝意識到了一個很嚴重的問題：人是會死的。就在漢武帝日夜思念李夫人，感嘆陰陽相隔、人鬼殊途的時候，方士少翁出現了。這個人宣稱能夠讓李夫人在夜裡現身，漢武帝可以在帷中與她相會。漢武帝滿心歡喜，讓少翁去安排。一切安排好後，漢武帝急切地在帷幕內等待李夫人出現，他遠遠看到了李夫人楚楚動人的影子。這很可能是方士利用煙幕彈等道具，加上漢武帝自身思念過度而讓人產生的幻覺。漢武帝心急，走出了帷帳，李夫

人的影子突然消失了。漢武帝雖然沒有與李夫人相見，可畢竟看到了一個影子。這讓漢武帝看到了打破生死界限的一線希望，這一點非常重要。

　　大喜過望的漢武帝封少翁為文成將軍。西漢的將軍官職非常金貴，輕易不授予他人，可見漢武帝對少翁相當重視。為了進一步打破生死界限，更快與神仙相見，漢武帝在衣食住行各個方面都按照少翁的建議，該建宮殿的建宮殿，該修道路的修道路，該置辦物品的就置辦物品，大把大把地花錢置辦物資。可不久，少翁被證實就是一個江湖騙子。他自己寫了一封帛書塞到牛的肚子裡，宣稱「此牛腹中有奇」，想再吸引一下漢武帝的眼球，結果聰明反被聰明誤。漢武帝不是傻瓜，很快查出所謂的「天書」出自少翁的手跡。於是，少翁被殺了。

　　少翁死了，漢武帝對打破生死界限的渴望依然強烈，他對神仙方士的需求依然強烈，為了防止處死少翁影響其他方士的積極性，漢武帝撒謊說少翁是吃馬肝病死的。

　　幾年後，另一個方士欒大來找漢武帝，他不說自己有多大本事，而是很「謙虛」地說自己是神仙的學生，現在學成歸來，別的本事沒有，但充當皇上和神仙之間的信使，那能力是綽綽有餘的。找到神仙有什麼用呢？欒大說有三大好處：「黃金可成，而河決可塞，不死之藥可得」這些好處太對漢武帝的胃口了。當時，漢武帝正在為治理全國各地的水

長生不老：漢武帝的實驗

患，東堵西疏，手頭又缺錢，頭疼得很；能夠讓神仙撥一些黃金，同時協助治理河流，當然好了。

但真正吸引漢武帝的還是欒大說的第三點：「神仙他老人家有不死之藥！」見漢武帝動心後，欒大又說了，神仙他老人家不見一般人，皇上如果要派人去找神仙就要「貴其使者令為親屬」，這樣才有可能入神仙的法眼。漢武帝很爽快地拜欒大為五利將軍，封為樂通侯，還把公主嫁給他。如此一來，自稱沒什麼本事的欒大富貴得發紫了，開始入海找他的神仙師傅去了。欒大在東海轉了一圈，又去泰山爬了一圈，沒找到神仙，編了個理由就回來了。

欒大和少翁一樣，都低估了漢武帝的智商。漢武帝委託你負責「求仙」這麼大一個國家工程，怎麼可能不在你身邊安插一些耳目呢？果然，那些耳目將欒大到處「公費旅遊」的情況反映給漢武帝，一下子就戳穿了欒大的謊話。欒大根本就沒有通神的本事。於是，這位五利將軍也被殺了。

經歷了兩次騙局，做了許多無用功後，漢武帝按說會理性對待那些術士的說辭，慎重思考長生不老的問題了。可惜，他選擇了在求仙求長生不老這一條道上走到底。西漢元鼎四年（西元前 113 年），山西汾陰挖出了一隻古鼎。

這原本是一件普通的考古挖掘事件。可有個山東人公孫卿跑來對漢武帝說：「從前黃帝采首山之銅，鑄鼎於荊山之下。鼎成，有龍垂鬍髯下迎黃帝。黃帝騎龍升天，群臣及後

宮隨之上天者七十餘人」漢武帝一聽，原來這鼎有如此作用啊，不僅能召喚神龍，而且能讓帝王升天。於是漢武帝忘乎所以地說了一句：「嗟乎！誠得如黃帝，吾視去妻子如脫屣耳。」如果能夠升天做神仙，漢武帝連妻子兒女都不要了。說完，漢武帝任命公孫卿為郎官，負責去嵩山太室山等候迎接自己升天的神仙下降。

公孫卿走後，漢武帝開始做升天做神仙、長生不老的白日夢。這夢一直做到冬天，公孫卿沒帶來神仙，只是說河南的緱氏（今河南偃師）城牆上見到了「仙人跡」，也就是神仙腳印。漢武帝大失所望，親自跑到緱氏城牆上查看，果然有幾個大腳印。他半信半疑地威脅公孫卿：「難道你想效法少翁、欒大嗎？」公孫卿不是少翁、欒大等人可以比的，撒起謊來心不驚肉不跳。他說：「皇上，現在不是神仙有求於您，急著來見您，而是您有求於神仙。您也看到了，神仙的腳印這麼大，但是凡間的道路這麼小，神仙根本就落不下腳啊，還怎麼來呢？」漢武帝覺得這話有道理，大筆一揮，下令全國郡縣都修整道路，繕治宮觀及名山祠所，迎接神仙的到來。

三年後，漢武帝東巡海上，繼續求仙訪神。他一到山東，就被山東各地數以萬計言神怪奇方的上書給淹沒了。漢武帝很快招募了龐大的求仙隊伍，派出數千人乘船出海尋找蓬萊神人。除了在東萊山（今山東煙臺）候神的公孫卿聲稱

長生不老：漢武帝的實驗

夜裡見到「大人」外，其他人一無所獲。公孫卿「見」到的神仙只留下類似禽獸腳印的大腳印，漢武帝接到報告，不肯相信。大臣們看到漢武帝皺著眉頭的樣子，害怕了，不是怕漢武帝大開殺戒，就是怕漢武帝繼續沒完沒了地尋仙求仙，就集體撒謊說，我們看見一個老人牽著一條狗，說他見到了身材巨大的神仙。漢武帝忙問，那他人呢？大臣們說，老人說完就忽地不見了。漢武帝這才相信，神仙真的出現過，大喜，留宿海上一宿後返回。他路上情緒高昂，爬上泰山封了禪，又大赦天下，向神仙表達自己的誠意。此後方士求仙一事成了一件半制度化的工作，朝廷供養數以千計的江湖郎中在東海繼續這項很有「前途」的「科學研究」工作。

僅僅六個月後，惦記著神仙的漢武帝再次跑去東萊，住了幾個月還是沒見到神仙。他剛回去，公孫卿又聲稱發現了神仙，漢武帝又匆匆趕到東萊住了幾天，雖然見到的只是大腳印，但他還是很高興地封公孫卿為中大夫。此後，漢武帝多次來往於長安和東海之間，派船隊去海上尋仙，催問下落。公孫卿看到漢武帝每隔幾個月就過問「求仙工作」，就勸漢武帝不必跑來跑去的，俗話說心誠則靈，只要皇上心中有神仙，神仙自然會在恰當的時候出現。皇上需要做的，就是多建宮觀樓臺，等候神仙降臨。漢武帝又覺得很有道理，開始在全國各地大建宮觀祠壇，多次去名山大川進行祭神活動。近在長安，漢武帝就下令修造了規模宏大的建章宮。之

前秦始皇在本地建過阿房宮，可惜被項羽一把火給燒了，沒幾個人看到過。而建章宮的規模是實實在在的，說它「千門萬戶」也不為過。漢武帝還在長安北部開鑿大池，取名太液池，在池中設蓬萊、方丈、瀛洲等代表傳說中的海上仙山的小島。他默唸著「心誠則靈，神仙降臨」，遺憾的是除了給長安留下「政績工程」，在全國各地留下許多文物古蹟外，神靈並沒有下凡來給他長生不老的仙藥。

漢武帝的一生，登高封禪做了，出海求仙做了，亭臺、宮觀更是勒緊褲腰帶造了，可除了看到幾個可疑的大腳印外，連神仙的影子也沒見著，著實做了大大的「冤大頭」。整個西漢王朝也跟著漢武帝耗費了大量的人力、物力、財力，實在是得不償失，漢武帝卻樂此不疲。從心理上說，每個人都希望長生不老，永遠活在世上。皇帝也是人，對於貴有四海、享盡人間歡樂的皇帝來說，有權利更有能力追求長生不老的夢想。漢武帝劉徹又是一個建立了豐功偉業的皇帝，他取得了了不起的世俗成就，更加希望再上一層樓，這些都是人類的正常心埋，是可以理解的。問題就在於，如果皇帝們透過規律生活、多做運動、節制飲食來延年益壽，無可厚非，但如果像漢武帝這樣勞民傷財，驅動天下來滿足一己之欲，就既不理智，也不道德。

漢武帝之後，皇帝們對長生不老的追求沒有止步。道教出現後，皇帝們多了一條尋求長生不老的做法：煉丹。我們

長生不老：漢武帝的實驗

熟悉的唐太宗李世民就因為晚年追求永生，痴迷丹藥，結果吃了長生不老丹後反而提前成為了宗廟裡的牌位。唐朝皇帝推動煉丹的一大貢獻是意外發明了火藥。但火藥是不能吃的，更不能配上亂七八糟的草藥一起吃。唐憲宗李純、唐穆宗李恆、唐武宗李炎、唐宣宗李忱等李世民的後裔顯然不知道這一點，也跟祖宗一樣非但沒有永生，反而提前進了宗廟成了牌位。但要說起崇信道教，追求長生不老，唐朝的這些皇帝都比不上宋朝的末代皇帝宋徽宗趙佶和明朝的明世宗朱厚熜。前一位皇上崇拜仙道，自封為道宗皇帝，放下國家不管不問；後一位皇帝更狠，到處搜尋靈丹妙藥，摧殘宮女來煉丹，最後差點被宮女給勒死。嘉靖帝的孫子力歷帝朱翊鈞更絕，乾脆二十年躲在宮巾煉丹求仙，不理朝政，不郊、不廟、不朝、不見、不批、不講。大臣們壓根沒見過皇帝長什麼樣，萬曆後期「部寺大僚十缺六七，風憲重地空署數年，六科止存四人，十三道止存五人」。

可見，中國帝王有著悠久的追求長生不老的傳統，歷代百姓深受其害。可是有哪個皇帝實現長生不老了嗎？沒有。在位時間較長的康熙帝玄燁、乾隆帝弘曆等，都沒活到一百歲。人總是要死的，這個世界從來就沒有神仙，也從來沒有長生不老的仙藥。

智商不低的皇帝們難道不知道嗎？如果說他們一開始相信人能長生不老，那麼多次受騙，付出了幾十年的無謂勞動

之後，為什麼還要執迷不悟呢？

　　皇帝們深陷其中，無法自拔，漢武帝的例子很典型。他的智商很高，遠勝於來騙他的江湖郎中們，更應該及時醒悟才對。可他卻自願在追求長生不老的道路上漸行漸遠。漢武帝識破詭計，怒殺少翁後，隱瞞了真相，放出話說：「文成將軍吃馬肝中毒死了。」之後有騙子來，漢武帝怕他們知道少翁被殺的事情，都要解釋少翁的死與自己無關。為什麼？他還需要術士們繼續幫助自己實現長生不老的夢想。

　　當為夢想付出的成本越來越多，期望的日子越來越長，皇帝們對長生不老的神話就是「為了相信而相信」了。整個國家都被動員起來追求長生不老，就好像一部巨大的機器一旦開動就不能停止了。自己把大好的光陰都花在追求永生上面了，拜了神、花了錢、殺了人，甚至連公主也嫁了，怎麼就沒有結果呢？不會的，也許成功就近在咫尺。我們時常明知許多事情不可為而為之，也時常深陷某段情緒難以自拔。說這種心理是「賭徒心理」也好，說他們偏執也好，總之全力追求永生的古代帝王們也受到了這種心理的左右，巨大的付出讓他們產生了偏執心理。漢武帝深陷迷信、追求長生不老而無法自拔，這也許是一種合理的解釋。

　　對長生不老的執著，也展現了專制皇權的自私、狂妄。帝王已經享有了無上的榮光，天下的物力財力和人力可供驅使，但這一切都無法滿足他們的欲望。他們幻想能夠永遠享

長生不老：漢武帝的實驗

受現實中的一切，甚至對抗自然規律。其中像秦始皇、漢武帝等雄才大略的皇帝，更是自信滿滿，認為自己開創了「太平盛世」，建立了「不世功勳」，想當然地認為全天下都離不開自己，自己的死亡將是天下的末日，於是大喊「我還想再活五百年」。這不是狂妄是什麼？

我們回到漢武帝身上。他在生命即將結束的征和四年（西元前 89 年）正月，最後一次來到東萊。面對大風勁吹波濤洶湧的大海，年邁的漢武帝選擇了班師回朝。三月，漢武帝終於聽從了大臣的勸諫，停止求仙活動，罷黜全部方士。他終於意識到：「向時愚惑，為方士所欺。天下豈有仙人，盡妖妄耳！節食服藥，差可少病而已。」

漢武帝晚年的認知，可以看作對古代帝王追求永生的偏執症的一個極好總結。肉體是無法永存的，只有精神方能不朽。皇帝們與其花費無數的人力、物力和精力去追求永生，還不如埋頭政務，多為百姓和國家做好事，留下千古美名。

蘇武牧羊：節杖與氣節

蘇武牧羊：節杖與氣節

　　蘇武是漢武帝時期的官員，他生活的時代是西漢王朝和北方匈奴連年交戰、戰和不定、形勢緊張的年代。漢朝多次出擊匈奴，匈奴漸漸吃不消了，在天漢元年（西元前100年）主動向漢武帝示好，送還了扣押在匈奴的漢朝使者，並且承認漢朝是匈奴的尊長。漢武帝決定修復與匈奴的關係，派遣使者送還扣押在漢朝的匈奴使者，並且贈送匈奴單于禮物。漢武帝挑選的這個使者，就是時任中郎將的蘇武。

　　天漢元年，蘇武奉命出使匈奴，這是一個危險的任務。因為漢朝和匈奴關係長期緊張，缺乏了解，更缺乏信任，蘇武一行人等於是孤軍深入險境。等待他們的將會是什麼呢？

　　到達匈奴後，一切都非常順利，單于表達了與西漢和平相處的意願。可是，匈奴內部的意見有分歧。以部分匈奴貴族和投降匈奴的衛律為代表的頑固派，堅決反對與漢朝重修於好；而另外一派匈奴人，則更激烈地要求降附漢朝，甚至策劃了要劫持單于家屬，暗殺衛律，南下投降西漢。激進派在策劃政變的時候，主動與漢朝使團連繫，蘇武的部下中有人參與了政變計畫。結果，政變計畫不夠保密，發動之前被人告發，政變集團遭到了殘酷殺戮。匈奴單于一下子從與漢朝和好轉變為重新敵視漢朝，而且知道了蘇武使團中的部分人參與了政變，蘇武頓時陷入了險境！

　　蘇武得知情況後，感覺有辱使命，揮刀自盡，部下趕緊搶救，蘇武從死亡線上被救了回來。單于聽說了，非常欣賞

蘇武，決定招降他，衛律奉命勸降蘇武。衛律採取的是「威逼」加「利誘」的招降方法。他先當著漢朝使團的面，砍殺了參與政變的匈奴人，然後假裝揮刀砍問使團的人。很多使團成員，包括蘇武的副使，都嚇得跪地求降了。當衛律揮刀砍向蘇武的脖子時，蘇武巋然不動。衛律知道威逼恐嚇對蘇武不管用，轉而「利誘」。他客氣地對蘇武說，你如果不投降，死在匈奴，屍骨爛在草原上，沒有人會知道；你再看看我，投降匈奴後就被封為王，擁有漫山遍野的牛羊、管轄數以萬計的人口，榮華富貴應有盡有。你如果投降，就可以像我一樣享受榮華富貴。蘇武還是巋然不動，嚴肅地回答，人世間除了榮華富貴，還有忠君愛國。

衛律知道蘇武不可能投降，報告了單于。單于更加欣賞蘇武，更要招降他，便親自出馬，採用的是匈奴人的招降方法。他把蘇武囚禁起來，關在露天的大地窖裡，不給他喝的吃的，企圖用殘酷的現實逼迫蘇武就範。當時又是天寒地凍，匈奴草原大雪紛飛，蘇武凍得蜷縮在地窖的角落，餓了渴了就嚼一把雪，混同氈毛一起吞下去充飢。過了幾天，匈奴人發現蘇武還活著，大為驚奇。單于對蘇武從欣賞轉為佩服，下令把蘇武遷移到荒無人煙的北海，也就是現在的俄羅斯貝加爾湖一帶，讓蘇武牧羊。但是，匈奴人給蘇武的全部是公羊，並且揚言等到公羊生了小羊就放蘇武回漢朝。蘇武遷移到北海後，沒有住處，沒有夥伴，更沒有糧食。公羊不

蘇武牧羊：節杖與氣節

能產奶，更不可能生小羊。蘇武只能挖老鼠洞，掘取野鼠儲藏在地洞裡的果實充飢。這一住就是十九年。

在西伯利亞荒原的漫長歲月裡，蘇武孤身一人，與危險的自然環境和孤獨的精神世界抗爭。故國遠在千里之外，他對故鄉和過去的許多記憶都漸漸模糊了。但是，蘇武無論是置身地窖，還是流放北海，都死死抓著一樣東西，那就是出使之前，朝廷授予他的符節。無論囚禁、牧羊，還是睡覺、起身，蘇武都拿著符節，以至於繫在節上的牦牛尾毛都全部脫盡了。那麼，符節是什麼東西呢？蘇武為什麼這麼珍惜它呢？

對於蘇武來說，符節比性命更重要。在政治場上，君王不可能事必躬親，需要指派臣子執行許多政務，所以就要授予符節作為憑證。符節象徵著國家，象徵著使命。對於蘇武來說，他是效忠國家出使匈奴，他不是為了個人名利，更不是為了個人意氣才滯留匈奴。符節是蘇武堅持下去的精神支柱，是他思念國家、效忠國家的寄託。

漢代的符節，一般是用竹子做成的，有將近兩公尺高，比一個成年人的身高要高，頂部繫有三重用牦牛尾製的節旄。後來，符節慢慢開始使用金屬，比如銅，並且頂部極盡裝飾之能事，越來越豪華。但是在漢代，朝廷的符節還很簡單、古樸，不僅出使匈奴等處的使者持節，皇帝派往各地諸侯處的使者，同樣也要持節。持節者，隱有「如朕親臨」

的感覺。

當時的人們，並不因為符節材質簡單而輕視它，相反，人們對符節充滿敬畏。東漢末年，曹操南征荊州的時候，荊州軍閥劉琮派人拿著其父劉表所受的漢朝符節來迎降。當時，劉琮擁有數以萬計的軍隊和龐大的領土，投降完全出乎曹操陣營的意料之外，曹軍從上到下普遍懷疑劉琮是詐降。謀士婁圭說：「天下擾攘，各貪王命以自重，今以節來，是必至誠。」婁圭認為，劉琮既然把符節都交了出來，肯定是真投降。曹操採納了婁圭的意見，率領軍隊冒險快進。事實證明，劉琮是真心實意投降曹操的。可見，劉琮和曹操雙方都把符節當作信譽和權力的象徵。由於符節如此重要，所以朝廷設有專門掌管符節的官員，名為符節令。符節令在秦漢時期是一個相對獨立的官署，建制齊全，一般都是皇帝親信、聲望清高的大臣才出任符節令。

了解了符節的來龍去脈後，我們就能明白蘇武為什麼那麼重視符節了。孤身一人飄零西伯利亞的使者，長年累月守著一根脫了毛的符節，表現了蘇武對符節的重視、對國家的感情。這一幕場景，也許是中國歷史上對符節最好的「宣傳廣告」。蘇武這位主角，也借這幅景象，得到了匈奴上上下下的尊重。

在這期間，曾經有一個重量級的人物來勸降蘇武。這個人就是西漢名將李廣的孫子李陵。李陵在出擊匈奴時，陷入

蘇武牧羊：節杖與氣節

重圍，兵敗被俘後投降匈奴。李廣和蘇武的父親蘇建是戰友，李陵又和蘇武曾經共事過，兩人是世交加同事。所以，匈奴單于就派李陵來勸降蘇武。

李陵並沒有像衛律那樣威逼利誘，而是跟蘇武「擺事實，講道理」。他對蘇武說：「你的哥哥和弟弟，之前都在漢武帝身邊當官，因為工作中的失誤犯了大不敬的罪名，先後自殺了；你的老母親去年剛剛去世，我還去參加了她的葬禮；你的妻子，因為你久無音訊，已經改嫁他人了；你的一個兒子和兩個女兒，沒有人照顧，不知道流落到什麼地方去了，你在漢朝的家，已經家破人亡。而你效忠的漢武帝，是一個喜怒無常的人，製造了很多冤獄，你還不如像我一樣，投降匈奴呢！」蘇武回答：「一個人忠君報國，就好像兒子侍奉父親一樣，是天經地義的事情，怎麼能背叛國家呢？」李陵在北海逗留了好幾天，和蘇武擺宴喝酒，中間幾次勸降蘇武。蘇武最後說：「如果你一定要我投降，我就死在你面前！」李陵知道蘇武意志堅定，怏怏而歸。

時間過了十多年，匈奴內亂，勢力衰落，單于再一次決定與西漢王朝重修於好。漢朝派遣使者來和匈奴和談，和談的其中一個條件就是要求匈奴放回蘇武等被扣留的漢朝使者。單于回答說：「我們很願意釋放蘇武，不幸的是，蘇武已經死了。」

當年蘇武使團中的一個成員，買通匈奴人，私下裡跟使

者見面，報告了蘇武的真實情況，並且告訴使者應如何應對單于。第二次會面，漢朝使者嚴厲地責備單于說：「我們皇上在上林苑射下了一隻南飛的大雁，大雁腿上綁著一封帛書。蘇武親筆寫道，他正在北海牧羊。單于既然有心與漢朝和好，為什麼騙人呢？」單于大吃一驚，對身邊人說：「蘇武的忠義，感動了飛鳥！」他連忙向使者道歉，承諾一定送回蘇武。

十九年前，蘇武帶領一百餘人出使匈奴，如今，蘇武高舉著一根光禿禿的符節和九個人返回漢朝。臨行前，李陵給他送行。

李陵說：「我和衛律這樣的人，注定要遺臭萬年。而你蘇武不僅揚名於匈奴，而且功顯於漢室，注定要青史留名，千古頌揚。古往今來，書籍所載、丹青所畫，都不會有人超過你了！」

始元六年（西元前 81 年）蘇武返回了西漢首都長安。出使時，蘇武還是一個強壯的中年人，返回時，已經鬚髮皆白，年近花甲了。長安城萬人空巷，夾道圍觀蘇武歸來。授予蘇武符節的漢武帝已經駕崩多年，蘇武就向繼位的漢昭帝歸還符節。漢昭帝撫摸著符節，感慨地說，此符節應該拿去向先帝覆命。因此，蘇武手持符節，拜謁漢武帝陵墓覆命。蘇武去世後，名列西漢麒麟閣十一功臣之一，果然名垂青史，被歷朝歷代奉為忠貞不屈、忠君報國的榜樣。

蘇武牧羊：節杖與氣節

　　蘇武牧羊的故事，講到這裡就要結束了。但是，符節的故事，並沒有完結。任何事物都具有兩面性，符節作為國家的象徵、皇帝的授權，既可以支撐一個人對抗殘酷的現實，強化忠君報國的信念，也可以給予一個人巨大的權力，以權謀私，反過來對抗朝廷。對外，符節造就了蘇武；對內，符節強化了地方藩鎮的勢力，甚至塑造了一批野心家。

　　漢朝末期開始，朝廷為了安定政局、強化部分重臣的權威，開始授予朝廷重臣和地方要害藩鎮負責人符節。比如，上文提到的荊州劉表，東漢朝廷就出於穩定荊州地區局勢、鎮壓農民起義的需要，授予了劉表符節。結果，劉表勢力逐漸膨脹，發展成了割據荊州的大軍閥。從三國開始，到兩晉南北朝，符節授予越來越多，越來越濫，不僅三公九卿級別的官員大多擁有符節，就連地方州牧、刺史，乃至太守和普通領兵將帥，大多也持有符節。授予符節，在魏晉南北朝成為了一個慣例、一項制度，一直延續到隋唐時期。

　　漢朝符節沒有區分等級，隨著持節制度形成，符節開始區分層級。不同的持節人，名目不同，權力也就不同。大致來說，從東漢到隋唐，持節制度從低到高可以分為四個等級。

　　最低級的持節，叫作「假節」。假通借字，假以符節，就是皇帝將符節借給大臣執行臨時任務。假節的官員代表皇帝和朝廷行事，但權力不大，只有在戰時可以斬殺犯軍令的

人，先斬後奏。

再高一級的持節制度，就叫「持節」。持節官員無論戰爭時期還是和平年代，都可以先斬後奏。平時，持節者可以斬殺沒有官位的人，戰爭時可以斬殺二千石以下的官員。二千石官員是地方太守和中央九卿的級別，是高級官員。可見，持節官員的權力大為增加。

再高一級是「使持節」，權力又比「持節」增大了，無論何時都可以斬殺二千石以下官員。

最高等級的持節者，叫作「假節鉞」，也叫「假黃鉞」。只有君王才有資格使用斧鉞處置他人，其他人不能擁有。所以，斧鉞只能借給大臣使用，大臣不能「持有」。斧鉞和符節相結合，「假節鉞」者就幾乎擁有了君王的權力，不僅可以斬殺天下官民，而且可以斬殺持節者，包括假節、持節、使持節三個等級的大臣。歷史上，「假節鉞」的大臣非常少，只有極少數大權在握的權臣才有這樣的權威。比如，三國時期蜀漢的諸葛亮，就曾「假節鉞」，統率三軍。

南北朝時期，持節制度日漸泛濫，反而失去了權威。我們看當時的列傳，幾乎人人都持節，如此一來有沒有持節反而不重要了。到隋唐時期，持節制度有名無實，朝野通稱出任刺史、太守者為「假節」。不過，人們的觀念中，還把「持節」和擁有權力畫等號。唐朝中後期割據地方的「節度使」中的「節」字就是「持節」的意思。

蘇武牧羊：節杖與氣節

　　唐朝以後，持節制度迅速沒落。官員不再加「持節」的稱號。符節的作用降低，只保留在皇帝出行時的鹵簿之中。符節的重要性降低，製作卻越來越華麗，僅供裝飾。節杖開始貼金，稱為「金節」；頂部開始製作圓盤、龍頭，點綴著籠子、紅絲拂、紅纓球、銅鈴等。現在一些戲劇表演中的節杖，還保留著明清時期繁複華麗的樣子，和蘇武牧羊時的漢節完全不同。節杖發展到最終，僅作為象徵和裝飾意義。如今，我們把使者稱為「使節」，把失去了重要東西稱為「失節」，就像漢朝大臣失掉節杖一樣。這些詞語中使用的，還是符節的本意。

曹髦之死：中國古代正統之爭

曹髦之死：中國古代正統之爭

曹魏晚期，皇帝大權旁落，權臣司馬家族專權。大將軍司馬昭掌握國家的實權，所謂「司馬昭之心，路人皆知」說的就是當時的形勢。從西元 259 年開始，各地阿諛奉承的人就開始報告祥瑞，為改朝換代做準備。好多地方都報告說在水井裡發現了龍，大家都覺得是吉祥的徵兆。

舉國歡慶之時，皇帝曹髦不以為然地說：「龍象徵天子。上不在天，下不在田，反而委屈在水井裡，並不是什麼嘉兆。」曹髦還寫了一首潛龍詩自嘲。司馬昭非常厭惡曹髦。很快，朝野都知道皇帝和大將軍不和。但是，曹髦根本阻止不了司馬昭繼續專政攬權。曹魏甘露五年夏四月，曹髦晉封大將軍司馬昭為相國，封晉公，加九錫。九錫是只有皇帝才能享用的禮器，權臣謀朝篡位之前最後的步驟往往就是請求皇帝賜予自己九錫。司馬昭加了九錫，就意味著他離皇位只有一步之遙了。只要是正常人，都知道司馬昭馬上就要當皇帝了。

第一個疑點是，就在這個節骨眼上，皇帝曹髦突然死了！奇怪的是，《三國志》對於如此重大的政變，只用了區區十二個字：「五月己丑，高貴鄉公卒，年二十。」這樣的描寫簡略到不能再簡略了，同時皇帝的死不用駕崩，而用「卒」字，大為不敬。這是為什麼呢？

第二個疑點是，《三國志》接著用四百多字的篇幅，全文照錄了皇太后譴責曹髦的詔令。皇太后痛罵曹髦「情性暴

戾，日月滋甚」，有「造作醜逆不道之言」，且「其所言道，不可忍聽，非天地所覆載」。接著，皇太后說自己曾和大將軍司馬昭商量，說曹髦「不可以奉宗廟，恐顛覆社稷，死無面目以見先帝」。司馬昭反過來安慰皇太后，說曹髦還年輕，可以改心向善。但是，曹髦行為越來越出格，用弓箭射太后，還買通宮人給太后下毒。事情敗露後，曹髦計劃糾合衛士，入西宮殺太后，出宮殺大將軍。他召集了侍中王沈、散騎常侍王業、尚書王經，準備出兵，王沈、王業向司馬昭告密。當曹髦出兵的時候，遇到了阻攔的官兵，據記載，曹髦在兵陳之間被前鋒所害。這就是《三國志》借皇太后之口公布的皇帝死亡概況。

最後，皇太后詔令總結曹髦「既行悖逆不道，而又自陷大禍」，下令仿照西漢劉賀被廢為庶人的先例，將曹髦以平民之禮下葬。同時下令將附和曹髦出兵的尚書王經及其家屬，全家斬首。這份詔令，多多少少透露了曹髦之死的消息，但是這些消息支離破碎，語焉不詳。同時，花篇幅全文抄錄太后的詔令，卻不願意多費幾筆直接描寫皇帝的死因，真是非常奇怪的事情。

那麼，曹髦到底是怎麼死的呢？曹魏甘露五年五月己丑，又發生了什麼樣的風雲變幻？

注解《三國志》的裴松之，則提供了另外一種說法。據裴松之考證，曹髦其實是一個學問很好，也想振興國家的好

曹髦之死：中國古代正統之爭

皇帝，他「見威權日去，不勝其忿」，當天召集侍中王沈、尚書王經、散騎常侍王業說：「司馬昭之心，路人所知也。吾不能坐受廢辱，今日當與卿自出討之。」尚書王經誠懇地勸諫道：「昔日魯昭公忍受不了專權的季氏，結果敗走他方，失去國君之位，為天下取笑。現在國家大權操縱在司馬家族已經很久了。朝廷四方都有司馬家的親信爪牙，人們不顧逆順之理已非一日。皇上的宮廷宿衛兵甲寡弱，怎麼能夠作為成大事的依靠呢？兵勢一旦發起，就好像病情非但沒有祛除，反而會加深，甚至可能出現難以預料的災禍！請皇上詳加考慮啊。」曹髦聽到如此冷酷的現實分析，胸中怒火熊熊燃燒。他把板令狠狠地擲在地上，厲聲說：「我意已決。即使事敗身死，又有什麼可怕的呢？更何況不一定死呢！」曹髦匆匆告別太后，率領宮中宿衛、官僮數百人，敲起戰鼓，出宮討伐司馬昭。曹髦身披新甲，坐在車駕之上，手持寶劍，大呼殺賊，激勵士氣。王沈、王業兩人見此，決定去向司馬昭投誠告密。

曹髦率領著數百僮僕，鼓噪而出。司馬昭的弟弟屯騎校尉司馬伷正好有事入宮，在東止車門遇到曹髦及其烏合之眾，大吃一驚。曹髦左右大聲喝斥他，司馬伷一行慌忙躲避而走。曹髦可謂旗開得勝，對這次討伐更有信心了，喊得也更響了。隨從們受到感染，旗幟和兵器也揮舞得更歡了。

在皇宮南闕下，得到消息的司馬昭黨羽已經在中護軍賈

充的率領下，集合軍隊，列陣迎戰了。司馬父子常年掌握軍隊，集合的軍隊戰鬥力自然不是曹髦的烏合之眾可以比擬的。賈充見到宮中緩緩出來一支不倫不類的軍隊，帶兵自外而入，撲向曹髦軍隊。曹髦的軍隊見狀就潰散後退了。曹髦急了，高喊：「我是天子，誰敢攔我！」揮舞著寶劍，左右亂砍。司馬昭一邊的將士見小皇帝赤膊上陣，不知所措，只好小心躲避，不敢進逼。宮中士兵和僕人們見狀，又聚集起來，向宮外繼續前進。司馬家一邊的軍隊慌亂躲避，形勢開始不利於司馬昭了。司馬家族的黨羽、太子舍人成濟情急之下，跑過去問賈充：「事情緊急了！中護軍，怎麼辦？」賈允惡狠狠地說：「養汝等，正為今日。今日之事，無所問也。」成濟略一思考，說：「沒錯！」，接著抽出鐵戈，向曹髦刺殺過去。曹髦被成濟的長矛從胸中刺入，於背部出來，血濺宮牆，當即身亡。一場宮闈驚變就此結束。

　裴松之主要是借助習鑿齒的《漢晉春秋》的記載，還原了曹髦之死的場景。那麼，《漢晉春秋》的記載可信度高不高呢？《魏氏春秋》、《魏末傳》、《世說新語》等都有片段內容，可以和《漢晉春秋》相互印證。《三國志》之後的記載也印證了《漢晉春秋》的可信度。《三國志》記載五月戊申，大將軍司馬昭上奏頗為欲蓋彌彰地說，當日曹髦拔刃鳴金討伐自己，自己擔心將士傷害皇帝，下令違令者以軍法從事。想不到騎督成倅的弟弟太子舍人成濟，衝入兵陣，殺害

曹髦之死：中國古代正統之爭

了曹髦。司馬昭請求按照大逆不道之律，將成倅、成濟兄弟，及其父母妻兒抄家斬首。皇太后同意了。武士到成家抄家滅門之時，成濟和成倅兩人赤膊爬上屋頂，不肯就戮。成濟情緒激動，揮舞寶劍，大吼大叫：「成濟奉命行事，罪不在我！」不過，這些都是徒勞。武士們沒等成濟喊出更難聽的話來，就把他亂箭射死了。

如此看來，皇帝曹髦之死，確實如《漢晉春秋》記載的一般，上演了一幕幕富有戲劇性的情景。那麼，作為正史的《三國志》為什麼沒有忠實記載呢？

《三國志》成書於晉朝，作者陳壽是晉朝的大臣。晉朝就是司馬昭篡奪曹魏天下建立的新朝，陳壽要為尊者諱。《三國志》的總體思路是以曹魏為正統，將中國歷史的傳承認定是從漢朝到曹魏再到晉朝，根本目的是論證「本朝（晉朝）得位之正」。因此，全書以曹魏為正朔，不稱蜀漢和東吳的國號、年號，避曹魏、晉朝的名諱而不避蜀漢、東吳之諱。此外，《三國志》不惜隱瞞、重編史實，給魏晉兩朝臉上貼金。誇大曹操、司馬懿等兩朝創立者雄才偉略、愛民如子，對曹操、司馬懿等人諱敗言勝，對於曹操屠城殺戮數十萬百姓、欺辱獻帝殺害伏后以及對於司馬懿父子政變奪權、廢二帝殺一帝等事，陳壽壓根就一字不提，彷彿這些事情根本沒發生過一樣。因為這些事情都不能論證曹魏和晉朝開國建朝的光榮與偉大，在政治上是「不正確」的，所以不能被

記載。司馬昭殺曹髦的事，是典型的弒君，對司馬家族改朝換代的合法性一點幫助都沒有，只有損害，所以就被刪得只剩下十二個字了，少得不能再少了。

我們後人能夠知道曹魏末期的這段歷史真相，很大程度上是習鑿齒所著的《漢晉春秋》的功勞。習鑿齒是東晉末年人，他所處的年代南北對立，梟雄並起，稱孤稱王者不知凡幾。有實力者不顧道義，覬覦帝位。習鑿齒一開始跟隨權臣桓溫，輔佐他。桓溫出身門閥世族，手握重權，又建有不世功勳，逐漸產生了不臣之心。習鑿齒受桓溫提攜，擔任後者的別駕，卻傾向晉室，反對梟雄篡位。一次，習鑿齒去都城辦事回來，桓溫問他：「相王何似？」相王就是日後的簡文帝司馬昱，時封會稽王，有丞相之名，是皇室力量的代表，人稱「相王」。習鑿齒回答：「生平所未見。」這個回答令有心篡位的桓溫頗為惱怒。很快，習鑿齒降為戶曹參軍，隨後出外為太守，仕途漸漸走向終點。

擔任太守時，習鑿齒有感於個人遭遇，更有感於當時唯實力而不講道義的現實，以古喻今，梳理從東漢後期到當時的史實，寫成了《漢晉春秋》一書。全書秉承中國史學「直筆不諱」的優良傳統，儘量還原歷史事實，把歷史得失、人物功過娓娓道來。

之前盛行的《三國志》以成王敗寇為原則，為尊者諱，在客觀上助長了後來唯實力至上的梟雄的氣焰。習鑿齒一改

曹髦之死：中國古代正統之爭

陳壽的做法，以蜀漢繼承東漢的國祚，推蜀漢為正朔，而以晉朝繼之。這就從根本上否定了曹魏的正統，書中對曹操的陰狠狡詐多有揭露。我們今日所知的「白臉曹操」的形象離不開習鑿齒提供的素材。同時，習鑿齒也不避諱蜀漢劉備、諸葛亮等人的過失，更不避諱司馬家族的過失——之前說的曹髦之死的詳情，就是習鑿齒披露的。

《漢晉春秋》一出，毀譽並起。它挑起了中國歷史上的正統之爭。從先秦到東漢，中國歷史發展幾乎是線性的，不存在正統與否的問題。從三國開始，到魏晉南北朝，各個政權並立，分別自詡正統，代天牧民。正統之爭隨之而起。隨後經過隋唐時期的統一，中國境內又是多政權並立，爭論續起。誰才是真正的「天命所繫」，又是承繼哪朝哪代？後代爭論之時，難免把源頭追溯至三國的主次、是非，提及習鑿齒及其《漢晉春秋》。後人支持習鑿齒者居多，對《漢晉春秋》的評價頗高。劉知幾評價它「定邪正之途，明順逆之理」。

除了曹魏和西晉交替時期的歷史，中國古代還有類似的情況。秉筆直書和為尊者諱的爭執一直存在，對於正統性的爭論也一直存在。宋元交替，元明交替，明清交替等時候，又會興起正統之爭，爭的是統治的合法性，根子上還是一個道德問題。群雄逐鹿之時，誰光明正大地奪取天下，誰沒有陰謀與殺戮，誰禮賢下士、愛民如子，誰就更有資格君臨天

下，誰就能繼承正統。遺憾的是，沒有任何一個人做到上述這些。表面看似「正統」的那些開國君王，多有矯揉粉飾和日後文人加工的成分。

從這個角度來說，討論歷史的正統性，是沒有意義的。然而，正統之爭能夠給胸懷天下的政治人物巨大的道德壓力，給予了天下人評價王朝更迭和王侯將相們的無形權力。正統之爭引入了道德的評判，可以避免政治淪為純粹的弱肉強食遊戲。即便是最凶殘的帝王，上臺後也懂得篡改歷史，塑造自身的光輝形象。從這個角度來說，古代歷史的正統之爭，意義重大。前文提到的成濟，如果知道有正統之說，知道有後世的悠悠眾口，估計就不會稀里糊塗地被人當槍使了。

九品中正：門閥制度的濫觴

九品中正：門閥制度的濫觴

　　九品中正制的起源，要從曹丕講起。曹丕是三國梟雄曹操的兒子。曹操病逝，曹丕繼承父親的勢力和地位，包括魏王的爵位和丞相的職位，也繼承了父親篡奪東漢王朝江山社稷的野心。

　　延康元年，也就是曹丕繼位的那年，大將軍夏侯惇病逝。曹丕親自素服在魏國首都鄴城東門發喪。這件看似尋常的葬禮行為，引起了一陣暗潮湧動。這到底引起了什麼樣的風波呢？

　　有人指責曹丕給夏侯惇送喪的行為「失禮」。按禮，君王輕易不給大臣送喪，即便送喪也不素服、更不會送出城外。而對於同姓的宗室之死，君王哭同姓於宗廟門之外。所以，曹丕素服給夏侯惇在城外發喪的行為，的確有些不符合禮法。但是，曹丕這麼做，肯定有這麼做的原因。難道其中有什麼隱情？

　　這些疑問都指向曹丕家族與夏侯惇的「不正常關係」。曹丕的爺爺，也就是曹操的爸爸曹嵩原本是小乞丐，被大宦官曹騰收養後才姓了曹。來歷不明的出身，還有「太監的孫子」的身分，一直是壓在曹操身上的一座大山。尤其是在講究出身和家庭背景的東漢政壇上，曹操終身都承受著巨大的壓力。有人分析，曹操一生爭強好勝，有時自負，有時自卑，何嘗不是對卑微的出身的反抗？

　　那麼，曹操到底姓什麼呢？政壇上一直在傳，其父曹嵩

原來是複姓夏侯的小乞丐。曹操應該姓「夏侯」。其中的一大證據就是曹操募兵起家的時候，主要得到了曹家和夏侯家兩家的支持，兩家子弟組成了曹操親信將領班底。其中，夏侯惇和曹操的關係尤其密切。大家都知道曹操是一個多疑猜忌的人，唯有夏侯惇可以不經通報，自由進出曹操的臥室，其他將領都沒有這個特權。曹操在世時，夏侯家族步步顯貴。因此，人們有理由相信，夏侯惇就是曹操的堂兄弟，曹操本姓夏侯。這也就可以解釋，為什麼曹丕要素服出城，給夏侯惇發喪了。

送喪風波發生的時機，也非常敏感。小道消息傳得沸沸揚揚的時候，正是曹丕繼位之初，地位尚未穩固的敏感期。先是弟弟曹彰與曹丕爭奪繼承權，接著又爆發了青州兵的譁變事件，曹丕的地位遠不如父親曹操那般穩固。在這個節骨眼上，朝野重提曹家不光彩的往事，揪住曹丕的家世竊竊私語，對曹丕的殺傷力可想而知。這表明，一部分世族大家、朝廷大臣並不認同曹家取代東漢王朝、登基稱帝。一個來歷不明的乞丐的孫子，怎麼能當皇帝呢？

曹操在世時，和世族大家的關係搞得不好。不少名士很瞧不起曹操，與曹操政權對抗。曹操也屢次壓制豪門，殺害了幾個出身豪門的大臣。曹操還一改東漢時期世族大家操縱官員選拔的風氣，打破身分和家庭背景限制，唯才是舉。這些措施並沒有打擊到世族大家的根本，反而惡化了曹操政權

九品中正：門閥制度的濫觴

和世族大家的關係。

曹丕繼承曹操權勢後，迫切要改朝換代，就離不開豪門勢力的支持。從東漢建國開始，世族豪門就不斷壯大，掌握政治和經濟特權，勢力非常強大。曹丕得罪不起，相反環要仰仗他們的力量來對抗家族內部、朝野上下的反對勢力。所以，他和父親曹操不同，對世族大家採取懷柔妥協的態度。

而在另一邊，世族大家們看到曹魏政權已經占領黃河流域遼闊的土地和千萬的百姓，不可撼動。他們也不希望與曹丕關係破裂，最多就是拿夏侯惇的喪事之類的問題「敲打敲打」曹丕。目的是希望曹丕保障世族大家的利益，維護和擴大他們的特權。尤其是他們在東漢末期的亂世中竊取的政治特權，需要曹丕提供保障。

一方面是曹丕有意對世族大家妥協，一方面是世族大家缺少明確的承諾和制度上的保護，現在就需要一個紐帶把世族大家和曹魏政權捆綁在一起。

這個時候，出身中原名門的昌武亭侯、尚書陳群提出了「九品中正法」，建議改革官員人事制度。這項制度一經提出，立刻獲得了世族大家的一片讚賞之聲。九品中正制到底是一項什麼制度呢？

九品中正制的關鍵詞，或者說主要內容有兩項。第一，九品。就是綜合考量天下士人的德才、門第，評定人才的等級，共分為上上、上中、上下、中上、中中、中下、下上、

下中、下下九品。第二，誰來評定人才的品級呢？朝廷設置專門的「中正」官。朝廷選擇「賢有識鑑」的中央官員兼任原籍地的州、郡、縣的大、小中正官，負責察訪原籍地的士人，評議人才高下。吏部按照人才品級，分別授予官職。這兩個關鍵詞相加，就是九品中正制度。

表面上看起來，九品中正制是一項中性的制度。實際上，九品中正制是對秦漢時期選官制度的倒退，是對世族大家政治特權的默認。為什麼這麼說呢？

秦漢時期的選官制度主要是察舉與征辟制度。朝廷要求公卿大臣和地方郡縣，及時發現人才，推薦給朝廷，稱為察舉。察舉有諸多的科目，推舉的人才不是學有專長，就是堪稱道德楷模。我們熟悉的儒家宗師董仲舒，就是透過察舉制度被漢武帝發現，進而施展抱負的。察舉制是兩漢選官制度的主流，征辟制度造成輔助作用。皇帝直接召見、任用特定的人才，稱為征或者徵召；三公九卿和州縣長官聘用僚屬官吏，稱為辟或者辟除，二者合稱征辟。征辟和察舉，構成了曹丕之前的主要選官制度。

無論是征辟還是察舉，都有一個考試的環節。不是獲得推舉或者召見之後，就直接任命為官員。察舉制度下，人才想要到朝廷任職，往往需要通過一個「策問」考試，即皇帝出難題讓大家解決。而皇帝召見人才的過程，實際上也是一個面試過程。所以，我們可以把察舉和征辟的操作過程，簡

九品中正：門閥制度的濫觴

單理解為推舉加考察的過程。

征辟和察舉制度，在實踐中有不少問題。比如，推舉的標準不明確，一些有權有勢的官宦人家往往更容易掌握話語權，推舉豪門子弟；又比如，征辟和察舉的主動權都掌握在高官的手中，他們傾向於選擇本階層的子弟入仕。所以，到了東漢末年，人才選擇在各地已經被少數掌握權力的家族操縱和利用。這些家族左右本地輿論，操作人才推舉，形成了享有政治特權的世族大家。比如，我們熟悉的東漢末期的人軍閥袁紹、袁術家族就「四世三公」，四代都有人當到了三公的高位，門生故舊遍布天下，又反過來強化了家族的政治特權。在這種背景下，察舉和征辟制度遭到了嚴重破壞。

而各地的世族大家，為了確保既得權益，希望政治特權能夠世代相傳，迫切想在曹丕改朝換代的過程中獲得明確的制度保證。九品中正制就是他們構想出來的一個新制度。

九品中正制在操作當中，取消了察舉和征辟制度下相對民主、範圍較大的推舉過程，更是取消了策問、面試等考察過程。一個人的高低、優劣完全取決於中正官。而擔任中正官的都是現任的中央官員，而且都是高官。這些高官能接觸了解的、最後評定的人才，基本上都是官員子弟。等他們退位之後，下一波中正官評定的人才依然是本階層的子弟。再加上一些官員徇私舞弊，私相授受，最後導致評定的人才「上品無寒門，下品無世族」九品中正制成為了世族大家壟

斷政治權力的工具。

所以，我們才說九品中正制是人事制度的倒退，是對世族大家既得利益的保障。它實際上足以陳群為代表的世族大家對曹丕出的考題，是世族大家與曹氏家族進行權力交換。

曹丕毫不猶豫地批准了，開始在全國推行九品中正制。世族大家們隨即支持曹丕篡奪漢朝的江山社稷。

曹丕在批准九品中正制的時候，考慮的主要是眼前利益，自身的得失。身為一個政治人物，制度的取捨絕對不能如此短視，而要預見到制度的長遠影響。從這一點來說，曹丕稱不上是一個合格的政治家。他批准的九品中正制很快惡化了人事選拔環境，甚至成為了魏晉南北朝時期世族勢力惡性膨脹的制度源頭。

九品中正制推行後，弊病很快暴露。各級中正官員選拔人才，不看才能，只看出身和家庭背景，凡是高門大戶的子弟一律定為上品。定為上品，就可以獲得很高的仕途起點。魏晉南北朝，尤其是在東晉時期，官員選拔主要標準就一條：出身。當時，世族子弟二十歲即可入仕，而寒族子弟要三十歲才能「試吏」，也就是類似實習試用。世族子弟入仕後，他們工作壓力小、升遷快；而評定為下品的寒族子弟，承擔了壓力大的工作且升遷無望，就算是文曲星下凡也只能位列下僚，終身埋首瑣碎事務，沒有出頭之日。

壟斷了仕途，南方的世族大家就可以獲得政治、經濟等

九品中正：門閥制度的濫觴

方面的利益，繼而實現權力和利益在家族內部世世代代流傳。慢慢地，南方出現了勢力強大的門閥貴族。門閥貴族產生的制度根源，就是九品中正制。因此，為了保證高貴的門第血統純正，門閥貴族們做了許多荒唐事。比如「譜學」開始流行。所謂「譜學」，就是研究家譜的學問。這可是「大學問」，是明確各個家族貴賤高低，防止寒門地主冒充世族的「根本所在」。所以門閥貴族都很重視編撰家譜，明確誰才是同類人。擔任中正官的人，除了本身是世族外，還必須對各家世族的譜系都瞭然於胸。「譜學」發展到頂峰時，官場中人都鑽研「譜學」，將各家的譜系名諱等背得滾瓜爛熟，免得交往時張冠李戴或者犯了忌諱。誰不精通「譜學」，便被認為「無能」、「不稱職」，遭到裁撤。南朝梁王僧孺「知撰譜事」，就是專門負責編撰世族家譜。王僧孺編撰了《十八州譜》七百一十卷，作為官方的「譜學」版本，涵蓋了琅琊王氏、高平郗氏、陳郡謝氏、太原王氏、潁川庾氏、河南褚氏、陳郡袁氏、魯郡孔氏、陳留阮氏等公認的高門貴戶。

世族大家為了保證血統純正，拒絕與世族圈子之外的人通婚。南齊時期，世族王源的老婆死了，家裡又很窮，吳郡富陽人滿璋之家境富裕，替兒子求娶王源的女兒。滿璋之給了五萬錢作為聘禮，王源就答應了。五萬錢的數目很大，王源不僅操辦了女兒的婚事，還用餘錢續弦。不想，遭到了當

時的世族領袖沈約的彈劾，說王源將世族女子嫁給寒門子弟。王源的曾祖父王雅是西晉的尚書右僕射，祖父和父親也都是清官顯要，他的世族身分沒有人懷疑，但是富陽滿家卻被世族圈子懷疑是寒門地主。王源解釋，富陽滿氏是高平世族滿寵的後代。滿寵在魏明帝時任過太尉，其孫滿奮是西晉的司隸校尉。沈約則認為，滿璋之的世族門第沒有明確根據，滿家早在西晉就沒落了，後代默默無聞，滿璋之的家世顯然是偽造的，因此，沈約彈劾王源「人品庸陋」，與滿家聯姻是唯利是求，「蔑祖辱親」。最後，王源被逐出世族行列。可見，世族和寒門之間涇渭分明，最後竟然發展到世族人士不和非世族的人士交往的地步。生活在同一片藍天下的世族和普通人，彷彿生活在兩個星球上一樣。門閥大家刻意迴避和普通人的交往。

門閥貴族們關注門第，反而忽視了最重要的一點，那就是自身的能力建設。一個家族的壯大，重要原因是自身能力強、素養好，能夠建功立業。隨著權力世襲，唾手可得的地位和利益很快侵蝕了世族子弟。反正不用認真讀書、勤奮工作就能坐享其成，為什麼還要認真和勤奮呢？久而久之，世族子弟越來越不成器，越來越不學無術。民諺有云：「上車不落則著作（只要從車上掉不下來的小孩，就能當著作郎），體中如何則祕書（只要能在信中寫問候的話，就可以當祕書郎）。」傳了幾代人後，門閥子弟除了坐享俸祿、指

九品中正：門閥制度的濫觴

使奴僕外，不知道什麼時候播種、什麼時候收割，分不清楚水稻和小麥，完全脫離了現實。南朝梁時，門閥子弟都褒衣博帶，大冠高履，塗脂抹粉，出則車輿，入則扶持，找不到能騎馬的人。別人送給世族出身的周宏正一匹矮小得只能在果樹下走的馬做禮物，周宏正學會了騎這匹小馬後，常常騎這匹與出門，就被圈子裡的人評為「放達」。而建康令王復有一回看到馬又跳又叫，大驚失色，顫顫巍巍對人說：「這分明是老虎，怎麼叫作馬呢？」

掌握政權的階層腐化到這種程度，國家能好到什麼地方去？當時政治的鬆懈腐敗和懦弱，掌權的門閥貴族要負主要責任。政治一旦風吹草動，世族們就束手無策。而當危機發生時，他們更是坐以待斃。

梁武帝時期，北方軍閥侯景投降梁朝，備受寵遇。侯景就想向王謝兩家求婚，蕭衍勸他說：「王謝門第太高，你配不上。你不妨在朱張以下門第看看。」侯景遭到南方世族文化如此打擊，恨上了那些世族豪門。侯景之亂發生後，侯景進入建康後幾乎殺絕了門第最高的王謝兩家，其他世族也受到沉重打擊。當時的門閥子弟，膚脆骨柔，走路都走不快，體羸氣弱，只能坐著等死。不知道當初設計九品中正制的陳群，還有批准推行這項制度的曹丕，看到此情此景，作何感想？

隋朝興兵消滅南朝，統一中國。南方的世族也隨著南

方政權的瓦解而沒落了。「舊時王謝堂前燕，飛入尋常百姓家。」九品中正制也壽終正寢。但是北方世族，還保持了相當的個人素養和政治勢力。門閥政治的痕跡並沒有清除。等到唐朝開始大規模推行科舉制度，加上唐朝末期農民起義和軍閥混戰的打擊，門閥政治才徹底消失。

漢獻帝禪位：羞答答的謀朝篡位

漢獻帝禪位：羞答答的謀朝篡位

自秦始皇從「三皇五帝」的稱謂中提煉出「皇帝」之後，這兩個漢字閃耀著無上的榮耀，散發著致命的誘惑。天下多少英雄豪傑覬覦寶座、想當皇帝，當了皇帝的人不惜一切手段來保住自己的皇位並能傳給子孫後代，希望自己的王朝千秋萬代。但是在中國歷史上有這麼一些皇帝卻把權力拱手交給外姓的臣子。這又是為什麼呢？

這種奇怪的事就發生在東漢的末代皇帝漢獻帝的身上。他「主動」要禪位給當時的丞相曹丕。浩浩蕩蕩的貴族百官，恭請曹丕即位。為了表示謙讓，曹丕再三推辭，群臣再發動更大規模的勸進活動，直到曹丕同意。這到底是怎麼回事呢？

東漢末期，社會動盪，董卓之亂之後，群雄四起。當時勢力最大的是曹操。東漢王朝依靠曹操的南征北戰才勉強維持了二十多年的統治。曹操才是真正的帝王。漢朝末代皇帝漢獻帝其實是曹操父子的傀儡。當時，早就有大臣進言，勸曹操稱帝。在建安二十四年，東吳孫權向曹操上書稱臣時就說，東漢氣數已盡，天命已經轉移，勸說曹操稱帝。時任侍中陳群也乘機進言，勸曹操稱帝。曹操對陳群等人說了真話：「若天命在吾，吾為周文王矣。」曹操的意思很明確，周文王雖然是西周王朝的實際締造者，但他的兒子周武王消滅了商朝，建立了大一統的王朝。也就是說，他自己不當皇帝，讓兒子曹丕去稱帝。

曹操給兒子曹丕布置了建國的任務，但並沒有詳細說明該如何去做。曹丕就面臨著如何建國的難題，因為他的情況和之前的歷代王朝都不一樣。

　　秦朝是消滅了各個諸侯國，統一了中國，建立了新王朝；劉邦是在群雄爭霸中，消滅了項羽，建立了西漢；漢光武帝劉秀是打著「興復漢室」的旗號，推翻了篡位的王莽，建立了東漢。可是曹丕呢，一不是爭霸天下的諸侯王，二不是在農民起義中崛起的梟雄，三不是有著皇室血統的宗親。曹丕在名義上是漢朝的丞相，前面那些開國帝王的辦法，他都不能照搬，而是要想出新的開國方法來！

　　其中最簡單的方法，就是廢黜漢獻帝，或者乾脆殺了漢獻帝，曹丕黃袍加身，登上帝位。這個方法雖然簡單，但是代價實在太大。曹丕如果那麼做，弒君、篡位等惡名就難以擺脫了，曹操、曹丕父子之前幾十年擁戴漢獻帝的表面工作都白費了。曹家父子既然是以漢朝的忠臣自居，現在為了保全名聲，曹丕必須想出一個和平穩定、在道德上能安然過渡、在政治上能給自己加分的建國方案來。這世界上存在這樣的方案嗎？曹丕決定搬出一項遠古傳說的制度來，那就是禪讓。

　　禪讓是傳說中部落聯盟時期的權力交接制度。舉行禪讓時，部落中每個人都來推舉首領，少數服從多數，權力所有者把權力和平移交給推舉出來的新人。前者往往稱為禪位

漢獻帝禪位：羞答答的謀朝篡位

者，後者則是受禪者。

相傳，堯為部落聯盟領袖時，四岳推舉舜為繼承人。堯對舜進行了三年考核，讓他代理政事。堯死後，舜繼位，以同樣的程序，將大位禪讓給治水有功的大禹。大禹繼位後，又推舉皋陶為繼承人。皋陶早死，禹又以伯益為繼承人。後來，大禹的兒子啟公然破壞禪讓制度，建立了家族王朝——夏朝。禪讓制度至此就終止了。大一統的中央王朝建立後，王莽在西漢末年曾經重啟過禪讓制度。西漢的孺子嬰禪位給王莽，王莽建立新朝取代西漢。但是，因為後世一般不承認王莽建立的新朝，稱之為偽朝，所以西漢和新朝的禪讓也就不被人承認。

禪讓制度的和平色彩，顯而易見。更重要的是，禪位者透過禪讓明確表達自己的意願，受禪者謙虛地接過權力，不僅可以表明權力的合法傳承，無形中也強化了受禪者的統治合法性。從深層次來講，受禪者的產生，是民主推舉的結果，談得上是天命所歸、人心所向。受禪者透過這個制度，無疑「加持」了道德的光芒。所以，從理論上講，禪讓是非常理想的權力交接制度。

如今，曹丕從故紙堆裡重新搬出禪讓制度來，能夠順利完成王朝的更迭嗎？後世的野心家，紛紛照抄照搬曹魏的禪讓制度。曹丕及其大臣們是如何復活禪讓制度的呢？

禪讓的過程紛繁複雜，頭緒眾多，大致可以分為五個步

驟，或者說五個部分。

第一，受禪者，也就是曹丕，必須要做到大權獨攬，成為事實上的統治者。實力永遠是權力場上最重要的籌碼。有心受禪的權臣首先必須完全掌握朝廷大權，不僅不能有強有力的反對者，而且要盡可能削弱皇帝的實力，把皇帝玩弄在股掌之中。受禪者在禪讓前或稱相國，或擔任大司馬大將軍，掌控朝政。在亂世之中，軍隊非常重要，所以受禪者還要有一支能征善戰的軍隊。在這第一方面，曹丕的父親曹操已經給他奠定了扎實的基礎，曹丕可以略過第一步，進入第二步。

第二，晉爵建國，封公或封王，逐步向皇帝地位靠攏。周禮定爵位為公、侯、伯、子、男五等，秦始皇之後，公爵之上又多了王。在受禪前，權臣必須將自己的爵位儘量往前提升，封王封公。曹操受封魏公時，以河北膏腴之地十個郡作為封地建立了國中之國。這些封國內的官職制度都和中央朝廷相同，人事權獨立。南北朝時期的權臣封王有「王國制度，一如天朝」的慣例。這也就意味著該權臣已經建立了與皇帝完全相同的體系，只是微型的而已。一旦受禪，封國的臣屬可以馬上替代原有朝廷的官員，輔助完成最高權力交接。

在地位上向皇帝靠攏後，權臣還要在待遇上向皇帝靠攏，這就是禪讓的第三步：加以九錫、依仗等殊禮，追封祖

漢獻帝禪位：羞答答的謀朝篡位

先，加封家屬。

所謂殊禮，是只有皇帝才能享受的禮遇。加殊禮，直白地說，就是要提前享受皇帝專有的待遇。最常見的表現形式就是加九錫。

錫，通「賜」字。九錫是要求天子賜予的九種禮器，分別是：車馬、衣服、樂縣、朱戶、納陛、虎賁、斧鉞、弓矢、秬鬯。在歷史發展中，這九樣東西略有改變。這些物件有天子專用的格式，歷史上的大臣往往為了避嫌，嚴防使用這九樣東西，否則就是僭越。在君權高漲的時候，大臣貿然使用天子器物，是殺頭的大罪。但是對有心篡位的權臣來說，它們則成為了身分和決心的象徵，象徵意義遠遠大於實際使用意義，獲賜九錫表示自己承天命之意。曹操受封魏公的時候，漢獻帝就賜他九錫，為此還專門頒布了九錫文。這篇文章，列數了曹操的十幾條大功，目的是說明曹操晉爵封國，賜以殊禮，實至名歸。此後，九錫文也成為了之後禪讓行為的必備程序。

與九錫相配套的，還有羽葆、鼓吹、班劍、甲仗等儀仗及出警入蹕等特權待遇。這些儀仗是帝王出巡的時候專用的儀仗。

「警」是警戒的意思，「蹕」指的是帝王出行時，開路清道，路過的地方嚴加戒備，這種待遇規格很高。此外，權臣在朝堂上還有三項特權待遇：「劍履上殿」，即可以攜帶

武器、不脫鞋子進入宮廷，於是在廷議的時候只有皇帝與權臣兩人攜帶武器、穿著鞋；「朝覲不趨」，說的是權臣可以在朝堂上悠閒地慢走，而一般情況下大臣是需要弓著背，在朝堂上快走的；「贊拜不名」，就是說通常皇帝和贊禮官對大臣直呼其名，但對權臣卻不稱呼名字，而稱呼官職和姓氏。有了這三項殊禮，除了服裝的差別外，權臣和皇帝在宮殿上的待遇就一致了。

特殊待遇還延伸到受禪者的家族。東漢後，諸侯王的妻子和繼承人分別稱為「王妃」、「世子」；受禪者則讓皇帝下令給予自己「王妃曰后，世子曰太子」的待遇，也就是說將自己的妻兒分別叫作「王后」、「王太子」。此外要大規模追封家族祖宗，按照諸侯的禮儀建立五廟，完全與天子類似。延康元年五月，曹丕追尊祖父曹嵩為太王，祖母丁氏為太王后，封王子曹叡為武德侯。

第三步完成後，就到了第四步：製造祥瑞，也就是為受禪活動營造社會輿論。

祥瑞又稱符瑞，比如出現彩雲，禾生雙穗，地湧甘泉，奇禽異獸出現等罕見的或者超自然的現象。儒家認為，祥瑞表達天意、昭示現實。歷朝歷代非常重視收集祥瑞，有些正史中有專設的《符瑞志》記載前代或歷代出現的祥瑞。古代祥瑞種類繁多，大體分為五個等級。最高等級的祥瑞是「麟鳳五靈」，分別為麒麟、鳳凰、龜、龍、白虎等，其下

漢獻帝禪位：羞答答的謀朝篡位

分別為大瑞（如天降甘露、日月合璧、江出大貝、枯木再生等）、上瑞（指各類動物，如白狼，赤兔等）、中瑞（各種飛禽）、下瑞（各類奇化異木及嘉禾等）。

禪讓過程中，受禪者都會製造一批祥瑞，分布在全國各地出現，暗示上天屬意自己，改朝換代即將到來。筆者認為，中國古代出現的祥瑞，絕大多數應該都是假的，是一些受禪者的親信或者投機分子編造的。當禪讓大局已定，編造祥瑞的收益非常高，故而千奇百怪的祥瑞不斷湧現、難以阻止。大約在東漢熹平年間，在譙地，也就是現在的安徽亳州，出現過黃龍。當時的大名士、光祿大夫橋玄問太史令單颺：「這個祥瑞什麼意思啊？」單颺回答說：「這說明，譙會有王者興起。大約五十年後，黃龍會再次出現。」有一個叫殷登的老頭信誓旦旦地說，自己當時在場目睹了黃龍，如今，也就是延康元年三月，黃龍再次出現在譙。晚年的殷登覺得這是皇者崛起的徵兆，因此大肆宣揚，引起中原轟動。最後，曹丕出面召見殷登，賞賜殷登穀三百斛，客客氣氣地送他回家。

之後，魏國的祥瑞像潮水一般湧現，什麼麒麟天降、鳳凰來儀、黃龍出現、嘉禾蔚生、天生甘露等。就連濊貊、扶餘、焉耆、於闐等周邊部落，也紛紛派遣使者向中原奉獻奇珍異寶。曹丕很高興，對出現祥瑞的地區，不是免除賦稅，就是賞賜財富。

當年六月，曹丕親自帶兵南征東吳。這次南征，公卿相儀，華蓋相望，金鼓陣陣，完全是對曹丕個人勢力的一次檢閱，是面向天下百姓的一次展示，因此整場軍事行動更像是一次盛裝遊行。曹丕的重點遊行地區就是屢次出現祥瑞的譙地。他在家鄉大宴三軍，並在邑東召集父老百姓，設伎樂百戲，與民同樂，當場宣布減免譙地兩年租稅，父老鄉親們山呼萬歲。幾天後，曹丕祭掃了先人墓地。至於名義上的南征，他只是到長江北岸走了一遭就收兵了。

禪讓活動進展到這裡，就只剩下最後一步。第五，皇帝下詔禪位，群臣恭請，受禪者再三辭謝後接受禪讓。

曹丕等人做了那麼多禪讓的準備工作，萬事俱備，只欠東風了。這「東風」就是漢獻帝下詔讓位。漢獻帝劉協很清楚漢朝的天下早已經分崩離析，他憑藉曹操的力量才維持名義上的統治，曹魏奪取天下是遲早的事情。自己如果扮演好了禪位者的角色還能為祖宗的江山社稷保留若干的顏面；反之，如果不配合禪讓活動，說不定會有性命危險。所以，漢獻帝坦然承認漢朝天命已終，天命已經轉移到了曹魏，曹魏奉天承運，將統治天下。漢獻帝「主動」要禪位給曹丕。於是，浩浩蕩蕩的貴族百官恭請曹丕即位的鬧劇就開始了。為了表示謙讓，受禪者即使再迫不及待，也要謙讓皇位。然後，群臣會發動更大規模的勸進活動，直到受禪者同意。

在《三國志》中，曹丕的傳記花了幾乎一小半的篇幅刊

漢獻帝禪位：羞答答的謀朝篡位

登了漢獻帝劉協禪位的詔書，以及相國華歆、太尉賈詡、御史大夫王朗、宗室、九卿、將軍等人的勸進書。劉協一再下詔禪讓，曹丕一再推辭；大臣們動不動就聚集一百多號人集體勸進而且周而復始，不厭其煩，也不擔心曹丕生氣。曹丕就是不答應。連劉協都說，魏王不接受禪讓，那怎麼辦啊？

最後，勸進的大臣們都著急了。尚書令桓階對曹丕說：「現在漢朝的命氣已經盡了，臣等都認為天命降臨大魏，陛下還前後退讓。漢室衰廢，行將就木，史官和耆老們的紀錄都證明了這一點。天下百姓都唱著歌謠，呼籲明主出現。陛下應該響應上天，接受禪讓，馬上登壇禱告上天。不然就是久停神器，抗拒上天和白姓的意願啊！這可了不得啊。」曹丕在萬般無奈的情況下，說了一個字：「可。」

延康元年十月庚午日，禪讓儀式正式舉行。

之前，東漢王朝修築了受禪臺。等到了吉日，新皇帝登壇受禪，公卿、列侯、諸將、四夷朝者成千上萬人出席、見證。當場舉行柴燎告天儀式，燒柴向上天傳達地上的王朝更迭情況。新皇帝再宣讀即位詔書，遜帝和眾大臣跪聽。曹丕改延康元年為黃初元年，將劉協封在河內郡山陽，稱山陽公，食邑萬戶。劉協位在諸侯王上，奏事不稱臣，受詔不拜，以天子車服郊祀天地，宗廟、祖臘皆如漢制；劉協封王的四子降為列侯；更換周邊各族印璽，為魏國百官更名。整個禪讓過程才算結束。

曹丕受禪後，非常客氣地對遜帝劉協說：「天下之珍，吾與山陽共之。」意思就是說，天下的珍寶財富，我都和你共享。曹丕也的的確確善待了劉協，劉協在封地內行漢正朔，一直到五十三歲才自然死亡，死在了曹丕的後面。曹魏以天子之禮將他葬在禪陵。山陽公爵位由劉協的子孫繼承，共傳了八十九年。

　　曹魏代漢，建立了一套完備的禪讓流程和操作內容，之後得到廣泛應用。從曹魏到北宋，王朝的更迭，很多都仿照曹丕的禪讓制度來進行。「漢魏故事」便成了帝制社會中禪讓的代名詞。上述歸納的五大步驟，在每一次禪讓過程中都能夠尋找到。隨著歷史變遷，禪讓越來越程序化，間隔時間越來越短，但即使是再倉促的奪權，也要將這五個步驟一一走一遍。需要說明的是，上述的禪讓都是王朝更迭、外姓之間的權力交接，還有王朝內部、同姓之內的禪讓。前者稱為外禪，後者稱為內禪。內禪不需要上述複雜的步驟，最著名的可能就是乾隆皇帝禪位給嘉慶、宋高宗趙構禪位給宋孝宗了。

均田制：理想主義土地制度

均田制：理想主義土地制度

　　均田制要從李安世講起。李安世是北魏時期河北趙郡人。他是一個神童。李安世十一歲的時候，北魏要從官員子弟中挑選部分中書學生。北魏文成帝見他年紀小，特意問他問題，李安世在皇帝面前對答如流。文成帝大為驚喜，招他為中書學生，李安世名聲大噪。他在就讀期間接受了系統的儒家教育。

　　在土地問題上，儒家非常推崇先秦時期傳說的井田制度。亞聖孟子對井田內容的解釋是：「方里而井，井九百畝，其中為公田。八家皆私百畝，同養公田。」井田制的核心內容是老百姓平均耕種土地，處理好公私關係，實現耕者有其田。最後的理想結果是各家各戶守望相助，百姓和睦。儒家的歷代聖賢都稱讚井田制，認為應該成為國家的根本經濟制度。井田制是否真正存在過，還有爭議。即便真正存在過，早在孔子所在的春秋時期，就已經蕩然無存了，所以儒家才要大力提倡、呼籲恢復。之後兩漢實現過一段給無地百姓授田，王莽改革時期推行的公田制度，乃至曹魏進行的屯田，都一定程度上吸取了儒家井田制的經驗。當然，這些制度和井田制相比，步子邁得都不大，而且沒有長期延續下去。

　　李安世生活的年代，逐漸從戰亂走向穩定。北魏建立將近百年，統一了中國北方，但戰爭的痕跡到處都在。連年征戰，北方老百姓流離失所，人口銳減，同時草原遊牧民族紛

紛南下，原有的生活方式難以繼續，而農耕生活他們又還沒熟悉。更糟糕的是，亂世裡面拳頭說話，李安世當官後，發現各地豪強侵占田地，欺壓普通百姓，土地兼併情況非常嚴重。「富強者並兼山澤，貧弱者望絕一壘」，富豪的莊園跨州聯郡，而貧寒百姓連安身之所都沒有。

李安世還發現，隨著局勢逐漸安定下來，土地產權糾紛反而大規模增加，嚴重影響了地方安定。原先，百姓背井離鄉躲避戰亂，田地荒蕪，如今等他們或者後代返回故里，發現原來的田地不是一片荒野，就是另有他人在耕種。很多土地在這段時間內被多次買賣，產權情況非常複雜。各方都有各自的權利主張，請當地的長老裁斷糾紛，或者乾脆就告到官府，請官員審斷。其中還混雜著列強豪紳，巧立名目、偽造證據，想渾水摸魚，侵占土地。當地官府面對繁多的土地糾紛，也作不出準確的判斷，不是和稀泥就是擱置不管。在土地產權沒有解決之前，爭執各方寧可讓土地荒蕪也不肯讓其他人耕種，於是出現了「良疇委而不開，柔桑枯而不採」，白白看作物爛在田地裡，讓土地繼續拋荒。

土地兼併和產權糾紛，已經成為非常嚴重的社會問題。正常的農業生產，根本走不上正軌。李安世看在眼裡，急在心裡。怎麼辦才好呢？

深厚的儒家學養，這個時候就發生了作用。李安世從先秦的井田制中挖掘養分，創造性地提出了一個新的制度。北

均田制：理想主義土地制度

魏孝文帝太和元年（西元 477 年），李安世向當時的北魏孝文帝上書，建議進行土地制度改革。在上書中，李安世描述了現存的問題，提出了自己的設想。我們有必要先看看李安世建議的原文：

「愚謂今雖桑井難復，宜更均量，審其徑術，令分藝有準，力業相稱。細民獲資生之利，豪右靡餘地之盈。則無私之澤，乃播均於兆庶；如阜如山，可有積於比戶矣！又所爭之田，宜限年斷，事久難明，悉屬今主。然後虛妄之民，絕望於覬覦，守分之士，永免於凌奪矣。」

這裡的「桑井」指的是井田制，考慮到恢復井田制不太現實，李安世認為應該將井田制的理念和實際情況相結合，爭取做到「分藝有準，力業相稱」。小老百姓可以有謀生的手段，土豪列強也不會占有太多土地造成浪費。那麼怎麼做呢？一是把國家所有的山川河澤，分給老百姓。這裡的「無私之澤」、「如阜如山」代指國家掌握的無主土地。二是，存在產權爭議的土地，根據一定的年限做出判斷，年久難以判斷的一律收歸國有，然後進行分配。這麼做的力度很大，但可以做到杜絕虛妄之民覬覦他人田地，而安分守己的百姓，可以永保家園，安心耕作。

李安世的建議，步子邁得很大，而且是一個原則性的意見。遞上去後，就看當時的孝文帝怎麼反應了。北魏孝文帝是一個雄才大略的皇帝。李安世發現的問題，他也發現了。

李安世沒有發現的問題，孝文帝也注意到了。

孝文帝當時最頭疼的問題，是缺錢。國家要繼續和北方少數民族及南朝作戰，又要推行孝文帝策劃的種種改革措施，到處都需要用錢。而常年戰亂造成各州縣戶口凋敝，可供徵收的賦稅嚴重不足。根據《魏書·地形志》記載，原本富庶的並州，當時的戶口是四萬五千零八戶，二十萬七千五百七十八人，相當於和平時期一個繁華都市的人口而已。而營州的戶口只有一千零二十一戶，四千六百六十四人，還比不上兩漢時期一個縣的戶籍人口多。人都到哪裡去了？孝文帝相信，還有很多人口在各州縣流離失所，並沒有固定在土地上，更沒有申報戶口。同時，許多豪強霸占一方，掌握了數以萬計的人口，讓他們依附於自己，不向朝廷繳納賦稅。孝文帝要想推行各方面改革，擴大戶口人數、充實賦稅是基礎，是改革的前提條件。

孝文帝還頭疼一件事情。北魏是由鮮卑族建立的少數民族政權。鮮卑族上上下下隨著北魏政權南遷中原腹地，很多人還保留著遊牧時期的舊生活方式、舊習慣。具體到生產活動上，就是不少鮮卑人只會騎馬打獵，不會在土地上精耕細作。他們和中原的生活格格不人，而且還騎馬射箭，干擾了漢族農民正常的農耕生活。北魏要想長治久安，也必須解決鮮卑人在農耕地區的融合問題。

收到李安世的建議後，孝文帝敏銳地感到這是一個能解

均田制：理想主義土地制度

決諸多問題的好方法。可是這涉及對國家根本經濟制度的改革，前期需要做大量準備工作。所以，直到北魏孝文帝太和九年（西元 485 年），也就是李安世上書九年之後，孝文帝才頒布了均田令。

均田令將李安世的建議細化了，主要內容有五項：

第一，凡十五歲以上的男子，每人授給種植穀物的露田四十畝，女子二十畝。男子每人另授桑田二十畝，在不宜種桑的地區則授予麻田。桑田和麻田用來種植經濟作物。此外，官府還授予新定居的老百姓宅田，每三口一畝，奴婢五口一畝，用來建造住宅。此舉稱為授田。

第二，政府授予的露田不准買賣，老百姓在七十歲的時候或者死亡的時候，要如數還給官府。此舉稱為還田。桑田和宅田則歸老百姓所有，不用還田，可以世襲，但限制買賣。

第三，奴婢和其他情況的受田也有具體規定。奴婢同普通農民一樣受田，人數不限，但是土地歸主人；耕牛每頭可以受露田三十畝，田地歸主人所有，但每家每戶只限四頭牛受田。家中沒有十五到七十歲人口的人家，也可以受田，但田地數量減少。此外，獎勵寡婦守節，寡婦受田後免交賦稅。

第四，土地狹隘的地區，居民可以遷徙到地廣人稀的州縣受田；地廣地區的百姓不許無故遷徙，但可以根據個人能

力向官府申請租借受田以外的土地。百姓因犯罪流徙或沒有子孫，土地收歸國家所有，重新分配。

第五，地方官員按照官職高低授給不同數額的公田。公田在官員的任職地，刺史十五頃、太守十頃、縣令六頃，根據官職不同受田不等。公田不是官員的產業，官員離任時要移交給後來者。公田嚴禁買賣。公田也叫作職分田，此後作為官員的一項福利，一直延續到宋代。

當然了，以上五項內容的介紹都是非常簡略的，實際操作要複雜得多。比如，授田的時候要考慮就近原則；所受田地要連成一片，不能跨越他人產業；田地的條件也不同，土質貧瘠的可以申請加倍授田，稱為倍田；官府還考慮百姓的貧富情況，優先授予貧窮人家等。總之，這是一項牽涉面很廣、重塑社會結構的重大改革。歷史上稱為均田制。

這項改革在經濟上取得了成功。官府授田的直接目的是徵收賦稅。受田人接受田地的同時，就要承擔納稅的義務。北魏延續魏晉時期的「戶調制」，根據百姓家庭的人口和田地面積徵收定額租稅。均田制實行後，李安世和孝文帝擔心的問題，都迎刃而解。北魏的賦稅基礎迅速擴大，各州縣的人口很快增長了起來。

原本大批漂浮在土地之外的人口，穩定了下來；原來藏匿的奴婢人口，也受田地吸引，受田耕種，照常納稅。雖然沒有直接的數據來說明均田制對北魏財政的積極影響，但幾

均田制：理想主義土地制度

年後孝文帝大規模南征北戰，又遷都洛陽，大興土木，國家財政都沒有出現問題。可見，均田制推行後，為北魏累積了巨額的財富。

均田制在政治層面更是取得了巨大的成功。第一個成功之處是，北魏朝廷成功處理了與豪強、權貴的關係。一方面，朝廷用經濟手段解決了豪強霸占一方、隱匿人口的問題，遏制了豪強兼併土地的傾向，保障了普通百姓的權益。受田豪強和奴婢一樣向官府納稅，又保證了官府的稅源。另一方面，豪強也不吃虧，可以憑藉奴婢和耕牛等合法地獲得土地，同時，北魏朝廷規定八名奴婢等同於一夫一婦納稅，這是對豪強的稅收優惠政策。可以說「均田制」在朝廷和豪強兩方的利益中尋找到了一個平衡點。因此，豪強對均田制並不牴觸。

歷朝歷代，朝廷的經濟基礎是自耕農。自耕農是官府賦稅的來源。保障一個穩定的自耕農群體，就能保證國家財政的正常運轉。而對自耕農最大的威脅，就是土地兼併，也就是有權有勢的豪強侵蝕百姓田地、隱匿州縣人口。從這個角度來看，朝廷如何處理與豪強的關係，關係國家財政的正常運轉，關係天下的長治久安。均田制成功處理了這兩者的關係，這是它在政治上的第一大成功之處。

第二個成功之處是均田制擴大了北魏統治的政治基礎。均田令頒布後，這麼重大的改革為什麼能夠迅速鋪開，沒有

出現大波折？不僅因為孝文帝向各地派遣了專門的官員督促落實，更因為老百姓從心底裡擁護這項政策，自覺落實了均田制。雖然均田以後，朝廷向百姓徵收的戶調並不輕鬆，但遠遠強過了豪強的巧取豪奪，更勝過無地可種。雖然均田制很大程度上把老百姓和土地捆綁在了一起，限制了百姓的遷徙，但總算生活有所依憑，遠遠強過整天的流離失所，更勝過無家可歸，虛度一生。所以，百姓普遍擁護均田制。更進一步來說，誰給了百姓土地，百姓就擁護誰。北魏在亂世中給老百姓提供了安定的希望和保障，老百姓自然就擁護北魏的統治。北魏作為一個南下的少數民族政權，而且鮮卑族的人口並不多，和漢族人口相比處於絕對劣勢，卻能夠在北方維持了上百年的穩固統治，東西分裂後雙方還爭奪北魏的正統，與老百姓的支持密不可分。正是均田制為朝廷贏得了百姓的支持。

　　均田制不是簡單的土地制度，在授田的同時，朝廷在上面附帶了稅賦制度、兵役制度。均田給朝廷帶來了穩定的稅收和兵源。這項制度逐漸演變為一項社會制度。

　　後世對北魏的均田制稱讚居多。很多人認為這項制度是在古代實現「耕者有其田」的現實選擇。從北齊、北周、隋一直到唐朝，前後陸續將近三百年時間，中國都推行均田制。這項制度對中國歷史產生了重要影響。其中「力業相稱」、「盡地力、均貧富」等觀點，對中國社會的思想發展，

均田制：理想主義土地制度

也產生了重要的影響。

　　需要指出的是，均田制施行的前提條件是政府掌握著大量的土地可供分配。北魏施行均田令的有利條件是戰爭使得國家掌握大量的無主土地，同時又沒收了一批有產權糾紛的田地，而當時的人口又不多，所以能夠實現。事實上，北魏百姓受田的面積往往達不到均田令規定的數量，但畢竟大家普遍能夠分到土地。隨著社會安定，人口持續增加，加上國有土地不斷減少，均田令注定難以為繼。而受田者往往以各種理由，拖延甚至拒絕還田；豪強的土地兼併雖然受到遏制，並沒有消失，緩慢的兼併繼續進行，這些都加劇了矛盾。

　　考察歷史，我們會發現，從北魏到唐朝，凡是開國的時候因為戰爭對社會的破壞，國有土地多、人口少，均田制就施行得比較好。發展幾十年後，均田制就問題頻發，難以推進。唐朝立國後，均田制得以推廣、復興。唐朝在均田基礎上建立了和租庸調制和府兵制，後世研究很多，讚譽有加。這主要得益於唐朝統一亂世後掌握了大量國有土地。即便如此，當時均田也只在中原和華北地區推行，江南和邊遠地區並未實行，且人口眾多的官僚家族免於均田。唐朝的均田制發展到唐玄宗末年，因為推行不下去，就公開取消了。從此，均田制走入了歷史，像井田制一樣只存在於後世儒生的筆下。

三長制：激辯基層社會治理

三長制：激辯基層社會治理

北魏孝文帝太和十年（西元 486 年），北魏朝堂內發生了一場激烈辯論。當時還是初春，北魏首都平城（今山西大同）的天氣相當寒冷。可是，朝堂上卻是熱火朝天，大臣們吵得面紅耳赤。大家爭論的焦點是時任內祕書令、南部給事中李沖提出來的一項制度建議。李沖的建議是什麼呢？

李沖建議在民間設立三長制：「五家立一鄰長，五鄰立一里長，五里立一黨長。」三長由當地官府在百姓中挑選，挑選的標準是「取鄉人強謹者」，第一是具有一定的能力和經濟實力的人，第二是做事情謹慎可靠的人。三長要負責各自範圍內的賦稅、徭役征派，協助官府做好基層管理，同時還肩負著照顧鰥寡孤獨等弱者的社會救助職責。作為回報，三長可以免除一定的兵役，比如鄰長可以免除一名男子的兵役，里長可以免除二人，黨長可以免除二人徭役。同時，二長連續二年工作考核合格，可以晉升一級，這就為三長的仕途升遷打開了大門。

李沖提出的三長制，是他在工作實踐中思索出來的。當時，北魏開始實施均田制。均田制是國家向百姓分配國有土地的制度，必須建立在清晰的戶籍數據之上。只有知道了行政區劃內的人口數量和結構，官府才能分配土地。可是，北魏統治的黃河流域經歷了上百年的戰亂，社會殘破，人口數據嚴重缺失，官府難以掌握轄區內的人口情況，均田制的推行遇到了大難題。李沖長期在宮中從事文書工作，有感於

此，提出了三長制。他希望透過鋪設民間的管理體系，來重新統計戶籍數據，方便各方面的管理。

應該說，三長制對北魏政府有利，對官員的行政管理更有幫助。令人費解的是，朝堂上的官員普遍反對這項新制度，部分達官顯貴更是激烈反對。中書令鄭羲、祕書令高祐等人說：「李沖建議創立三長，是想把天下統一在一套制度之下。他的建議看似可行，但是很難落實。」鄭羲更是揚言：「太后和皇上如果不相信臣的話，只要試行一下三長制度。事敗之後，就知道我的話沒錯了。」

為什麼一項看起來對政府和官員大大有利的新制度，遭到了官員的普遍反對呢？這就要從北魏當時的民間社會結構著手分析了。

魏晉南北朝時期的黃河流域十分混亂，戰火幾乎年年不絕人口銳減、田地荒蕪，原有的民間社會徹底崩潰。在戰火中倖存的老百姓，紛紛聚集在北方的漢族世家大族或者當地豪強地主的周圍，建造塢堡之類的半軍事、半生產居民點自保。那些控制塢堡的世家大族或者豪強地主，擁有眾多的宗族、部曲，平時在堡壘附近生產勞作、戰時便武裝參與地方政治。依附他們的百姓有成百上千家，甚至有上萬家。這些百姓漸漸成了豪強們的附屬人口。這些豪強被稱作宗主，宗主與依附他們的百姓是一種主人與佃客的關係。這種關係是魏晉南北朝時期黃河流域社會的一大特點。

三長制：激辯基層社會治理

　　當時黃河流域的政權更迭，往往是一個政權消滅其他政權，對各地的宗主勢力無力根除。相反，各個政權還要爭取宗主和塢堡勢力的支持。只要後者表示服從，並繳納象徵性的賦稅，新政權就承認宗主的既得利益，承認他們對人口的控制和奴役。有的時候，新政權乾脆以塢堡為基礎建立郡縣，就地任命宗主為太守、縣令，把塢堡直接轉化為地方政權。這種以世家豪族為宗主，奴役百姓的制度，史稱宗主督護制。

　　宗主控制下的人口絕大多數不會在官府登記造冊。事實上，中國從西漢開始就在全國推廣戶籍登記，把百姓的個人資訊、家庭情況和財富數據編造成冊，稱為編戶。編戶是官府征發賦稅徭役的基礎。而宗主控制的人口是私家人口，任憑宗主剝削和奴役，肯定不會在官府登記戶籍。因此，北方百姓隱蔽戶籍現象嚴重，宗主常常把幾十家甚至上百家人報為一戶。官府征發稅役的基礎非常狹窄，日子過得緊巴巴的，但是宗主家的日子過得非常滋潤。而擔任宗主的往往是有權有勢的人，他們和官員群體高度重合。許多朝堂上的大員，他的家族就是地方上的宗主。因此我們就能明白，為什麼李沖在民間推行三長制，會遭到多數官員的反對了。因為李沖的建議，要直接搶了宗主家的飯碗！

　　在朝堂之上，大多數官員都說現在馬上就到春耕農忙時節了，加上各地新舊人口雜處，如果在這個時候檢查人口戶

籍，勢必干擾農民生產和生活，最終激發民怨。所以，大家的意見是等過了春耕、再過了秋收，到冬閒的時候，再慢慢向各地派遣使者推進三長制的建設。朝堂上的諸位大臣，都打得一手絕妙的太極，既不說三長制不行、也不說三長制可行，就想把李沖的建議拖著不辦，慢慢地拖黃了。

李沖在這個關鍵時刻，發揮了銳意改革的決心，說道：「民者，冥也，可使由之，不可使知之。」老百姓都是愚昧盲從的，可以驅使他們做事，卻不可以讓他們知道背後的道理。如果不趁農忙徵收租稅的時候設置三長，百姓只知道設立三長清查戶口麻煩，看不到平均徭役、減少賦斂的好處，心裡定會有怨氣。應當趁收取租稅的月份進行，使百姓知道這將有平攤賦稅的好處，他們既知道置三長的事，又因此獲得好處，利用百姓的心理，就容易推行。此言一出，著作郎傅思益站出來反對，認為各地民俗不同、難易不同，而且現有社會結構為時長久，一旦改革恐怕造成天下擾亂。最後，掌握實權的馮太后一錘定音：「立三長，朝廷的賦稅就有了明確的標準，包蔭的百姓就可以登記戶籍，欺壓盤剝的行為可以得到遏制，何為而不可？」有了馮太后的明確支持，三長制正式在北魏推行。

從朝堂上的激烈爭論可以想像，三長制實施起來的阻力很大。如何調動官員積極性，貫徹落實三長制，就成了擺在馮太后和當時的北魏孝文帝面前的大難題！

三長制：激辯基層社會治理

　　馮太后和孝文帝主要採取了兩大措施來推進三長制的落實。第一個措施，北魏在當年十一月規定，各州、郡、縣官員的俸祿，根據轄區內的戶口數量發放。這一下把檢校戶口、任命三長的工作和個人待遇掛鉤，官員們的積極性多多少少提高了。

　　第二個措施，則充分展現了皇帝的政治手腕。三長制的推行，難免要觸及地方宗主和豪強的利益。為了壓制地方豪強，朝廷任命一批勇於任事、辦事雷厲風行的官員主政一方。比如當時的定州刺史胡尼，之前在朝廷做官就以不畏豪強、辦事強硬而著稱，任職地方後施政暴虐，刑罰酷濫。雖然名聲不好，但對付豪強很有效。又比如，出任河內太守的李洪之，剿滅盜賊，安撫百姓。對於豪強勢力，李洪之「誅鋤奸黨，過為酷虐」，一點都不留情面。李洪之後來升任秦益二州刺史，安撫境內的羌族等少數民族，羌族人紛紛要求編入官府戶籍、繳納賦稅，秦州的財政收入增加了十倍。因為有了胡尼、李洪之這樣的強硬官員，三長制逐漸推廣開來。

　　但是，強硬派官員推行三長制的同時也激化了矛盾。胡尼、李洪之等人粗暴強悍的做法，往往也傷及百姓。民怨逐漸爆發出來。胡李二人都入選了《魏書·酷吏傳》。孝文帝等到三長制推開之後，陸續召回了強硬派官員，以殘暴或貪汙受賄的罪名加以懲治，犧牲掉這些推行三長制的功臣來安

撫豪強和百姓。胡尼被斬首，而李洪之被勒令自盡。孝文帝的做法頗有些「飛鳥盡，良弓藏；狡兔死，走狗烹」的味道。胡尼等人不幸成了朝廷為推行新政而壓制地方豪強的工具，用完就扔了。

三長制畢竟推廣了開來，那麼，到底哪些人當上了鄰長、里長和黨長了呢？一開始，三長還是從豪強世族中任命。這是為了調和三長制與宗主的關係，減輕宗主們對新制度的牴觸。因為，三長不僅本人可以免服兵役，還可以讓一至三名親屬免於當兵打仗。但是，這一點小恩小惠，相比在宗主督護制度下的剝削所得，實在是不起眼。同時，三長肩負著協助官府管理戶籍人口，收繳錢糧和徵兵等責任，豪強子弟不見得就願意擔任。而在實踐當中，官僚機構習慣性地把壓力下移。三長承擔的責任越來越大，官府對他們的管理越來越嚴格。三長其實不是官員，身上的壓力卻一點不比官員小。一旦管轄範圍內的賦稅出現虧空，官府往往責成三長彌補。北周的法律更為嚴厲，《刑書要制》規定「正長隱五戶及十丁以上，隱地三頃以上者，至死」。轄區百姓逃亡，三長竟然有送命的危險。漸漸地，不要說豪強子弟，就是一般人家也不願意擔任三長了。

總體來說，北魏的老百姓是支持三長制的。《魏書·食貨志》記載：「魏初不立三長，故民多蔭附。蔭附者皆無官役，豪強徵斂，倍於公賦。」宗主督護制度下，附屬百姓繳

三長制：激辯基層社會治理

納給宗主的財富是官府賦稅的好幾倍，可見剝削之殘酷。三長制推廣後，伴隨而來的是標準大為降低且簡明清晰的賦稅。原先依附宗主的人口，自然主動到政府登記戶籍，接受均田。《魏書》用了四個字形容三長制的推廣：「公私便之」。

那麼，三長制推行的效果怎麼樣呢？最直觀的效果是北魏的戶籍人口大量增加，賦稅徭役的徵收面擴大了。

有學者估算，三長制度推行初期，朝廷新獲增在編人口達六十萬。這是什麼概念呢？根《魏書·地形志》記載，並州當時的戶籍人口是二十萬七千五百七十八人，而另一個小州營州的戶籍人口只有四千六百六十四人。新搜查出來的人口，相當於增加了三個原先的並州。三長制推行的第二年，北魏孝文帝太和十一年，北魏就開始「分置州縣」，當年就設置兩州、五郡二十二縣，另有三個鎮改為州。緊接著，北魏孝文帝太和十二、十三、十四年都新設立了郡縣。郡縣數目增加的原因很多。但這些新立的州郡縣，絕大多數位於河北、山西等北魏腹地，並非新開闢的疆土，也無移民記載，短短幾年內也不可能生育太多的人口，因此郡縣增加的原因主要是官府掌握的戶口增加了。

戶口的增多，與北魏孝文帝太和十年開始進行的立三長、整頓戶籍有密切的連繫。我們可以下結論說，李沖的三長制在北魏實施成功，效果顯著。

我們跳出北魏，從更長久的歷史角度來看待三長制。三

長制的本質是政府和豪強爭奪人口資源。這是觀察中國古代歷史的一個很好的切入點。中國歷代王朝的統治鞏固與否，根本上要看王朝是否掌握足夠的人力、物力來應對危機，這就需要官府征發賦稅與徭役。官府的主要征發對象不可能是達官顯貴，而豪強地主又有種種優待或者躲避的方法；真正的征發對象，是普通老百姓。

普通百姓向朝廷出錢出力，當兵打仗。而官僚階層和地主豪強，時時刻刻利用土地兼併、天災人禍等機會，把一個個自給自足的自耕農變為依附於自己的佃戶。這就等於百姓把原本繳納給官府的賦稅徭役，貢獻給了豪強。因此，官府和豪強之間存在激烈的競爭關係。如何維護一個數量穩定的自耕農階層，就成為王朝長治久安必須面臨的難題。中國歷史上，凡是官府抑制豪強，自耕農群體穩定的時期，統治就相對穩定，反之，則社會動盪。

三長制的要害，是朝廷與宗主爭奪依附的百姓，讓百姓脫離宗主轉投官府。緊接著，官府用均田制來配合，向恢復自由的百姓分配田地，產生了大量的自耕農。這就迅速擴充了北魏朝廷徵發物資的對象，擴大了北魏王朝的統治基礎。

從整個中國歷史進程來看，三長制僅僅是鄉村治理變遷的一個片段。早在西周時期，鄉間就推行鄉官制：「五家為鄰，五鄰為里，四里為族，五族為黨，五黨為州，五州為鄉。」鄉大約有二千五百戶。這些鄉官都是有品級的官員，

三長制：激辯基層社會治理

鄰長位列下士，鄉長則是卿一級的官員。秦漢時期，鄉制規模縮小，秦朝「十里一亭，亭有長；十亭一鄉，鄉有三老……」，一個鄉不再有上萬戶人口，亭長和鄉長的地位、作用也降低了，但還是基層官員。漢高祖劉邦就是亭長出身。同時，鄉官又不是官府直接任命的，基層社會擁有很大的發言權，帶有民間自治的意味，遇到事情，官府還要和民間商量著來。到了北魏，地方三長地位和作用進一步降低，官府對民間的管理趨於嚴格。三長制跨越了南北朝，一直沿用到隋朝初年。隋唐設立鄉正、里長，廢止了三長制，但延續了鄉官的傳統。宋代以後，鄰保制、保甲制、都圖制等制度，先後存續。但是，鄉官的身分逐漸降為職役。保長也好，里長也好，都沒有了官員身分，而是向官府服役當差的普通百姓，執行官府號令、供官府驅使而已。這背後是民間社會發言權的喪失和官府對民間社會管控的加強。

從鄉官制到職役制的轉變背後，展現了官府對民間社會的重視，對維護自耕農群體的重視。至於這個轉變能否實現官府的意圖，宋朝以後的民間社會的真實結構又是如何，又是個新話題了。

停年格：論資排輩的前因後果

停年格：論資排輩的前因後果

　　神龜二年（西元 519 年）二月二十日，洛陽城的主街道萬頭攢動，隸屬北魏中央軍的羽林、虎賁官兵將近一千人，聚齊到尚書省的門口，大聲叫罵；有的人還情緒激動，拿著石頭砸尚書省的大門。尚書省是朝廷的行政中樞，平時對其他衙門頤指氣使，傲慢得很，但是今天，面對一群兵痞子上門鬧事，尚書省的官員們關上大門，躲著不管。無論外面的官兵罵得多難聽，尚書省的官員們都沒有回嘴，更沒有開門接待。這到底是怎麼回事呢？

　　事情的起因要從一個名叫張仲瑀的官員說起。不久前，張仲瑀向朝廷上書，建議嚴格官員的選拔制度，區分官員類別，限制武官，禁止武官擔任清要的職位。消息一傳出，軍隊系統炸開了鍋。武官們本來就對自己的上升渠道不滿，這種情緒一下子就爆發了出來。有人在大街上張貼榜單，號召官兵們定期聚集，揚言要屠殺張仲瑀全家。到了約定的二月二十日，官兵們先湧到尚書省，一來是向朝廷的行政中樞示威，二來是因為張仲瑀的哥哥張始均，擔任尚書郎，官兵們要把張始均揪出來。但是，任憑官兵用石頭擊打衙門，尚書省上下都不敢開門。憤怒的官兵們，點起火把，搶劫街道兩旁的柴火等可燃物，再拿著木杖、石頭等當作武器，直奔張仲瑀的府邸而去。

　　張仲瑀全家居住在一起，他的父親征西將軍張彝當時正在家中養病。亂兵湧入張家後，把臥床的張彝拽到堂下，任

意辱罵和捶打，再放火焚毀了張家。張始均、張仲瑀兩個人已經跳牆逃命去了，聽說父親落在了亂兵手中，張始均返回家裡救老父親。他跪在地上，乞求亂兵們饒父親一條性命，亂兵們轉過來毆打張始均，把他扔進烈火當中活活燒死了。事後，人們從張家的灰燼中找到了一具遺骸，憑藉上面的髻巾小釵確認這是張始均的屍骨。

老父親張彝在混亂中奄奄一息。張家的旁邊有一座沙門寺，和尚們冒險把張彝抬到寺廟裡搶救。遺憾的是，張彝的傷太重了，第二天也去世了。事件的引發者張仲瑀僥倖逃命，但也受了重傷，在洛陽待不下去了，只好逃到外地躲了起來。

這起發生在首都洛陽的、極為惡劣的騷亂事件，本文暫且稱之為洛陽兵變。洛陽兵變的爆發，是北魏人事制度的矛盾長期累積的後果。

北魏在創立初期，人事制度還不複雜，誰立功，誰當官。和幾乎所有草創期的朝代一樣，北魏早期的權貴基本上是軍功貴族。建立北魏的鮮卑族拓跋部落原本就以遊牧為生，部落貴族往往也是草原上的勇者、部落裡的功勳戰士，所以在北魏早期，拓跋部落的原本的貴族和新興的軍功貴族往往是重合的，底層對高層還是信服的。朝廷的人事制度雖然簡單，但沒有出現問題。

隨著北魏逐漸統一北方，轉入和平建設時期，同時數量

停年格：論資排輩的前因後果

眾多的漢族官員湧入了北魏的政權。如何適應從戰爭到和平的轉變，如何平衡軍功貴族和漢族官員的關係，是擺在北魏朝廷面前的兩大難題。北魏吸收了魏晉兩代奉行的九品中正制度，把各地的豪門貴族，按照門第的高低，登記造冊，稱為選舉格或者方司格。這裡的「格」是古代法律的一種形式。古代法律有「律、令、格、式」多種形式。吏部嚴格依據選舉格的順序，作為選官標準。這麼做的結果是北魏複製了魏晉時期等級森嚴的門閥社會。

北魏的九品中正制度把鮮卑貴族階層和中原地區漢族豪門的門第都設定得很高，實現了鮮卑貴族和漢族地主的聯合，也解決了既有權力者和新興官員的矛盾，在一定程度上穩定了局勢。但是，貧寒子弟和普通鮮卑人是有意見的，因為他們晉升的渠道很狹窄。幸運的是，當時北魏和南朝對峙，戰爭並沒有徹底結束，一般人還可以透過打仗立功晉升，這是他們最大的希望。對於士族豪門來說，他們不希望有外人來瓜分蛋糕，希望強化門第、固化階層，這樣才能保障本階層的利益。張仲瑀的建議，顯然是有利於士族豪門，不利於貧寒子弟，最終激發了洛陽兵變。事件的參與者，絕大多數是渴望透過參軍打仗加官晉爵的普通人，還有一小部分長期得不到提拔的軍官。

北魏朝堂之上的掌權者對事件爆發的深層次原因一清二楚。

如果要徹底解決這件事，就要從根源上改革朝廷人事制度。這顯然不是一時半會能做到的。可是，洛陽兵變極其惡劣，必須做好善後工作。那麼，北魏朝廷會如何處理這個棘手難題呢？

掌握實權的胡太后，採取了「雷聲大，雨點小」的做法。朝廷緊急逮捕事件現場鬧得最凶的八名官兵，迅速斬首，同時宣布大赦，對其他參與者免予追究。穩住鬧事官兵後，朝廷又在張彝父子遇害數日後，「令武官得以資入選」。這裡的「資」，是資歷、資格的意思。問題很快又出現了：符合一定任職資格的武官很多，而空缺的職位很少，怎麼辦呢？時任吏部尚書李韶提出，主要還是依據候選者的門第高低來安排職位。羽林、虎賁軍隊官兵再次怨聲載道，群情激奮，大有洛陽兵變重演的趨勢。於是，朝廷撤換李韶，調殿中尚書崔亮出任吏部尚書，緊急滅火。

崔亮上任後，做出了一項重大人事改革：選官的時候，不參考候選人的能力，只看他的任職時間長短，時間長的人優先晉升。即便空缺的職位很需要某個候選人，如果他任職時間短也不能升遷；即便候選人才能平庸、品德惡劣，只要他任職時間長也優先提拔。於是，「沉滯者皆稱其能」，那些長期得不到提拔的官員紛紛說崔亮的好話，誇他能幹。因為，這項改革顯然有利於任職年頭長的人。這項新的制度，北魏稱之為停年格。

停年格：論資排輩的前因後果

　　停年格過分看重資歷，在老人們一片讚揚聲中，也混雜著強烈的批評的聲音。崔亮的外甥、司空諮議劉景安就寫了一封信批評舅舅。劉景安的信，首先總結了過去的選官制度：「商周透過鄉塾貢獻士人，兩漢由州郡推薦人才，魏晉增加了中正官，這些選官制度都有對人才的考察，雖然執行得不一定十全十美，但天下人才十收六七。它們的缺點是：朝廷選擇人才，只看文才，不重視候選人是否明理；兩漢察孝廉也只論章句，不看候選人治國理政的思路；魏晉的中正制度不考察人才的言行，只看出身高低。可以說，取士之途不溥，沙汰之理未精。」接著，劉景安直問崔亮：「舅舅現在掌握人事大權，正應當改張易調。為什麼反而推出一個停年格來呢？選官主要看資歷，那天下士子，誰還修煉自己的品行，在乎自己的名聲啊！」

　　應該說，劉景安說出了當時很多人的意見。停年格不僅放棄了對候選人才能素養的考察，而且幾乎只看資歷年頭，是一個非常不好的政策導向。《魏書》就直接了當地批評道：「自是賢愚同貫，涇渭無別。魏之失才，從亮始也。」北魏人才的流失，是從崔亮開始的。那麼，批評者的意見正確嗎？崔亮又為什麼要創立停年格制度呢？

　　我們一起來看看崔亮這個人。崔亮臨危受命，擔任吏部尚書時正好六十歲，他是一個有著幾十年行政經歷和豐富閱歷的老官僚。崔亮在地方當過刺史、在戰場上打過仗，但最

主要的履歷還是在朝廷中擔任尚書。巧合的是，崔亮長期在吏部任職，曾經得到過「非崔郎中，選事不辦」的高度評價，可見他對人事問題是有相當豐富的經驗的。同時，崔亮的個性兼具原則性和靈活性，《魏書》評價他是：「亮外雖方正，內亦承候時情，宣傳左右。」他是一個久經政壇、務實能幹的官員，否則朝廷也不會緊急調他來滅火。那麼，如果停年格真的問題重重、一無是處，崔亮為什麼要拿出來呢？

幸運的是，崔亮給外甥劉景安回了一封信，詳細說明了「停年格」制度的設計理念。

第一，崔亮聲明：「我在吏部任職或者兼職六次，其中三度擔任尚書，相當熟悉人事問題。但古今不同，時宜須異。」制定一項制度要符合實際，要因時制宜。

第二，任何制度都需要人來執行，而人的能力是有限的。不管什麼人事制度，最後都彙總到吏部尚書那裡決策。崔亮認為這是「以一人之鑑照察天下」。魏晉時期名臣劉毅就認為：「一個吏部、兩個郎中，卻想窮盡天下人才的長短優劣，何異於以管窺天，而求其博哉！」少數幾個人不可能真正掌握天下人才的實際情況。具體到某項任命，吏部尚書也不可能了解所有候選人的高低優劣。不管吏部作出什麼樣的人事決策，都不可能實現理想化的優勝劣汰，也不可能讓所有人滿意。

停年格：論資排輩的前因後果

　　我們從崔亮的第二點解釋展開討論：儘管大家都同意人事選拔要有明確的標準，可是在實踐當中「標準」是難以衡量的。你說選拔官員要看重才華，他說選拔官員要考察政績，但是，一個人的才華、一名官員的政績如何來評定呢？一個人在魚米之鄉、民風淳樸的地方當官，一個人在土地貧瘠、百姓刁悍的地方當官，前者很容易出政績，而後者可能兢兢業業三五年才能勉強把皇糧國稅給交上。那我們能說前一個官員的才能和政績高於後者嗎？行政基礎、歷史遺留問題、現實的機遇，乃至個人的生活情況等，都會影響最終的評判。更何況，還有文官和武將之間、地方官員與中央官員之間的評判與衡量。

　　才能、政績、名望等我們看似公正的標準，歸根結底都是個人主觀判斷的結果。在中央集權和君主專制體制下，人們為了獲得優異評價，往往對上級、對皇帝逢迎攀附、溜鬚拍馬，鑽營之風隨之興起。同時，官僚機構的上級，乃至皇權，也會根據自己的好惡和主觀傾向，干涉下級的正常人事任免，出現「破格提拔」、「特事特辦」等非常規行為。最後吃虧的，恰恰是埋頭苦幹、踏實工作的忠厚官員。參與洛陽兵變的官兵，估計裡面沒有皇親國戚、沒有長官眼中的紅人，應該都是常年征戰沙場卻升遷緩慢甚至無望的人。

　　崔亮從事人事工作多年，對於主觀評價的弊端，看得非常清楚。那怎麼解決這個問題呢？崔亮提出了第三層看法：

崔亮對劉景安說，現在是官員多職位少，就算讓十個人同時擔任一個職位，還會有人無官可授，更何況一個人一個職位了。得不到適當安排的官員怎麼叫能不怨聲載道呢？洛陽兵變後，崔亮曾經向胡太后當面建議，給武官們普遍封爵，增加俸祿，用提高政治和經濟待遇的方法，換取他們的支持。胡太后可能是考慮到這麼做成本太高，否決了崔亮的建議。崔亮這才提出停年格，突出資歷作為選拔的主要標準。

有標準，比沒有標準要好；標準清晰，比標準模糊要好。簡單可操作的標準，有助於制度在陽光下執行，增加制度的透明公正，杜絕徇私舞弊和暗箱操作。停年格推行之初，很多人交口稱讚，讚的就是停年格簡單透明。以後，上司再看好、皇帝再中意的官員，只要資歷不夠就不能提拔升遷。如果皇帝一定要提升資歷不夠的人，所有人都會知道是不正常的、是破格的。

可惜，很多後人都站在局外說閒話，指責停年格壓制賢能，造成庸才當道。崔亮向劉景安感嘆：「今已為汝所怪，千載之後，誰知我哉！」他之所以詳細回信，並不是自我辯護，而是「但令將來君子，知吾意焉」。崔亮不是傻瓜，也不是昏官，他是根據當時的情勢因時制宜創建了停年格制度。停年格對於遏制北魏當時混亂的人事制度，激濁揚清造成了積極作用。這一點是必須肯定的。

停年格：論資排輩的前因後果

　　崔亮之後，「格」字逐漸與「資」字連用，逐漸引申為「資格」的意思。「資格」任官制度在歷朝官僚制度中占有重要的地位。明清政治制度對停年格的制度理念有更進一步的、詳細的發展。發展到現在，資格、資歷等名詞已經和中國人息息相關。後人對此愛恨交加、毀譽參半。有人認為，這營造了一種相對公平公正的用人環境，在一定程度上壓制了任人唯親、奔走請託、阿諛攀附等行為，給那些踏實工作、兢兢業業的老實人上升的機會。不可否認的是，對任何因素的過分重視，都會帶來弊端。用人時對資歷的過分看重，確實會壓制部分有才能、政績的人，阻塞部分銳意創新、天賦異稟的年輕人的上升渠道。現實總比想像複雜，具體問題，應當根據當時的情勢具體分析。

軍鎮制度：六鎮的興起與反叛

軍鎮制度：六鎮的興起與反叛

　　神龜二年二月二十日的中央軍騷亂事件發生時，上千名羽林、虎賁的官兵，砸了尚書省、縱火燒毀了征西將軍張彝的府邸，並打死了張家父子。在騷亂爆發的時候，洛陽城裡有一個年輕的圍觀者，叫作高歡。本講的故事就從高歡談起。

　　高歡當時只有二十三歲，職業是北魏的軍官，是北方懷朔鎮派往首都洛陽的函使。函使是地方和中央之間傳遞文書、資訊的官員。年輕的高歡全程關注了洛陽城的官兵騷亂，既沒有參與，也沒有制止，似乎一切都和他沒有關係，他還是去執行自己的任務，傳遞公文。

　　負責對接懷朔鎮函使的官員，是令史麻祥。辦事的時候，麻祥遞了一塊肉給高歡吃，高歡接過以後，習慣性地坐下來吃肉。沒想到，麻祥勃然大怒，你竟敢坐在我面前吃肉，而不是站著吃，太不尊重我了！你一個邊疆來的函使，怎麼能在我面前坐著吃肉呢？發完火後，麻祥叫人把高歡拉下去打了四十板子。

　　目睹了洛陽的騷亂，遭受了麻祥的羞辱後，高歡返回了懷朔鎮。他開始傾盡家財，結交賓客。親朋好友奇怪地問他為什麼要這麼做，高歡回答：「我在洛陽，看到中央軍官兵聚眾鬧事，還焚燒了將軍張彝的府邸。對於這麼惡劣的事情，事後朝廷害怕出更大的亂子，只是殺了領頭的幾個人，對其他人不聞不問，息事寧人。為政若此，事可知也。天下

馬上就要大亂了，財物又不能常守，要它做什麼？」這段記載，出自《北齊書》。根據文獻紀錄，高歡「自是乃有澄清天下之志」。

分析這段記載，會發現許多疑問。第一，高歡身為朝廷的軍官，為什麼對發生在眼皮子底下的騷亂不聞不問，就像和自己沒有關係一樣？拿朝廷的俸祿，難道不應該為朝廷出力嗎？第二，令史麻祥為什麼如此看低高歡、甚至隨意打罵高歡？他們兩人都是朝廷官員，麻祥的品級並不比高歡高多少，為什麼把高歡當成不能和自己平起平坐的下等人？第三，高歡返回懷朔鎮後，開始積蓄力量準備造反了。他為什麼從北魏官吏變成造反者，而懷朔的大環境怎麼就對造反萌芽無動於衷呢？

要解答這些疑問，就要從高歡所處的懷朔鎮談起。懷朔鎮是北魏時期的六鎮之一。六鎮的設立產生了重大的歷史影響。

鮮卑人入主中原建立了北魏，為了加強對北方少數民族的防禦，徵發十萬民工在東起上谷（今北京延慶地區），西至河套（今內蒙古河套平原），東西綿延千里的邊疆地區修築了六個主要的軍事堡壘，派官兵駐守，拱衛首都平城（今山西大同）。這六大軍事堡壘，分別是沃野、懷朔、武川、撫冥、柔玄、懷荒，名為六鎮。

六鎮占地廣闊，並不執行內地的郡縣制度，有獨立的管

軍鎮制度：六鎮的興起與反叛

理制度。首先，六鎮是軍事要塞。北朝派遣鮮卑貴族擔任鎮將，調撥鮮卑官兵駐守，成為鎮兵。北朝朝廷還在六鎮地區安置降附的高車、匈奴等少數民族。這些少數民族數以十萬計，他們和少數漢族人構成了六鎮的居民，成為鎮民。鎮將既統率鎮兵，行軍打仗，是軍事將領；又管理鎮民，負責轄區的大小事務，是行政長官。鎮將在轄區內集軍事、行政、財政和司法等權力於一身。

讀者對這樣的制度設計是不是很熟悉？在中國古代，類似的半獨立行政區域層出不窮，最著名的可能是唐代的節度使制度。中文中有一個專有名詞，形容這類區域為「藩鎮」。這個詞，筆者認為可以在六鎮中找到制度源頭。「鎮」字的本意，是用力壓某樣東西，後來逐漸和軍事連繫在了一起。北魏設置六鎮，正式把鎮作為了一個行政區劃，軍鎮、邊鎮等漢語詞彙相應誕生了。

北魏設置六鎮，是可以理解的。北魏要逐鹿中原，就要解決北方少數民族的後顧之憂。可又無力徹底消滅遊牧敵人，只好在北方邊疆地區設置軍事堡壘，採取積極防禦的策略。有了六鎮，鎮守邊防的北魏軍隊進可攻、退可守，遊牧大漠的柔然以及後來的契丹、奚等少數民族，既沒有能力突破六鎮，又遭受六鎮的威脅，這樣，這些少數民族對北魏首都平城的威脅大大減輕，更不可能威脅北魏逐鹿中原。北魏統一後，柔然等遊牧民族幾乎沒有南下，轉而向西域等地發

展，說明六鎮的設置是成功的。

但是，任何制度都是變化發展的，隨著局勢的變動而變動。經過半個世紀以後，六鎮制度逐漸弊大於利。這裡不妨結合高歡的情況，逐一進行分析。

第一 六鎮在政治上邊緣化，社會發展與北魏中樞脫節。

六鎮設置之初，朝廷選拔鮮卑貴族、強宗豪右為武將鎮守，朝廷對六鎮非常重視，給予很高的政治待遇；官兵們憑藉軍功，加官晉爵的渠道非常暢通。因此，六鎮集中了北魏的精兵強將，邊關地區瀰漫著建功立業、蓬勃進取的氣息。朝廷的豪門子弟都願意到六鎮服役，一方面，在六鎮服兵役是最好的晉升之道，另一方面，在六鎮歷練確實能夠鍛鍊一個人的精神和能力。

隨著北魏遷都洛陽，政治重心向南方轉移，六鎮逐漸不再是朝廷的關注點。同時，北魏大規模的漢化改革中，最重要的一條，就是定族姓，也就是在北魏內部推行門閥制度。改革之前，北方只在漢人社會中存在門閥，鮮卑人之中是沒有門閥制度的。憑武功入仕是鮮卑人晉升最重要的途徑，所以六鎮能吸引鮮卑貴族子弟。定族姓後，門第取代軍功，成為了晉升的主要標準，客觀上把鮮卑人劈成了兩部分。南遷洛陽的「本宗舊類，各各榮顯」，步入門閥士族的行列，掌握了實權。留居北方邊鎮的鮮卑人，即便是軍官，雖然也還算是貴族，但門第低下，又缺乏晉升的機會，很快被邊緣化

了。鎮兵們就更加沒有前途了，只能世代當兵，辛苦一輩子，最多升遷為中級軍官。

起初，豪門子弟爭著來六鎮；如今，出任鎮將的大多是北魏官場中沒有出路的「底滯凡才」。沒有人主動去六鎮，只有罷黜的、犯罪的人才發配到六鎮來。鎮兵也逐漸混雜了其他民族的人。高歡其實就是漢族人。他是渤海蓨縣，也就是今天的河北景縣人。高歡的祖父高謐，在北魏朝廷官至侍御史，因為犯法發配懷朔鎮居住，子孫就在懷朔鎮定居了下來。

六鎮是朝廷遺忘的角落，並沒有推行漢化改革。相反，原有的鮮卑氣息在獨立的制度運轉中得到強化。比如，高歡身為在懷朔土生土長的第三代漢族人，言行舉止都和鮮卑人沒有兩樣。六鎮的鮮卑群體和南下的漢化鮮卑人，雖然同文同種，看起來卻已經像是兩類人了。在日益漢族化的洛陽朝廷看起來，六鎮的官兵不僅粗俗落後、沒有前途，而且是需要提防的野蠻人。所以，令史麻祥才會覺得高歡坐在自己面前吃肉是對自己的不尊重，才會勃然大怒。

第二，六鎮在經濟上破產，鎮兵和鎮民生活貧困。

六鎮的經濟主要是畜牧業，只有少數田地可以耕種，靠天吃飯，產量很小。所以，六鎮在經濟上沒法自給，近半數物資供應要靠北魏從其他地區調撥。在朝廷重視的時候，今天河北、山西南部的州縣，定期向六鎮輸送物資。隨著六鎮

日漸邊緣化，加上北魏政治逐漸黑暗，內地向六鎮輸送的物資越來越少。鎮兵和鎮民生活逐漸貧困。而鎮將等統治階層，為了維持自己的利益，反而加大了對鎮兵、鎮民的剝削，不僅霸占六鎮僅有的經濟資源，而且壓迫軍民勞動，榨取經濟利益。六鎮普通人的生活雪上加霜。

高歡的祖父高謐，屬於流配的官員，在經濟上不是六鎮的底層。到了兒子高樹這一輩，《北齊書》記載高樹「性通率，不事家業」，已經淪落為了沒有家產的無產者。高樹的妻子韓氏在生高歡的時候不幸去世。高樹竟然無力撫養兒子，只好把高歡寄養在連襟、獄卒尉景家。高歡在赤貧的環境中長大，因為太窮娶不起老婆，而且沒有實力置辦裝備，沒法當兵。從高歡家族的例子，我們可以看出三代人的迅速貧困化、六鎮資源的匱乏。幸運的是，鮮卑富家女婁昭君願意下嫁高歡，帶來了豐厚的嫁妝。高歡的貧困問題迎刃而解，也置辦得起馬匹參軍了。懷朔鎮因為高歡能夠自帶馬匹裝備，很快任命他為隊主，又從隊主轉為函使。

當然，並不是所有六鎮的普通人都有高歡這麼幸運。六鎮原本就是苦寒之地，加上物資不斷短缺，軍民生活苦不堪言，怨聲載道。那麼，北魏朝廷如何應對這個問題呢？

第三，外部局勢的變化，使得六鎮定位尷尬。北魏朝廷卻沒有及時調整。

六鎮設立的目的，是防備北方少數民族，尤其是當時的

軍鎮制度：六鎮的興起與反叛

柔然。隨著北魏統治的鞏固，南北方的實力對比發生了根本轉變。半個世紀以後，柔然實力大為衰落，不得不主動與北魏通好。於是，北邊的軍事威脅大大減輕，六鎮在軍事上的重要性驟然降低。尤其是遷都洛陽之後，六鎮拱衛都城的作用也蕩然無存。設立六鎮的目的不存在了，六鎮就到了存廢的邊緣。

其實在北魏初年，軍鎮制度在許多地方推行過，中原的各個重要的策略地區都設置要塞，駐有重兵。軍鎮制度是北魏初期主要的地方行政形式之一。北魏在中原的統治鞏固後，用州縣制度取代了軍鎮制度，內地實行整齊劃一的州縣制度。那麼，失去了存在目的的北方六鎮，是否也可以取消，改制為州縣呢？事實上，北魏朝廷內部始終存在廢除六鎮、推行州縣的聲音。但是可以想像這項改革難度重重。先不說如何在北方邊疆劃分州縣的問題，就是如何安置數十萬的六鎮官兵，就是一個頭疼的問題。隨著北魏政治日漸黑暗，也就沒有人願意去碰這個大難題了。

北魏朝廷也意識到了六鎮問題重重。他們採取的措施是不斷派遣高官巡視六鎮，主要是懲治欺壓軍民的貪官汙吏、整修破敗的堡壘等。然而，在六鎮物資供應得不到保障、六鎮制度沒有根本改變的前提下，單派幾名大臣巡視不可能從根本上解決六鎮的問題。

高歡在洛陽目睹了北魏朝廷對官兵騷亂息事寧人的做

法，看透了朝廷「紙老虎」的本質，加上自身環境封閉沒有前途，很自然就產生了造反的念頭。他身邊很快聚集了劉貴、賈顯智等商人和孫騰、侯景等懷朔的戰友。這些人就等一個合適的時機了。

洛陽騷亂事件發生四年後（西元 523 年），北方柔然趁六鎮邊防空虛，舉兵南侵，六鎮地區損失慘重，遍地饑民。懷荒鎮軍民要求打開糧倉救濟百姓，遭到鎮將於景的拒絕。憤怒的軍民殺掉於景，打開糧倉，起兵造反。其他五個軍鎮迅速響應，六鎮起義爆發。

六鎮起義是中國歷史的重大事件。起義發生後，北魏朝廷這才倉促宣布在六鎮推行州縣制度。之後傾盡全力撲滅了起義，把數十萬官兵遷徙到河北安置。結果，起義的烈火蔓延到中原地區，給了北魏沉重一擊。在戰爭中，高歡控制了六鎮起義隊伍，掌握了北魏的實權，最終建立了北齊政權。高歡就是北齊高祖神武皇帝。而脫胎於另一支六鎮起義隊伍、來自武川鎮的宇文泰控制了西北地區，最終建立了北周政權。北魏王朝分裂，北方進入北周、北齊分立階段。日後隋文帝之父楊忠和唐高祖的祖父李虎，都脫胎於六鎮隊伍。北朝後期歷史和隋唐的建立，都與六鎮有著千絲萬縷的關聯。

六鎮之後，鎮逐漸成為了一個行政區劃的名稱。中國人把軍事要地往往稱為軍鎮，清朝把總兵尊稱為鎮臺。在歷史

軍鎮制度：六鎮的興起與反叛

發展中，軍鎮除了有駐紮的軍隊，往往有軍屬，以及為官兵和軍屬服務的手工業、商業等，逐漸成為一個地區的政治、經濟和文化中心。

到最後，鎮成為了傳統社會中一個熱鬧的居民點，正式成為和鄉並稱的基層行政區劃。

三省六部：朝廷的千年主幹

三省六部：朝廷的千年主幹

　　隋朝是承前啟後的王朝，既吸收了魏晉南北朝的制度探索與經驗教訓，又開啟了唐宋乃至元明清大政方略的序幕。傳統社會諸多重要的制度，都能從隋朝找到源頭。而隋朝制度的大破大立，要從隋朝的創建者隋文帝楊堅說起。

　　隋文帝楊堅登基之初，遇到一大難題，日思夜想，尋找化解之道。到底是什麼問題讓皇帝寢食難安呢？楊堅的帝位，是篡奪了北周小皇帝周靜帝的江山得來的。他在北周的職務就是大丞相。楊堅以丞相府為核心，設置僚屬、積蓄力量，在架空皇帝的同時打擊反對力量，最終謀朝篡位成功。每一個剛當上皇帝的人都要首先思考如何鞏固權力。這一點對於透過個人奮鬥開創新王朝的開國者來講，更是至關重要。因為，他自己便利用前朝的漏洞奪取權力，樹立了惡劣的榜樣，那麼如何防範其他人有樣學樣、步自己後塵，篡奪自家的天下呢？令楊堅坐立不安的，就是這個問題。具體而言便是楊堅任命誰來擔任自己的丞相。

　　天下政務，統於中樞，非一人一力能夠獨斷。皇帝必須要尋找其他人分擔行政，也就勢必要與他人分享權力。楊堅是勝利者，自信勉力而為尚可保證隋朝皇權不旁落。可是，他對楊家子孫後代沒有信心，保不準在哪一代子孫手裡，楊家的江山就被某一個雄才大略的野心家給篡奪了。要知道，隋朝篡奪的北周江山，開國的宇文泰、滅齊的宇文贇，哪個不是勤勉強悍的人傑？終究還是替楊堅做了嫁衣。而在楊堅

的前面，還有董卓、曹操、司馬師、司馬昭、蕭道成、蕭衍、陳霸先等，他們都是野心家，也都和楊堅一樣擔任過丞相（相國），既是楊堅的前輩，又是楊堅如今防範的典型代表。一想到這一長串野心家的名字，楊堅對現行的丞相制度打了個大大的問號。

幸運的是，人類可以總結前人言行智慧，進行思考，以往的政治探索給隋朝的制度改革提供了借鑑。

丞相或者稱宰相中的「相」字，帶有副的、輔助的意思。這個角色的原型可以追溯至大奴隸主及祭祀的助手，慢慢演變為管家，進而在「家天下」體制中演變為一人之下萬人之上的丞相。春秋戰國時期列國紛紛設置丞相，主管行政事務，小事直接決策施行，大事決策後報請君主裁定。秦國建立後，正式確立了丞相統領百官，處理天下政務，甚至掌握人事建議權的制度。丞相開府辟僚，自成一套與皇宮並行的機構，形成了相權。相權雖來源於皇權，卻獨立性很大，分割、制約了皇權。

皇權與相權的矛盾，早在漢代就存在了。漢武帝時期，強悍進取的皇帝劉徹遭遇了宰相田蚡。田蚡大攬實權，對人事安排頤指氣使。一次，漢武帝劉徹憤怒地質問：「君除吏已盡未？吾亦欲除吏。」丞相安排完官員了沒有？寡人也想任用幾個人。當時，丞相統領三公九卿，士大夫遇事先去丞相府協調。漢武帝認為這種設計行政效率不高，皇命需要大

三省六部：朝廷的千年主幹

費周折才能施行，給他一種大權旁落的感覺。於是，漢武帝想繞開丞相，尋求更直接的方式來發號司令、指點江山。原本在皇帝身邊有處理檔案典籍、隸屬九卿之一少府的低級文官尚書，被賦予了直接傳達聖旨，進而協助處置政務、諮詢進止的職權。漢武帝及其身邊的尚書們，形成了新的、更強勢的決策核心，迅速架空了已有的以丞相為首的決策機構，這被稱為內朝，丞相統領的是外朝。隨著尚書們職權的明確、人數的擴張，最終形成了尚書臺。此舉發生在漢武帝強化皇權的大背景下，是中國政治制度的一大創舉，也是丞相制度遭到的第一場大的質疑與衝擊。

之後，尚書臺繼續壯大。東漢光武帝劉秀光復漢室後，將二公並列為宰相，同時強化尚書的力量，擴大尚書臺機構，設三公曹、吏曹、民曹、客曹、二千石曹、中都官曹等六曹尚書。尚書臺開始直接施政，向各部門和各郡縣發號施令。外朝的權勢進一步削弱，日趨邊緣化。至於東漢尚書臺的長官尚書令，大權在握，是事實上的宰相。反倒是有宰相之名的太尉、司徒等人反過來請求兼任尚書令，否則就是「假相」。只有以三公之尊兼任尚書令的人，才是「真相」。

那麼，問題又來了：尚書令成了相權的新代表，成為皇帝忌憚的新對象。東漢後期，尚書令已經不常備，皇帝常常任命官員領尚書事或錄尚書事，主持尚書臺的實際工作，而不授予真正的名分。即便如此，領尚書事或錄尚書事之人依

然是實質上的宰相，比如霍光、諸葛亮等人都以此身分主持過尚書臺的實際工作，名易實存，換湯不換藥。為了制約尚書諸曹過大的實權，魏文帝曹丕轉而提拔身邊的另外一群低級官員中書來分享實權。中書原為進出宮門、傳達政令的宦官，後來變為皇帝的近侍文官。曹丕以中書處理機要、起草詔令、上傳下達，設立了中書省，以中書監為長官。魏晉南北朝時期，尚書權力下降，「若密詔下州郡及邊將，則不由尚書」，中書取而代之。可是新的問題迅速產生，中書監成了威脅皇權的新對象！

皇帝們把目光又投向了新的群體，同樣屬於少府的侍中。侍中原本是替皇帝處理日常事務的近侍，常侍皇帝左右、備顧問應對，皇帝出行則隨從參乘。南北朝時，這個侍從機構擴張為門下省。尤其在北朝，「政出門下」，門下省成為中央政權機構的重心。在南朝，侍中與中書令平分秋色，中書省、門下省共同掌握實權。至於名義上的宰相三公和漢朝時飛黃騰達的尚書省，都是唯唯諾諾、遵命執行而已。

以上就是隋朝之前的歷史遺產和經驗教訓。楊堅可以延續之前皇帝的做法，設置新的機構取代中書、門下等先前的實權部門。可是這種思路造成朝廷機構疊床架屋，卻仍阻止不了新的威脅皇權的實權宰相的出現。所以，楊堅必須找到新的方法。楊堅不愧為兼具政治智慧和實踐才能的明君，他以分權制衡取代一味地架空，創建了三省六部制的雛形。

三省六部：朝廷的千年主幹

楊堅以太師、太傅、太保為三師，以太尉、司徒、司空為三公。三師、三公只是一種榮譽虛銜，安置德高勳隆的重臣，不負實際責任。楊堅另設尚書、門下、內史、祕書和內侍五省，其中祕書省管理圖書典籍、內侍省負責宮掖瑣事且由宦官充任，只有尚書、門下、內史三省負責實際行政，是真正的行政中樞。內史省即原來中書省，因避楊堅父親楊忠名諱而改名。三省的分工為：內史省負責決策，長官稱內史令；門下省負責審議，長官稱納言；尚書省處理日常政務，置尚書令、左右僕射各一人。三者分擔行政的不同階段，互相牽制，共同向皇帝負責。三省長官都是丞相。

三省之中，尚書省政務最為繁重。隋朝又設吏、禮、兵、民、刑、工六部，分別處理相應事務。吏部處理人事銓敘，禮部負責禮樂文教，民部（唐朝避李世民名諱改稱戶部）掌管財賦民政，兵部處理軍政武備，刑部負責司法刑獄，工部掌管土木營造、工程水利等。每部下設司，司下轄各科。各部長官為尚書，副職稱侍郎；各司長官為郎中，副職稱員外郎；各科官員是主事。

我們熟悉的大詩人杜甫、北宋詞人柳永都曾是工部員外郎。隋朝設立六部後，朝廷的主體行政結構就此固定，再無大的變動，幾乎都是在隋文帝楊堅基礎上的小修小補，比如擴充戶部、刑部的司級數量等。

此外，太常、光祿、衛尉、宗正、太僕、大理、鴻臚、

司農等前朝的機構依然保留，但權責和規模大大縮小，只協助六部處理政務，從秦漢的行政主體機構退化為行政輔助機構。比如，太常原本是掌邦國大禮、鐘鼓文物的官員，位列漢朝九卿之首，地位十分崇高，自隋朝以後，太常寺負責祭祀、雅樂等，聽從禮部的業務指導；又比如，大理寺在秦漢是廷尉府，負責刑獄，審核各地大案，自隋朝以後，大理寺負責刑部審定大案要案的覆核工作。楊堅創建的這一套體制，在行政效率和分權制衡之間交出了自己的答卷。

隋朝速亡，唐朝建立，基本照搬了這套體制作為中央行政框架，只是將五省明確簡化為三省，正式確立了三省六部制。

中書省負責各處表章文書的上傳下達，就軍國大事、官員任免提出建議，併負責起草、宣行詔令，強化決策機構的職能。長官為中書令，下有中書侍郎、中書舍人、右散騎常侍、右諫議大夫、右補闕、右拾遺等官員。門下省負責審議中書省的決策與詔令，對於不當之處提出意見，並有封駁奏還的權力。長官為侍中，下有侍郎、給事中、左散騎常侍、左諫議大夫、左補闕、左拾遺等官員。尚書省是最高行政衙門，負責各項政令的貫徹落實。長官為尚書令，下有尚書左右僕射、尚書左右丞。尚書省事務最為繁雜，直接處置人財物，最容易竊權擴張，所以，尚書令的實權僅次於皇帝，一般不輕授，由尚書左右僕射同時負責政務。有人說，這是因

三省六部：朝廷的千年主幹

為唐太宗李世民登基前曾任尚書令，後世遂將此職空置。事實上，隋朝尚書令就很少實授，左右僕射已經是事實上的尚書省長官。貞觀初期，唐太宗李世民對左僕射房玄齡、右僕射杜如晦說：「公為僕射，當廣求賢人，隨才授任，此宰相之職也……尚書細務屬左右丞，唯大事應奏者，乃關僕射。」所以，尚書左僕射和右僕射也不親理政務，尚書省日常事務由尚書左丞和右丞負責。唐代大詩人王維就擔任過尚書右丞，世稱王右丞。有「詩佛」之稱的王維，作品超脫塵世，可是在現實中必須埋首尚書省的文山會海之中。

《新唐書‧百官志》概括唐朝三省制為「中書取旨，門下封駁，尚書奉而行之」。三省長官和尚書左僕射與右僕射都是宰相集體。宰相制度有內部制衡的一面，可還是擋不住在實踐中有個別資歷深、性格強、手腕高的三省長官成為群體的領袖，遏制不了實質宰相的存在。唐朝皇帝對此也深加防範，導致三省制自誕生後也處於變動之中。

也許是出於工作效率的考慮，中書省和門下省的長官通常合署議事，兩省的職能逐漸混合，共商決策。一開始，雙方聚會的地點是門下省的政事堂。唐高宗永淳年間，裴炎自侍中遷任中書令，將政事堂遷往中書省。後期，尚書省長官也參與政事堂議事。三省長官先於政事堂議定，然後奏聞請旨。從此，政事堂成為宰相們議事和辦公場所，中書省確立了三省的核心地位。

貞觀八年，尚書右僕射李靖因病請辭。唐太宗沒有同意，要求他帶病「三兩日一至中書門下平章事」。「平章事」本意是處理章奏，授予官員宰相的權力，後來逐漸演變為官名。永淳元年，唐高宗命令門下侍郎郭待舉、兵部侍郎岑長倩「同中書門下平章事」，即職同中書令、侍中，有權進入政事堂議事。另外，帶有「同中書門下三品」銜者，也是事實的宰相。這兩個頭銜都將中書門下合稱，是因為中書門下日益混為一體。貞觀元年，大臣杜淹以吏部尚書之職「參豫朝政」，也進入政事堂議事。此後，他人「參知政事」、「參議得失」、「參知機務」等名目日漸增多，都有權入政事堂議事。只不過，「參知政事」的官員，中午前在政事堂議政，午後仍回本部門工作，與「同中書門下」者不同。綜上所述，不論是「平章事」、「同中書門下」，還是「參知政事」，都並非三省的正式長官，甚至不在三省辦公，卻行使宰相的權力。

　　皇帝可以輕易將中意的中級官員捧上宰相高位，又可以將不再信任的臨時宰相們打回原處，讓他們繼續當個普通的中級官員。這就極大地削弱了正式宰相的權勢，而且給皇帝隨意增減宰相大開方便之門。

　　此例一開，皇帝自認為找到了防控相權的妙方，放開使用資歷較輕的，或者不符合慣例的官員「同中書門下三品」、「參知政事」，幹宰相的事，卻不給予宰相的崇高待

三省六部：朝廷的千年主幹

遇，既便於控制新人、又可以削弱舊人。中書令、侍中、尚書令以及左右僕射這些正式宰相職位逐漸變成了高高在上的虛銜，實際主持工作的宰相則成為臨時的差使。《新唐書·百官志》總結道：「僕射為尚書省長官，與侍中、中書令號為宰相，其品位既崇，不欲輕以授人，故常以他官居宰相職，而假以他名。」晚唐時期，跋扈成性的藩鎮往往都要挾皇帝授予他們中書令、侍中、尚書僕射等相職，以為炫耀榮身之用。

進入宋代，中書省與門下省正式合併為中書門下，掌握行政大權，長官為同平章事。政事堂依然保留，與掌管軍事大權的樞密院合稱「政府」。宋朝官制，以冗雜重疊著稱。除了樞密院掌管軍事外，又有三司使管理財政，宰相的軍權、財權都遭到剝奪，三省制已然名存實亡。元朝則廢除了門下、尚書兩省，以中書省總管行政，地方行政則由行中書省即行省負責。明太祖朱元璋進一步強化君權，廢除宰相、罷中書省，權分六部。至此，六部制最終取代了三省六部制。

三省六部制勉強可算是隋朝、唐朝、宋朝三朝的中央制度，它結束了魏晉南北朝混亂的朝廷體制，奠定了之後朝廷的治理體系的基礎。蘊含其中的分權制衡思想，在中國漫長的歷史長河中閃耀著政治智慧的光芒。但是，三省六部暴露了皇權的核心與跋扈地位，它是古代專制皇權強化自身的重

要一環。三省的制衡是皇帝對朝臣的制衡，並非對皇帝的制衡。三省的核心是中書省，中書省掌管決策。貞觀十八年，岑文本被任命為中書令，位列宰相核心的他不喜反憂。母親奇怪地問他，岑文本回答：「非勛非舊，責重位高，所以憂也。」親朋好友前來慶賀，岑文本卻說：「今日受吊，不受賀。」這是因為岑文本並非房玄齡、杜如晦那樣是唐太宗李世民的舊部，甚至不屬於唐朝的開國陣營，相反，他是割據江陵的蕭銑舊部，投降唐朝才進入朝廷的。李世民任命岑文本為中書令，不是看重他的決策能力，而是因為岑文本是聞名於世的文人，寫得一手好文章，同時老實勤勉，工作兢兢業業。皇帝需要的就是這樣的中書令，而不是思想活躍、可以獨立思考的決策者。岑文本之後嚴於律己，極少發表意見，勤奮工作，最後在中書令崗位上得以善終。

科舉取士：中國第五大發明

科舉取士：中國第五大發明

　　唐朝後期的一個春日，江西鐘陵的一個將軍帶領家人參加官府的犒軍慶典。一家人搭了棚子，高高興興地觀看節目。將軍有一個出嫁了的女兒，當日穿著破破爛爛的衣服，也過來看戲。旁人都對她指指點點，有人說她嫁了個窮酸書生，那書生就知道死讀書，不治產業，家裡窮得叮噹響；還有人說她丈夫一年多前離家了，說是去長安考試，還不知生死吉凶呢。總之，這是個可憐的女子，就連將軍也嫌棄自己女兒丟臉，用布簾子把她隔在大棚的角落裡，不讓她和親人一起看戲。

　　節目漸趨高潮，當地觀察使忽然差人傳呼將軍。將軍驚恐之餘，不敢怠慢，趕緊騎馬趕去。剛到廳堂，觀察使早已等候在大廳，一見將軍來到，揚著手中書信，問：「趙琮是你的女婿？」趙琮正是那個寒酸女兒的夫婿，將軍不知這個女婿犯了什麼事，只好擔驚受怕地應承說是。觀察使說：「本官剛接到邸報，他高中進士了！」說著就把書信交給將軍看。將軍一看，抄送的進士榜文上果真有「趙琮」的名字。將軍拽緊榜文，扭頭便跑。跑回看戲棚子後，將軍高喊：「趙琮中進士了！」全家人錯愕了一刻，趕緊把布簾子撤掉，跟趙琮的夫人同席，換華服、贈金銀，演罷全家人還喜氣洋洋地把她送回家去。

　　趙琮的故事迎合了百姓對科舉的想像。類似傳奇性的情節，在唐朝乃至整個中國傳統社會都不罕見。科舉考試對一

個人命運的改變，導致社會對這個人觀感的變化，在趙琮這個故事裡展現得淋漓盡致。小說《儒林外史》中〈范進中舉〉這個故事也很具有代表性。虛構的情節來源於真真切切的現實。唐代詩人孟郊考中進士後，也曾狂喜寫下：「昔日齷齪不足誇，今朝放蕩思無涯。春風得意馬蹄疾，一日看盡長安花。」昨日尚且無人過問的窮酸書生，如今成為長安城王公貴戚爭相拉攏的女婿人選。可以說，科舉高中是讀書人的夢想，是古人生命歷程的大事，是中國傳統社會的重要制度。

科舉制度的創建，隋文帝楊堅功不可沒。之前獨霸選官渠道的九品中正制，僵化頑固，缺乏變通，導致中下層才華之士難以入仕、官員隊伍又素養低下，這是有目共睹的。隋文帝楊堅接手江山，就面臨如此的人事困境，同時他也擁有得天獨厚的條件。首先，經過南北朝的混戰和統一，士族門閥尤其是南方大家族的力量受到了相當的削弱。支持九品中正的門閥力量不似從前那般強大；其次，楊堅本人與那些依靠門閥大族支持上臺的帝王不同，他的支持力量是關隴軍事貴族集團。他不是門閥的代表，自然無須維護門閥利益和九品中正制度，而是尋找合適的替換制度。

開皇初期，楊堅就下詔各地舉賢良。他對聚攏來的人選進行德、才兩方面的考核，量才錄用。在這裡，楊堅回歸到了兩漢時期徵辟和察舉的傳統，汲取了兩者自由推薦和考核任用的精華，同時強化了其中考試的形式。考試很快超過了

科舉取士：中國第五大發明

推薦的份量，成為對人選評定的主要方式。考試是科舉最鮮明的特徵。大業元年（西元 605 年），隋煬帝楊廣正式設置不同科目，對各地推薦人選統一考試，根據成績高低任用官員，科舉制度正式形成。此制分科舉士，所以得名科舉。

遺憾的是，隋朝二世而亡，存在的時間很短，隋代科舉考試的詳細內容無從考證。不過，多位歷史名臣的傳記中都有曾中隋朝進士的紀錄。比如，初唐名相房玄齡，十八歲時本州舉進士，隋朝廷授其羽騎尉一職，後轉投李世民；初唐名臣孫伏伽也在隋朝考中了進士，後再次參加唐朝科舉，高中狀元，是中國歷史上有明確記載的第一名狀元。後人能夠確定的是，隋朝發明了科舉，唐朝將科舉發揚光大。

唐朝科舉有進士、明經、明法、明算、秀才等多個科目，分別量才錄用。具體操作採取投牒自進（自由報考）、程文去留（優劣取捨）、自下而上逐級淘汰的篩選辦法。唐朝科舉沒有之前的繁文縟節，盡可能去掉束縛，基本一考定終生。它的優點很突出，主要有如下三點。第一點，技術層面的公開、透明，科舉考試向最多的受眾敞開大門。雖然朝廷禁止一些群體應試，比如娼妓、優伶、皂隸、乞丐、大逆不道的罪臣之後。考慮到這些人群在總人口中比例很小，所以絕大部分人都有應試當官的資格。與之前的所有選官制度相比，這就是極大的進步。科舉考試標準較統一，程序較規範，相對公開透明，這又保障了公平。可以說，從技術層面

而言，科舉是古代社會產生的最公平的制度。

　　第二點，科舉擴大了政治參與，提高了社會階層的流動性。這是科舉制的精髓，也是它強大生命力的泉源。參加科舉取士的人群，也就默認了現有體制的合法性，自動成了王朝統治的社會基礎。科舉擴大了政治參與。一邊是危險重重的造反，一邊是出將入相的可能，理性的人都會選擇後者，參加科舉考試。同時，沒有任何一個社會是完全平等的。不平等並非問題，讓不平等持續下去才是大問題。如果社會分層固化，那這個社會就僵化了，就會變成死水一潭。如何讓社會階層流動起來，增加社會階層的流動性，就是統治者應思考的。王侯將相的子孫不一定世襲榮華富貴，最底層的人也能透過努力奮鬥，躍升到社會上層。科舉就做到了這一點。最典型的例子就是「朝為田舍郎，暮登天子堂」，類似開頭所述趙琮的情節。據統計，宋朝進士有一半以上是普通人家出身，明朝進士有三分之二以上是普通人家出身，清朝進士也還有一半以上是普通的漢族人家出身。雍正年間的探花沈文鎬，就是佃農出身。因為科舉的存在，中國傳統社會的階層就不是固化的。理論上，任何人只要肯努力讀書，就有改變命運的希望。同樣，如果無法在科舉上有所斬獲，現有的上層家族就可能「富不過三代」，迅速衰落。《紅樓夢》中賈府的衰敗和賈家子孫沒有博取科舉功名有很大的關係。所以，從社會層面而言，科舉有利於中國傳統社會的穩定，

有助於朝廷長治久安。

第三點，科舉是維繫主流價值觀的紐帶，是塑造中國社會結構的重要力量。隋唐時，科舉考試並不固定，而且科目繁多，每次考試錄取的進士不多，常科錄取三十人左右，有時只有十多人。而且時人還有其他入仕當官的途徑，比如恩蔭入仕、從徵辟演變而來的入幕當官等。即便如此，已經讓隋唐士人振奮不已了。宋代初年，取進士仍然是「循唐故事，每歲多不過三十人」，直到宋太宗時才將名額增加至一百多人。科舉科目也收窄，主重進士科，考期固定，考試制度規範、穩定下來。發展到明清，科舉考試已經高度成熟，成為傳統社會的有機組成。一方面，儒家思想作為科舉考試的考題來源，深深植根於傳統社會。十年寒窗的讀書人們，「窮則獨善其身，達則兼濟天下」，奉行、傳播的都是儒家思想。另一方面，讀書人透過科舉制度，成為溝通百姓與官府的橋梁與紐帶，一腳踏進官場、一腳留在了鄉間。他們熟悉官場制度，深得官府的倚重；又熟悉地方實際，得到了百姓宗族的擁護。雙方重視讀書人的理由，就是科舉，科舉幫他們搭建了溝通官民的橋梁。讀書人構成了中國傳統社會鄉紳階層的重要組成部分。所以，從思想觀念的深度，科舉制度維護了傳統社會的價值觀、塑造了鄉紳勢力。

明清時期，完整的科舉流程是這樣的。小孩子啟蒙入學獲得一個身分——童生。童生是沒有科舉功名的讀書人的統

稱。一個人就算七十歲了，如果沒有考中功名，還是童生。童生考中了州縣科舉，就成了秀才，就擁有最基層的功名，進入士紳階層。秀才就算是登上了衙門口的第一級臺階。一個童生要考取秀才，得通過縣試、府試和院試，才獲得秀才功名。各省每三年在省城舉行一次鄉試，秀才們競爭舉人功名。並不是所有清朝秀才都可以參加鄉試，學政會巡視府縣，舉行科試。只有通過科試的秀才才能去參加鄉試。鄉試考中以後就是舉人了。鄉試是科舉當中競爭最激烈的考試，各省秀才人數眾多，鄉試強制性收縮人數，一般情況下，人文薈萃的大省，鄉試競爭比例接近百裡挑一；一些文化比較落後的省份，鄉試的競爭比例也接近一比五十。一旦通過鄉試考中舉人，讀書人就邁過了一道重要門檻，基本上獲得了當官的資格。舉人有資格出任地方上的佐雜職務、教職。清朝對長期考不中進士的舉人還有「大挑」制度：每六年對連續參加三次會試名落孫山的舉人進行挑選，大概會挑十分之一的落榜舉人直接授予官職，稱為大挑。有人做過統計，明清時期，有一半舉人最終當官出仕了，另外一半當幕僚、當師爺，或者是做鄉紳。為什麼范進中舉後境遇得以天翻地覆的改變呢？因為他通過了競爭最激烈的鄉試。

鄉試再高一級的考試是會試，天下所有舉人都可以參加。鄉試在秋天舉行，稱為「秋闈」，會試在來年的開春舉行，稱為「春闈」。明太祖朱元璋定鼎南京，把會試定在二

科舉取士：中國第五大發明

月。後來明成祖朱棣遷都北京，二月份的北方天寒地凍。很多人提議把會試改在三月，一來天氣暖和，有利於舉子輕裝上陣，二來也方便雲貴等邊遠地區的舉人趕路，三來答卷的時候不用擔心墨汁冰凍，無呵凍之苦，四來考完後河冰融化，舉子歸家無閘河運舟之阻。但是，明朝會試沒有改期，直到清朝乾隆甲子科場後才特旨允行。

廣義的會試在實踐中分好幾個等級，第一級叫會試，會試考中了還不是進士，是貢士。貢士接著參加殿試，只有在殿試當中被錄取了才是進士。殿試是不刷人的，只是對貢士的名次進行調整。但在隋唐和北宋早期，殿試還是要刷人的。宋仁宗時，一名在殿試中被淘汰的貢生，覺得委屈，進而叛國，投奔西夏。從此，殿試再不刷人。殿試理應由皇帝親臨親試（進士因此常自詡為「天子門生」），但很多情況下是王公大臣來主持的，最終名單由皇帝硃筆圈定。皇帝一般不更改擬錄取名單，最多根據印象，或者乾脆根據貢士的名字來調換一下順序。御批後的名單分一二三甲。一甲三個人，稱狀元、榜眼和探花，賜進士及第他們三個人如一鼎之三足，又稱「三鼎甲」，狀元居鼎甲之首，又別稱鼎元。明清二甲會有一百人左右，賜進士出身。其中二甲第一名又稱傳臚；三甲也會有一百多人，賜同進士出身。社會上有連中三元的說法。三元分別是鄉試的第一名解元，會試的第一名會元，殿試的第一名狀元。古代讀書人連中三元的機率和現

代買樂透中特等獎的機率差不多。這樣的人屈指可數，每個人都是傳奇。會試錄取比例大概是一比三十，相比鄉試，比例大為提高。

隋唐時期，科舉出身的官員並非官員隊伍的主流，更沒有在政壇占據重要位置、擁有很大的話語權。宋朝以後重文抑武風氣漸盛，加上科舉渠道大開，科舉出身官員迅速崛起。明清時期更是得到政治傾斜，科舉之士盈朝，占據高官顯位。首先，很多官職由科舉官員壟斷。吏部、禮部官員必須是科甲出身；翰林院、國子監、都察院、六科的官員必須是科甲出身，其他一些部門也傾向任用科甲官員，比如大理寺的理問、行人司的行人等。這些官職都是屬於清要、帶有文教色彩，或者帶有監察司法色彩職務。人們潛意識裡覺得科甲出身的官員，能力和品行都比較好，應該出任這些職務。科舉考試的考官，自然也必須是科甲出身。清代的和珅想當科舉考試的主考官，一直無法如願，就因為他不是科甲出身。這樣一來，科甲出身的官員仕途晉升的前景就比其他人廣闊得多了。

其次，科甲出身官員在考核、選拔時也占優勢。比如，清朝官員考績有四方面內容，其中一項「才」（能力），科甲出身的官員幾乎全部通過，其他出身官員就會遇到各種問題，常見的評價是「學識欠缺」。同樣的作風，在不同出身的官員身上，會有截然相反的評價。比如同樣是生活散漫，

科舉取士：中國第五大發明

上司評價科甲官員就會說這個人「為政寬鬆」，而雜途官員則是「荒廢政事」。其實說的是一回事，但是不同的表達對官員前途的影響卻是不同的。政壇似乎對科舉出身官員的能力與品行有天然的認可。很多雜途出身的官員，也「回爐」參加科舉考試。晚清思想家嚴復，已經是天津船政學堂的總教習了，每逢科舉考試還要跑回福州老家應試。只因他是雜途出身，雖然有留學英國的文憑，但遠不如科舉功名重要。

「滿朝朱紫貴，儘是讀書人。」科舉出身的官員完全占據了政壇優勢地位。「縉紳雖位極人臣，不由進士者，終不為美。」科舉成了很多讀書人首選的政治出路，是他們一生的重要追求，他們的生活都是圍繞著如何登第展開的。科舉好似樹木的主幹，不僅支撐著社會結構的演化，還串聯起了其他制度，塑造了傳統中國社會。

科舉與中國社會關聯之深，歷朝歷代都視為掄才大典、國之根本。只要開科取士，就容易獲取支持力量，得到社會的認可。所以，亂臣賊子篡位，或者王朝肇建，第一件事情就是開科取士。唐朝黃巢科舉應試，名落孫山，落第後作〈題菊花〉寫道：「颯颯西風滿院栽，蕊寒香冷蝶難來。他年我若為青帝，報與桃花一處開。」可見，科舉取士觀念深入人心，是理所當然的「政治標配」。王朝在變，統治者在變，科舉取士的做法卻雷打不動。

當然，在科舉千年史中，批評聲此起彼伏。任何一項制

度的執行都是異常艱難的，不可能絕對公平公正，不可能讓各方都滿意。無論按照什麼標準選拔官員，都不可能讓所有人滿意，任何制度都是有瑕疵的。那麼，評判制度好壞的標準是什麼？是制度設計之時是否盡可能做到了公平公正，是制度是否有自我調節的能力。如果一項制度做到了這兩點，就可以認定這項制度在當時條件下是好的制度。後人對科舉的猛烈抨擊源於明代開始執行八股取士。八股取士箝制思想，科舉制度日趨僵化，束縛了真正人才脫穎而出。任何考試都必須有統一標準，八股文就是明代統一的考試標準，是制度執行過程中的一個調節。它在束縛了一部分人才的同時，也選拔出了賢能大才。八股取士並沒有破壞科舉制度的精髓，也沒有掩蓋科舉制度的優點。對科舉制最大的挑戰其實來自西方制度。近代以後，科舉制度逐漸沒落，最終被時代所拋棄。

從隋朝大業元年進士科的創設，到清朝光緒三十一年（西元 1905 年）廢科舉興學堂，科舉制在中國整整存在了一千三百年之久。

張蘊古案：死刑核奏與司法公正

張蘊古案：死刑核奏與司法公正

　　唐朝貞觀初年，河內人李好德裝神弄鬼，大肆宣講妖妄之言，非議朝政，下獄待罪。唐太宗下令朝廷官員集會商討處置之法。大理寺丞張蘊古研析案件，認為李好德神智不太正常，「癲病不當坐治」，即精神病人不用承擔法律責任。唐律規定，凡口出妖幻之言妄議朝政君王的，處以絞刑。同時規定，對於身體篤疾之人，應由大臣上請皇帝予以減免處罰。瘋癲病屬於篤疾的範疇，所以張蘊古奏稱李好德為瘋癲之人，不應像常人一樣處罰。唐太宗採納建議，決定寬宥李好德。

　　張蘊古事後竟然去牢中將皇帝許可寬宥的情報提前告訴了李好德，據說兩人還在監牢中下棋解悶。這便有泄露消息，通風報信的嫌疑了。很快，監察御史就彈劾張蘊古與李好德有利益關係，故意縱放犯人。唐太宗大怒，不由分說命令將張蘊古推出去斬首。堂堂的大理寺丞很快就在長安城的東市身首異處了。這是貞觀五年（西元631年）的事。

　　據《舊唐書》記載可知張蘊古是一位有能力有抱負的官員。他「性聰敏，博涉書傳，善綴文」，記憶力超群，看過的碑文過目不忘，棋局被打亂後能一子不差地復盤，「背碑覆局」這個成語的典故就出在張蘊古身上。他還通曉時務，是經世濟民之才，為官府所稱許，入仕後自幽州總管府記室上調中書省，於唐太宗即位之初上呈〈大寶箴〉，勸諫新皇上以天下蒼生為念，公正勤勉。唐太宗也很讚賞張蘊古，賜

予束帛，提拔為大理寺丞。

在張蘊古之死上，當事人並沒有任何辯解的機會。真相到底如何，旁人始終不知情。唐太宗事後也意識到了這一點，頗為後悔。他聯想起了三年前的另一椿案子。貞觀二年十月，唐太宗調時任瀛洲刺史盧祖尚出任交州都督。盧祖尚起初答應了，可不久又反悔了。唐朝的交州是今嶺南兩廣地區和越南北部一帶，開發落後，屬於煙瘴之地，生活艱難。盧祖尚便藉口舊病復發，拒絕赴任。唐太宗先派杜如晦傳旨，盧祖尚堅決推辭；又派遣盧祖尚的大舅子去規勸：「普通人尚且言而有信，你身為朝廷大臣，當面許諾，怎能事後反悔呢？你最好抓緊上路，朝廷三年期滿之後一定召還你。」盧祖尚說：「嶺南瘴氣很重，需整日喝酒抵禦，我不能喝酒，此行怕有去無回。」唐太宗得報，大怒：「我使人不行，何以為政？」當即下令將盧祖尚「斬於朝堂」。盧祖尚是唐朝建政過程中的有功之臣，橫遭殺戮，唐太宗事後也感後悔。

如今再次痛殺大臣，唐太宗對房玄齡等人說：「張蘊古身為法官，與囚犯博戲，泄露朕言，這是重罪。如果按照律法判處，罪不至死。朕當時在盛怒之下將他處死，你們竟然沒有一個人勸阻，相關部門也不復奏，就把朝廷大臣斬首了，有這道理嗎？」

指責完旁人不照章辦事後，唐太宗又從張蘊古案聯想到

張蘊古案：死刑核奏與司法公正

了所有的死刑案，其中有沒有倉促執行、不公不當的呢？於是，他下令：「自今有死罪，雖令即決，仍三復奏乃行刑。」唐朝司法部門判定死刑後，要奏請皇帝批准執行。皇帝在死刑犯人的名字上「勾決」後才能執行。這個過程要反覆三次，故得名三復奏。

唐太宗強調三復奏制度之後，起初司法部門並不重視。相比司法公正，各衙門更在意行政效率，往往連續行文、請示三次，迅速走完司法流程，根本達不到三復奏應造成的覆核作用。貞觀五年十二月，唐太宗察覺到三復奏制度的漏洞，作出修補：「自今後，在京諸司奏決死囚，宜二日中五覆奏，天下諸州三復奏。」京師地區的死刑判決要五復奏，地方州縣死囚行刑前要三次復奏。不能為了復奏而復奏，至少得隔天進行，比如五復奏要行刑前一天奏請兩次，當天復奏三次；三復奏要行刑前一天復奏一次，當天復奏兩次。只有犯下謀殺祖父母、父母等尊親長輩的大逆之人行刑，才只需復奏一次。為了保證復奏制度能真正落實，唐律規定官員不待復奏批准就用刑的，流放二千里；即使復奏批准了，也要等到詔書到達三天後才能執行，如果提前行刑判處徒刑一年。處決人犯當天，宮廷尚食不能向皇帝進酒肉，內教坊及太常不奏樂不演出，皇帝寡淡禁慾，以示悲天憫人之心。

唐太宗建立復奏制度，展現了「慎殺恤刑」的思想。中國政治是道德色彩濃厚的政治，對於傷人軀體、奪人性命的

重刑在主觀上就是排斥的。先秦時代就有「明德慎罰」、「明刑弼德」等思想，主張司法量刑一定要慎重，能不用重刑就儘量減免。儒家仁義思想的深入，佛教好生觀念的流傳，使得司法制度和司法官員對刑罰日趨慎重。救人一命勝造七級浮屠。即便是針對死刑犯，司法官員也往往曲筆描述案情，盡可能為犯人減輕罪責。人死不可復活，死刑案要慎之又慎，必須程序周密、嚴格執法，而且留出足夠的思索時間和調整空間。

歷朝歷代逐漸在司法實踐中創建了死刑覆核和死刑復奏制度。兩者相互配合，落實了慎殺恤刑的思想觀念，也保障了司法正義。死刑覆核是判定死刑，是死刑復奏的前提，沒有死刑覆核，就根本不需要復奏；死刑復奏是皇帝批准執行，沒有死刑復奏，死刑覆核就難以落到實處。那麼，死刑核奏制度是如何發展起來的呢？唐太宗發明的五復奏制度又在其中占有什麼樣的地位呢？

秦漢時期，地方長官就擁有殺人權，不必奏請皇帝核准，只需事後申報上級即可。秦漢時期都有地方官先斬後奏，殺戮轄區豪強的記載。朝廷允許死刑權落在州縣，只是要求不得擅殺、濫殺。為了防止擅自殺戮，漢代也設計了對判處徒刑以上案件的嚴格審理程序和上訴糾錯制度。比如重案定罪後，當面告知犯人案情和量刑，如果犯人稱冤，允許上訴進行重審；朝廷和地方長官會定期或不定期地檢查各地

張蘊古案：死刑核奏與司法公正

監獄，對在押的犯人尤其是死囚進行審訊，發現冤屈會追究原審官員責任；官員也需要把地方的刑獄檔案上交朝廷，接受朝廷覆核。這些制度設置都帶有原始的死刑核奏制度的部分因素。但是，司法實權還是掌握在地方官員手中，刺史、太守的自由裁量權極大。尤其是在魏晉南北朝時期，地方藩鎮隨意殺戮，施加重刑，朝廷幾乎無法遏制甚至干涉。即便有少數朝廷干涉的案例，也是事後干涉，更像是對濫刑者的問責。

隋朝結束亂世，統一全國後，正式確定了死刑三復奏制度。

《隋書·刑法志》載：「開皇十五年制：死罪者，三奏而後決。」這就把死刑的確認權上收到皇帝手中，在事實上剝奪了地方判決死刑的實權。因為有皇帝這個最終決策者和檢查者的存在，官員們對死刑判決隨之嚴謹、認真起來。死刑復奏制度推動死刑覆核制度的確立。可惜，隋朝二代而亡，很多好制度來不及真正落到實處。死刑復奏制度就沒有得到很好落實，唐太宗的五復奏是對隋朝制度的重申和發展。唐代死刑復奏制度正式確立，「自蘊古始也」。張蘊古案推動了中國的死刑復奏制度確立。

唐朝之後直到明清，法律均規定了死刑要嚴格履行覆核、復奏制度，只有在覆核的程序和復奏的細節上有所不同而已。各代又在其中補充了各自的智慧，使這項制度更為完

備。死刑核奏制度最終成為古代中國司法的一大創舉。

宋朝司法規定鞫讞分司，將審案與判決二者分離，由不同的官員分別執掌。審案者不負責判決，判決者不用破案，兩者不得互相通信、不用協商辦案，很大程度避免了審判環節的弊端。遺憾的是，此項分權制衡制度並沒有為後代所繼承。在司法覆核領域，宋朝在庭審之後、檢法之前插入了一道錄問的程序。刑案未經錄問不能判決；即使作出了判決，也不能生效；如果捨棄錄問而生效，司法官以枉法論處。宋哲宗年間的萊蕪縣尉張天錫訛言案，案子審結後宋哲宗「詔特處死」。因為此案未經錄問程序，所以有大臣提出抗議：「不唯中有疑惑，兼恐異時挾情鞫獄，以逃省寺譏察，非欽恤用刑之意。請今後獄具，並須依條差官審錄。」最後，哲宗只好下詔，重申錄問的程序不可省略，今後司法機關如審判不走錄問程序，以違制論。

明清兩代死刑覆核最鮮明的制度設計是秋審和朝審。秋審，就是每年秋天朝廷王公大臣和各部堂官集中審核各省上報的死刑監候（斬監候、絞監候）囚犯。朝審，是指對刑部判決的案件及京師的死刑監侯案件重審。兩類審核大致有四類結果：情實，案情清楚、定罪恰當，奏請由皇帝親自勾決，進行死刑復奏流程；緩決，案情雖然屬實，但危害性不大，可以減輕罪責為流放或充軍，也可以再押監候審。如果連續三次歸入緩決，就可以免死罪，減輕發落；可矜，罪不

張蘊古案：死刑核奏與司法公正

可恕但情有可原，可免於死刑，一般減為徒刑或流刑；可疑，案情尚有疑問，駁回再審。此外，清朝中期以後增加了「留養承祀」的覆核結果，指的是死囚犯是獨生子，且有尊親長輩需要贍養，可以申請留養，一般改判重杖附加枷號示眾。此外，上訴申冤、三法司會審等制度，也在保障死刑嫌疑人的權益。清朝所有的死刑立決（斬立決、絞立決）案件和歸入情實的秋審朝審案件，要奏請皇帝批准，理論上還是要申請三次。千年前的三復奏的制度，在清朝依然存在。皇帝對復奏的死刑案件，用硃筆勾出死囚名字，才能處決該囚犯。但是皇帝往往對很多囚犯免勾決，他們繼續歸入下一年度的秋審；皇帝也常常藉口節慶、災荒等理由，停止某次勾決，將囚犯集體歸入下一年度的秋審，充分展現了慎刑恤罰的思想。

清朝的秋審，犯人眾多，集中在今天的北京天安門廣場一帶進行。現今天安門城樓前的一段長安街，當時稱為天街，加上建築在如今天安門廣場中軸線兩側的千步廊，共同組成了秋審場所。這是塊類似於 T 字型的場地，北邊是天安門、南邊是正陽門、東邊是偏文職衙門、西邊是偏武職務衙門。T 型北部的長安街東接長安左門，西接長安右門，因為「左青龍，右白虎」風水習慣而得名龍門、虎門。龍門和虎門外都有張貼告示的地方，科舉考試的皇榜張貼在龍門東邊，正應了「鯉魚躍龍門」的俗語。

而秋審的結果則張貼在虎門門口，歸入情實的死囚直接推出虎門，走向死亡，其餘的囚犯則逃過一劫，又應了「脫離虎口」的成語。

　　對於身分特殊的重罪嫌疑人，歷朝歷代還有八議制度。八議分別是八類商議對象：議親，即議皇親國戚；議故，即議皇帝的故舊；議賢，即議德行修養高的人；議能，即議才能卓越之人；議功，即議功勛卓著之人；議貴，即議部分貴族或三品以上高官；議勤，即議勤謹辛勞之人；議賓，即議被尊為本朝國賓的前朝國君後裔，也包括孔孟聖裔等人。此八種人涉嫌死罪時，任何司法機關都不能審判，而要直接稟報皇帝，說明案情以及應議的種類，請求召集王公大臣會商。會商結果交皇帝聖裁。八議對象一般都能得到寬大處理。該制度主要實踐在皇親國戚犯法的問題上。

　　死刑核奏的實際效果雖然有待商榷，但制度設計出發點是好的。死刑復奏制度展現皇帝的重視，因此官員們判決死刑時就會相對慎重一些。死刑覆核制度會追究冤假錯案製造者的責任，也會倒逼主審官員依法辦事。況且，死刑核奏制度的主體是中央，可以統一死刑的適用標準，量刑相對公平。

　　毋庸諱言，皇權在死刑核奏制度中扮演著最高裁判者的角色。皇帝將死刑權集中在一己之手，他的認知和好惡乃至情緒不可避免地影響結果。比如，社會動盪之際死刑復奏的

張蘊古案：死刑核奏與司法公正

把關就比較嚴格。殺戮較重：安定之時死刑復奏的把關就比較寬鬆。輕縱較多。比如，皇帝雖然無法繼續像張蘊古案那樣立即將人推出去斬首，可還是能夠執意將厭惡之人推上斷頭臺，只是需要大費周折而已。而刻薄寡恩的君王，很少執行八議制度；熱衷八議的君王，又往往是濫施恩惠、做人做事沒有原則的人。官員不能以權謀私，皇帝卻能夠以權壓法。儘管皇權可以極大地干涉死刑的裁決，死刑核奏制度總體而言還是積極的，約束官員嚴謹執法，在相當程度上保證了司法公正。

死刑核奏制為歷史上許多冤案的平反昭雪提供了可能。比如，晚清轟動一時的楊乃武小白菜案，如果沒有核奏與秋審，在浙江省各級官員沆瀣一氣、司法手續完備的情況下是絕對沒有翻案的可能的。正是因為死刑核奏的存在，使得任何一個死刑判決都是「御批案件」，使得冤假錯案有翻案的可能。這項制度給老百姓提供了對抗司法強權的武器，賦予了每個人理論上的司法平等。這項制度避免了地方官濫殺無辜、草菅人命等最壞情況的出現。

死刑核奏制度是中國古代司法的一項重要制度，這項制度一定程度上保證了司法公正，同時也是專制皇權不斷強化的一大表現。

王維行卷：科舉的舞弊與反舞弊

王維行卷：科舉的舞弊與反舞弊

　　唐朝詩人王維是典型的高富帥，他出身於著名的豪門河東王氏，一表人才，才華橫溢。可惜他生不逢時，他出生於唐中期，那時已經是以科舉取士為榮的時代，靠家族背景入仕的大門日益關緊。豪門公子王維也要去擠千軍萬馬的科舉獨木橋。好在王家足夠有錢，資助少年王維早早就前往首都長安闖蕩去了。

　　唐朝中期的長安城，是一座恢宏的大都市，匯聚了東起日本列島、西至地中海沿岸的奇珍異寶，各地賢才文人濟濟一堂。唯才是舉的科舉考試，是大家津津樂道的熱門話題之一，其中又以進士科考試最為人矚目。當時的進士科考試，主要考察考生的文學寫作能力，而且不遮擋考生名字，所以考官對考生之前的了解與印象非常重要。一個在考前就名滿文壇的考生和一個默默無名的考生相比，前者顯然更占優勢。所以，經營自己的名聲，讓自己名揚長安，就成了每個有志高中的考生的題中之義。最便捷的方法就是獲得那幾位長安的文豪大家或者達官顯貴的讚賞，讓他們給考生搖旗吶喊、站臺鼓吹。舉子們往往在考前就把自己最得意的詩文編輯成冊，呈送給在政治或文學上有名望、有地位的人物。此種風氣之盛，導致舉子們如過江之鯽，奔走於豪門大家，史稱行卷。

　　王維自然有志於進士高中，就把文章送到了岐王李隆范案前。岐王大為讚賞，深深為王維的才華所折服，同時也深

深為王維感到可惜。他對年輕的王維說：「宰相張九齡的弟弟、詩人張九皋向掌握實權的太平公主行卷，公主親自寫信給明年的主考官，讓他取張九皋為狀元了。」岐王雖然好學愛才，可惜勢力遠不及姑姑太平公主。他想了一個辦法，就讓王維換上華服，捧著琵琶，帶上文章，隨自己到太平公主府去。

當日，太平公主大宴賓客。觥籌交錯之間，太平公主留意到了清秀文雅的王維，岐王順勢建議王維琵琶獨奏。王維一曲彈罷，技驚四座。太平公主連連誇獎王維的藝術。岐王趁熱打鐵，向姑姑推薦說，這個少年詩詞文章也是一絕，是少有的天才。王維趁機把懷裡的文章呈獻給公主。太平公主讀了王維的詩文，更加為他的才華所折服，將他請到了賓客的首席。王維灑脫飄逸、談吐瀟灑，在座的達官貴人們無不讚嘆。岐王看到火候差不多了，徐徐說道：「王維可惜了，才華橫溢，可惜沒人舉薦參加科舉。對了，姑姑，小王聽說您已經舉薦了明年的狀元？」太平公主心下瞭然。她十分欣賞王維，就直接把主考官叫到公主府，說明王維是當世奇才。於是，王維順利奪魁。

這就是王維行卷的故事。這則故事流傳甚廣，被後人多次引用為唐朝行卷制度的例證。還有說法，將王維的名作〈紅豆〉解讀為少年獻給公主的愛慕之詩。可是核查史實，王維於開元十九年（西元 731 年）狀元及第。太平公主早

王維行卷：科舉的舞弊與反舞弊

在先天二年（西元 713 年）就因涉嫌謀反被賜死。他們是兩代人，不可能有交集。而且，張九皋早在唐中宗景龍三年（西元 709 年）就科舉及第了，不過他考的是明經科。所以，這個膾炙人口的故事只是一個傳說。

行卷制度，簡單來說，就是考生為增加及第的可能和爭取更好的名次，提前將文章呈送給能對錄取施加影響的人那裡，獲取好印象、為考試加分。在閱卷時，主考官的主觀印象非常重要，而且有權參考舉子平日的作品和聲譽決定取捨。這印象既來自於主考官自己的閱讀和交際，更來自同僚（尤其是上司）和文壇大家的推薦。在政治上、文壇上有名望的人，或者與考官關係密切的，都可推薦人才，對進士榜單施加影響，稱之為通榜。而且京城兼具名望和能力的大人物的範圍是相對固定的，這也為考生行卷提供了可能。自從唐高宗時期進士考試主考詩文以後，考生們挑選平日代表作，編輯成卷軸，到處行卷以求推薦，就開始形成風尚，一直發展到北宋早期。行卷活動，一度喧賓奪主，在許多考生眼中比準備科舉考試還重要。如果行卷的對象隔了好些時日沒有反饋，考生往往會再次遞送書信或者重新呈文，稱為溫卷。

唐代進士考試一般在正月或二月。兩次考試之間，很多舉子們租賃長安城內房屋，一邊攻讀，一邊與朝中官員應酬，請他們猜題目，然後自己私下練習。《唐語林》談到

進士們「群居而賦，謂之『私試』」、「退而肄業，謂之『過夏』」。七月以後，他們要將自己新寫的文章四處投獻，還要兼顧州府的拔解，著實不容易。還有舉子，干謁地方名流，借助後者的名望來傳播自己的名聲。這些也屬於廣義的行卷行為。

唐代舉子行卷雖然因人而異，但基本程序和禮儀大體一致。舉人行卷，在準備文章卷軸和書啟信函之外，還需準備名刺（也就是名帖、名片）、奉幣（也就是奉送一定的財物），通常這四樣東西一起投獻。行卷過程大致分為請見、謝見、溫卷和敘謝等步驟，每一個步驟都有一定的禮儀和書啟格式。

雖然王維行卷只是傳說，但真實的行卷故事在唐朝屢見不鮮。白居易來到長安準備應試，就向已經功成名就的詩人顧況行卷。顧況看了白居易的名刺，再看看年輕的白居易，調侃道：「長安物貴，居人不易。」等到他拿起卷軸一看，首篇詩歌就讓顧況拍案叫絕。這首詩就是：「離離原上草，一歲一枯榮。野火燒不盡，春風吹又生。」顧況當即讚賞道：「有句如此，居亦何難！老夫前言戲之耳。」此後，顧況大力為白居易宣傳，白居易聲名大振。可惜顧況本人官位不高，對主考官影響不大，光給白居易增加文壇聲譽了，沒能助他進士高中。

另一個從四川來到長安的年輕詩人陳子昂，實在是沒有

王維行卷：科舉的舞弊與反舞弊

人脈關係，在京師多年，也沒有找到合適的行卷對象，始終默默無名。一天，他在東市看到店家叫賣一張胡琴，要價百萬。他咬咬牙買了下來，招呼大家去他家欣賞彈琴。眾人紛至沓來，陳子昂說：「蜀人陳子昂，有文百軸，馳走京轂，碌碌塵土，不為人所知！此樂賤工之役，豈宜留心！」說完，當眾把天價琴砸了，再把代表作散發給大家看，「一日之內，聲華溢都」。這是變相的行卷。

選入課本的唐朝朱慶餘的古詩〈近試上張水部〉，本質上則是溫卷的作品。

洞房昨夜停紅燭，待曉堂前拜舅姑。

妝罷低聲問夫婿，畫眉深淺入時無。

朱慶餘借用夫妻關係，悄然詢問行卷對象水部員外郎、詩人張籍對自己的看好。張籍則用一首〈酬朱慶餘〉明確表達了對朱慶餘的欣賞：

越女新妝出鏡心，自知明豔更沉吟。

齊紈未是人間貴，一曲菱歌敵萬餘。

張籍將朱慶餘比作一位才貌雙全的采菱姑娘，暗示他不必為考試擔心。朱慶餘果然在唐敬宗寶曆二年考中了進士。張籍、朱慶餘酬答俱妙，珠聯璧合，千年來傳為文壇佳話。

不過，像白居易、朱慶餘這樣一次行卷就大獲成功的人畢竟是少數，絕大多數唐朝的讀書人為了高中進士，不得不低三下四，到處投遞自己的文稿，希望得到賞識和舉薦。長

安城中，「天下之士，什什伍伍，戴破帽，騎蹇驢，未到門百步，輒下馬奉幣刺，再拜以謁於典客者，投其所為之文，名之曰『求知己』。如是而不問，則再如前所為者，名之曰『溫卷』。如是而又不問，則有執贄於馬前自讚曰『某人上謁者』。」即便如此斯文掃地，多數人也得不到舉薦。

在這麼多失敗的例子中，大文學家韓愈就占了一例。韓愈出身布衣百姓之家，從貞元三年至五年間，韓愈三次參加科舉考試，均失敗。貞元八年才考中進士，考中進士以後連續四次參加吏部錄用考試都被淘汰，其間曾三次給宰相上書，均未得到回覆，一度困居長安十年。他曾經自怨自嘆地說，我想當個九品芝麻小官都成了奢望，想獲得一畝之地的官舍都難以實現。唐朝為考中進士卻在吏部錄用考試當中屢遭淘汰的人，準備了另外一條做官的途徑，允許三考未被錄取的進士可以進入將領和地方官員的幕府做幕僚，任滿後可經長官推薦，由中央授予地方衙門的參軍、主簿、縣尉等基層職務。貞元十二年七月，韓愈無奈出任宣武節度使觀察推官。最後由淮南節度使張建封推薦，韓愈出任從九品的四門博士。

十幾年後，韓愈執文壇之牛耳，且高居侍郎官位，成了天下舉子行卷的對象。一次，一位沒有授官、生活不如意的年輕進士向韓愈行卷。韓愈不在家，後來在散文家皇甫湜府上又見到這位進士來行卷，見他內外俱佳，就給他出了一個

王維行卷：科舉的舞弊與反舞弊

主意，讓他搬進長安城裡的某座寺廟居住，然後在某天早上出門遊玩，晚上再回來。年輕人一一照辦。當天，韓愈叫上皇甫湜，一道去廟裡去拜訪該進士。此人已經遵照囑託出了門，韓愈兩人當然撲了空。於是提筆在廟門口上大書：「韓愈、皇甫湜同訪幾官先輩不遇。」這條標語不脛而走，迅速傳遍了京城。連朝廷高官、文豪造訪都找不到的人，自然是名聲大震，高官名士排隊前來拜訪。年輕進士之後青雲直上，官至宰相。他就是唐朝後期著名政治人物牛僧孺。

跳出唐代社會風氣，我們分析行卷制度。這項制度對沒有社會資源、缺乏行卷人脈的考生，對那些家庭貧困、沒有能力饋贈禮物的考生，對那些生性木訥、不善交際應酬的考生是不利的，也是不公平的。而那些出身上流社會，家庭優渥、家學深厚的子弟，更適應這套遊戲規則。這些上流子弟受家庭薰陶與蔭蔽，人脈廣泛，且善於交際，在行卷方面更加如魚得水。從這個角度來說，行卷制度是不公平的，在考前就對考生進行了篩查。在眾人狂熱的追捧之下，行卷制度客觀上也助長了考生走後門、作弊的風氣。

作弊是公平公正的天敵。科舉考試從誕生到廢除的漫長歲月中，一直存在舞弊行為。作弊與反作弊的戰爭始終存在，科舉舞弊案時有發生。防止舞弊的制度也日趨完備。

夾帶小抄、傳遞試卷等低級的作弊手段，隨著考場紀律逐步嚴格，很容易被查處。讀書人一旦被發現科場舞弊，不

僅會喪失科舉資格，而且終生會被士林所唾棄。我們重點來談更高級、更隱蔽的作弊手法與防範制度：

第一，糊名制度。一開始，科舉答卷是不遮擋考生個人資訊的，誰都能看到試卷的主人。武則天時期，朝廷開始下令考生自糊其名。試卷上的考生姓名、籍貫和直系親屬等資料必須遮擋乾淨，誰都看不出來，也不能拆看。只有等判斷答卷等次後，再公開拆看糊名，高唱考生名字。

第二，鎖院制度。主考、副主考獲得任命後，自行提前鎖閉在考場院子中，在考試結果出來之前不許與他人相見，稱為鎖院。科舉考試的考官是由皇帝在考前任命的。考官和考生在相當一段時間內是有機會接觸的。宋太宗任命翰林學士蘇易簡負責當年的科舉考試。蘇易簡接受任命以後，為了避嫌，將自己關在貢院裡不肯回家，也謝絕與外人往來，以示無私、公正。一開始，這是自律清正的官員的自願行為，後來成為歷代考官的慣例，目的是防止考生通關係、傳條子、打招呼。哪位考官不自行鎖院，反而會引起輿論批判。

第三，朱墨卷制度。後來大家發現糊名制度還是有缺陷，因為作弊的雙方可以約定暗語、印記等，又發展出了朱墨卷制度。

考生原始試卷是白紙黑字，叫作墨卷。考試完畢，所有原始答卷由專人用紅筆重抄一份，叫作朱卷。朱墨卷必須一模一樣，錯別字、常識錯誤或者是更改的痕跡，都必須抄得

一模一樣。考官評判的是朱卷，判定名次後根據朱卷上的編號去查墨卷，再把糊名拆去，看考生的真實資訊。這個就叫朱墨卷制度。

第四，磨勘制度。要檢查朱、墨卷有無不符之處，也要檢查卷內語句、書法有無犯規之處。一切程序都沒有問題了，最後才是放榜。有一些朝代更絕，放榜後還要把所有錄取的人再關進去複試一場。明清之後有朝考，就是對進士的第輪選拔，挑選翰林。如果一個進士在朝考時，與會試、殿試的水準相比退步很大，就非常可疑了。隨著科舉考試制度越發完善，科舉作弊很難成功。

糊名、鎖院、朱墨卷等制度的執行，對行卷風氣是沉重的打擊——因為考官已經無法將考卷與考生對應起來了。加上從宋代以來，進士科逐漸不考查文學創作，行卷從嚴格意義上來說也就隨之消失了。但是，中國之大，各地的文化教育水準相差懸殊，科舉考試中的難度也有所不同。利用科舉地域差異興起的冒籍，類似於現代的「高考移民」，是科舉時代最常見、最難杜絕的舞弊方法。

在教育發達、考試競爭激烈的浙江、江蘇等東南地區，許多考生冒充甘肅、四川、雲南的籍貫去當地應試，還有很多人冒充京師籍貫應試。這是因為甘肅、四川、雲南等文教落後的地方考生少，而分配的錄取名額並不少；而北京的考生雖然多，但是分配的錄取名額更多。同樣水準的書生，在

這些地區更容易考中。

　　朝廷將名額分配給各地，本意是為了扶持邊遠地區的發展，兼顧天下的政治平衡，不想卻給很多不肖書生提供了作弊的機會。當然了，歷代官府都嚴查冒籍行為，透過祖先墳墓、居住年限等標準來判斷考生的籍貫。清朝末期狀元張謇就有冒籍的嫌疑，因此頻繁遭受質疑。

恩蔭入仕：賀知章的難題

恩蔭入仕：賀知章的難題

大唐開元二十二年（西元 734 年）七月初十，唐玄宗之弟、薛王李業薨逝。李業屬於皇帝近親，與唐玄宗感情深厚，朝廷按制計劃舉行盛大葬禮。消息傳出，長安城裡的很多人非但沒有悲傷，反而抑制不住地流露出喜悅之情。因為，如此盛大的葬禮，必定要徵調一大批挽郎。很多人盯緊了這份差使。

挽郎是出殯時牽引靈柩唱輓歌的人，一般由年輕人擔任。國有大喪，臨時調補官員子弟充任。此次，官宦子弟紛紛爭取薛王挽郎的名額。禮部公布挑選結果後，未能入選的年輕人們群情激奮，大罵負責挑選工作的禮部侍郎賀知章不公。沒錯，這個賀知章就是經常出現在書本中的那位大詩人。賀知章擅長寫詩，卻不擅長處理複雜的人際關係。他顯然沒有擺平這群落選的年輕人的能力。落選的年輕人情緒激動，跑到禮部大吵大鬧。個別極端分子到處搜尋賀知章，揚言要痛毆他。禮部吏員們惹不起躲得起，緊閉禮部大門。他們就堵在衙門外高聲叫罵，不少看熱鬧的人也跟著瞎起鬨。這就惡化成了影響首都穩定的群體性事件，影響惡劣。

在傳統觀念中，挽郎並不是光彩的身分，牽引靈柩、哀唱輓歌是卑賤、難為情的行為。那麼，為什麼京城的公子哥們還要爭著吵著當挽郎呢？

因為皇親國戚的挽郎資格，等同於官員的身分。葬禮結束後，吏部會對挽郎登記造冊，分官授職。挑選挽郎是朝廷

授予官宦子弟官職的一項制度性安排，方便他們子承父業。這裡涉及中國古代任用官員子弟當官問題。秦漢以後，世官世祿作為一項制度已經壽終正寢，但沒有徹底消失。西漢確立了任子制。任子，就是任命官員的子弟當官。西漢政府規定：「吏二千石以上，視事滿三年，得任同產若子一人為郎，不以德選。」這項制度有兩個標準。第一是官員級別必須是二千石以上，而且任滿三年。西漢官員的俸祿是用糧食計算的，糧食的多少等同於官員的級別。二千石是地方太守、中央三公九卿的級別，屬於高級官員。第二個標準是任子的對象是「同產若子」，必須是高級官員的兒子或者姪子。只要符合這兩項標準，就可以當官。至於才能、品德等，都忽略不計。任子一般擔任郎官，為皇帝侍從，受人矚目，升遷速度也快。西漢著名忠臣蘇武，就是靠任子制當上的郎官。他的父親蘇建是對匈奴作戰的名將，官至代郡太守，符合條件。東漢把任子資格從公卿高官擴大到了校尉、尚書等重要崗位的官員。

任子制到隋唐，叫作門蔭入仕。「蔭」字傳神地繼承了任子制的真髓，大樹底下好乘涼，官宦子弟依靠父輩的蔭蔽，直接當官。因為含有恩賜之意，此項制度又稱恩蔭。門蔭入仕進一步擴展了任子制。第一，任子的官員級別降低到從五品。門蔭法規定：職事官一品子的散階為正七品上，二品子為正七品下，自三品起始有正從之分，其子所敘品階遞

恩蔭入仕：賀知章的難題

降一階，從五品子正九品下。贈官、散官、勳官也按相應的規定蔭子弟。第二，任子對象擴展到官員的孫子甚至曾孫。唐朝規定，三品以上大官可以蔭及曾孫，五品以上蔭孫。在唐朝前期，門蔭入仕是高級官吏的重要來源。

任子在授予職事官之前，需先入學館學習，或先充當五到八年皇帝或太子的宿衛官，期滿合格後才能參加銓選，銓選合格才能授予官職。門下省所屬的弘文館、太子左春坊所屬的崇文館，各置學生三十人，皆取三品以上高官子弟入學；國子生三百人，太學生五百人，學生也以中高級官員子弟為主。學生考試合格後，即可獲得做官的資格。所入學館不同，學生的身分、官品也大不相同。弘文館、崇文館這兩館的地位就比國子學、太學高。一般情況下，兩館學生為三品以上高官親貴子弟所壟斷，與科舉相比，其考試相對簡單。考慮到兩館生並無年齡限制，入兩館就學的大多為弱冠之年甚至更小。高官子弟往往能在二十幾歲就出任官職，其他同齡人望塵莫及。一般官宦人家不敢奢望子弟入學兩館。

唐代門蔭只限於五品以上官員，但是對六品至九品官員，也有一定的照顧。低級官員的子弟可以品子身分服職役後獲得做官資格。六品以下官的子弟先擔任親事、帳內等差使，期滿後有機會參加吏部的銓選獲得一官半職。品子具體的敘階之法是：任雜掌及王公以下親事、帳內勞滿而選者，七品以上子，從九品上敘。其任流外而應入流內，敘品卑

者，亦如之。九品以上及勛官五品以上子，從九品下敘。唐代官員子弟由品子身分充雜執掌，有的需要十年才可能被授予散品，然後又需等上兩年，後經過簡試，方可去吏部參選，比入學館或擔任皇帝宿衛官得官要慢得多。

　　門蔭入仕是唐朝官員入仕的常見渠道。人們對唐朝科舉投注的目光很多，但科舉錄取的人數很少，每次數十人，且考期不固定，遠遠不能滿足官府的用人需求。門蔭入仕的官員遠遠超過科舉入仕的官員。唐朝官員總數，根據《通典》卷一五記載，「內外官萬八千八十五員」。具備當官資格的候補人員，包括各個學館的學生，超過十二萬人。所以，唐朝前期大概是八九個人爭奪一個官職。這還不包括科舉中式、酬賞功勞的候選者。

　　面對如此激烈的競爭，充當挽郎相對而言就成了仕途的捷徑。這是因為治喪結束，吏部會登記挽郎資料，分官配職。挽郎當完就當官──這就是給皇家抬棺材的報酬。因此，每次帝王葬禮的挽郎無不集一時秀彥，長安城內外的官員子弟們躍躍欲試，爭著要當挽郎，要擠入後備官員隊伍。

　　本次薛王的葬禮，不知道牽動了多少官宦子弟的心。負責挑選挽郎的賀知章自然不可能滿足所有人的願望。不管誰入選挽郎，都不可能讓所有競爭者心服口服。眼看入仕的良機錯過了，落選的年輕人群情激憤，於是爆發了開頭的群體性事件。

恩蔭入仕：賀知章的難題

　　禮部門口鬧得沸沸揚揚之時，其他衙門的官員事不關己，高高掛起，沒人出來幫忙。說不定，他們中的不少人還因為兒子沒有入選，對賀知章懷恨在心呢！解鈴還須繫鈴人，還得賀知章出來平息混亂局面。最終，賀知章在禮部衙門內搭了個梯子，爬上圍牆，趴在牆頭上喊：「諸君且散，見說寧王亦甚慘澹矣！」意思是大家別著急，聽說寧王的病情也很危急了。寧王是唐玄宗李隆基的大哥李憲。當年，李憲主動讓賢，把太子寶座讓給了李隆基，李隆基繼位後對李憲優待有加。賀知章的潛臺詞是：李憲死了，葬禮會更隆重，挽郎的數量會更多，大家都還有機會！聚集的人群聽賀知章透露的小道消息，紛紛散去，回家等寧王李憲的噩耗去了。只要門蔭入仕的制度還在，官員子弟就還有直接當官的希望。

　　到了宋朝。作為一個官員福利異常優厚的朝代，門蔭制度在宋代得到了畸形發展。第一，不論品級大小，官員普遍擁有恩蔭特權。第二，恩蔭的對象極廣，除了子孫，還可以恩蔭期親、異姓親、門客等。第三，恩蔭的對象數量壯大，宰相可蔭十人，執政蔭八人，侍從蔭六人，中散、諫議大夫等散官可蔭三人。法定之外，宋朝還常常有特蔭。比如，遇到重大慶典，朝廷會增加恩蔭的名額；某個大臣去世，朝廷因為其勤勉王事或者清正廉潔，會額外恩蔭其若干親友為官。宋朝大將曹彬死後，其親族、門客、親校二十餘人就被蔭補為官。

元朝則提高了仕子的官職品級，正一品的官員子孫可以授予正五品官員；從一品官員的子孫可以授予從五品的官員。五品官已經屬於中級官員了。不過，門蔭入仕在元朝發展到了頂峰，進入明朝就開始降低。明清官員的選錄，主要以科舉為正途，科舉考試錄取的人數也多。門蔭入仕成了異途、支流。靠家族的蔭庇入仕也不再像宋元那般寬鬆、優厚。

　　開國之初，朱元璋規定：「文官一品至七品，皆得蔭一子以世其祿。」重新把蔭子範圍限制到了七品以上，且蔭子對象限制為一人。更重要的是授予的不一定是實官，而可能是領取一份俸祿（世其祿）。明朝中後期，門蔭範圍有所擴大：「正一品子，正五品用；從一品子，從五品用…從五品子，從九品用……正從七品子於未入流下等職內敘用。」這就取消了只能恩蔭一子的規定，且恢復了元朝時期高品級。不過鑑於僧多粥少，明朝很快補充規定：第一，官二代必須通討考試，合格後才有恩蔭的資格；第二，三品之上的官員子弟才有可能獲得實職。多數官宦子弟得到的只是領取俸祿的資格，要想獲得實職，還要投身科舉考場考取功名。為了方便官員子弟科舉應試，受蔭者可入國子監讀書，稱為蔭生。明朝多數中下級官員的子弟，其實並沒有沾到恩蔭的好處，只是能免試進入國家最高學府（國子監）讀書而已。

　　清朝在明朝基礎上，繼續縮緊恩蔭的範圍。首先，清朝規定，恩蔭的官員範圍為京官四品、外官三品、武官二品以

恩蔭入仕：賀知章的難題

上或者陣亡、因公殉職、因軍務病故的官員。這便取消了大多數官員的恩蔭資格。其次，和明朝一樣，受蔭者只是獲得免試入讀國子監的資格而已。蒙蔭入仕的官宦子弟大為減少。不過，清朝有另一種恩蔭制度，就是八旗子弟的祖蔭。八旗祖蔭，指的是浴血鏖戰、從龍入關的八旗鐵騎給子孫後代賺到的恩蔭資格，包括恩蔭入仕和世襲爵位等。和珅便是依靠祖蔭承襲三等輕車都尉，從而入仕的。

評判一項人事制度優劣的核心標準，就是能否挑選到高水準的合適人選。我們承認，官宦子弟中不乏真才實學之人。官宦家庭能給子弟提供優質的系統教育和良好的人生規畫。官宦子弟從小接受祖父輩的教導，見多識廣，比普通人更熟悉政務，視野更開闊，素養更好。官宦子弟中，也人才輩出。比如，唐初名臣、大書法家褚遂良，就因為父親褚亮曾任通直散騎常侍而受蔭入仕。又比如，北宋名臣、大史學家司馬光，也因為其父司馬池歷任知府、知州具備了恩蔭入仕資格，只是他把資格讓給了兄弟，自己堅持參加科舉考試，最終進入仕途。此外，歷史上赫赫有名的蘇武、霍光、嚴武、戚繼光等人都是以恩蔭入仕，在推動國家發展的同時書寫個人的功勳。即便是恩蔭入仕的官員人數眾多他們當中很多人也羨慕科舉入仕的官員。唐初薛元超以門蔭入仕，官至宰相，還感嘆「平生有三恨」，第一恨就是「不以進士擢第」。明清時期很多官宦子弟，與尋常人家子弟一樣孜孜以

求於科舉之路。祖父輩的權勢只是給他們增加了科舉的便利而已。比如，清朝的劉墉是大學士之子，以恩蔭舉人的資格參加會試，考中進士再踏入仕途的。父輩的官位只是免去了他秀才、舉人兩級考試，本質上他還是科舉出身的官員。

當然，豪門未必全出人才。大批資質平庸甚至不學無術的官宦子弟湧入官場，空費錢糧，不僅嚴重影響行政效率，還阻礙真才實學之士的仕途，明朝大臣楊漣就指出當時：「金吾之堂口皆乳臭，詒敕之館目不識丁。」原本是為官僚群體發放福利的制度，卻引發官僚集團內部矛盾，最終削弱的是整個體制的生命力。

古代官員惦念子孫後代，辛苦一輩子，希望榮華富貴能夠傳之久遠，這是人之常情。皇帝們抓住臣屬的這個心理，允許他們的子孫直接當官，借此攏絡人心。清朝皇帝召見臣工寒暄之時，便經常詢問家裡子孫是否當官或在何處當差。對於卓有功勳的官員，皇帝不吝恩賜功名。更深一步說，皇帝此舉也綁定了官員的家族。恩蔭制度讓官員子孫後代的命運和王朝的興衰緊密連繫在一起。為了家族永保榮華富貴，官員們就要維護王朝統治，這不僅是為自己、為當下打拚，也是為子孫、為家族的未來負責。一旦王朝傾覆，子孫福利便是廢紙一張。

恩蔭制度讓官員分享了王朝的福利，讓皇帝更好地控制臣屬，把臣屬綁定在王朝的戰車上。這一點在中央王朝和少

恩蔭入仕：賀知章的難題

數民族關係、皇帝和權臣的關係上展現得最明顯。藩屬君長、實權大臣有義務派兒子去中央做官。在亂世，地方割據政權歸順中央的一個重要代表，就是讓兒子去朝廷「當官」。漢末，曹家控制了中央政權，就多次恩蔭割據江東的孫家子弟官職，催促孫權的兒子去許昌「當官」。孫權硬是拒絕這項「福利」，堅絕不交出兒子。

　　早期中央王朝，也會讓歸附的周邊少數民族政權君長送兒子到朝廷「當官」。匈奴、鮮卑、突厥等少數民族首領為了博取中央政府的信任，都派出王子到首都當官。他們稱之為質子——當人質的兒子。滅亡西晉的匈奴皇帝劉淵，從小就被送到洛陽當質子，先後在曹魏、西晉兩個王朝當官。後來趁西晉爆發八王之亂，才找機會逃回了匈奴。

　　一旦中央王朝和少數民族或者割據勢力關係惡化，留在朝廷的質子就命運堪憂了。三國時期，割據遼東的公孫康派遣長子公孫晃去洛陽當官，表示歸順朝廷。後來，公孫晃的弟弟公孫淵繼位，和曹魏關係惡化。公孫晃多次上表，說自己的弟弟狼子野心必叛無疑，提醒朝廷早做準備。公孫淵公開反魏後，公孫晃更慷慨上表，要求率軍去殺死親弟弟。他的建議最終沒被朝廷採納，但公孫晃這麼做無非是表忠心，和弟弟劃清界限，免得連累自己。誰讓公孫晃是質子，性命捏在曹魏皇帝的手裡呢？

　　門蔭入世，恩准官員子弟直接當官，貫穿從秦漢到清朝

的漫長時光。這項制度在唐朝之後與科舉制度並行，而日貫穿在中國與少數民族及周邊藩屬的交往之中，是古代重要的人事制度。

宇文融括戶：論使職的誕生

宇文融括戶：論使職的誕生

　　中國似乎有一條歷史規律：雄才大略的帝王往往是影響深遠的制度的創建者。一個奮進的帝王和一項嶄新制度，共同催生了一個偉大的時代。大唐王朝創立近百年之際，唐玄宗李隆基登上了歷史舞臺。「雄心壯志」也好，「好大喜功」也罷，後人加於唐玄宗的形容詞都指向一個事實：李隆基想做很多事情！他夢想四夷賓服，開疆拓土；他想一統宇內，強化三省六部制度，繼續推行科舉取士，疏濬大運河等；他思考推進改革，重現曾祖父的貞觀之治，將祖宗的各項宏圖大業發揚光大。然而唐玄宗銳意進取也面臨不少困難，比如缺乏資金。

　　任何宏圖偉業都離不開金錢的支持。唐玄宗謀略越多花錢就越多，朝廷的錢糧就像激流一樣洶湧澎湃而逝。尤其是唐朝想發動對西北少數民族政權的戰爭，軍需是異常龐大的負擔。遺憾的是，此時國庫千瘡百孔，州縣財政幾乎到了山窮水盡的地步。唐玄宗的雄才大略難以施行。

　　唐玄宗早期的財政遭遇哪些難題呢？首先，像之前的朝代一樣，唐王朝的錢糧賦稅建立在州縣戶籍基礎之上。立國百年後，戶籍出現混亂。難以計數的老百姓逃離原籍，有的淪落他鄉成為流民，有的奇身豪門淪為佃戶，朝廷掌握的戶口大大減少。戶籍凋零，建立其上的授田制和租庸調制隨之混亂不堪。朝廷的財稅收入大為減少。

　　其次，唐玄宗繼位後始終在處理惡錢的問題。所謂惡

錢，是指民間私鑄的銅錢在市場上流通，屢禁不止。唐玄宗支持宰相宋璟發動了多次查禁惡錢的行動。開元八年，查禁行動在江淮地區遭到強硬反彈，民間不勝其擾，怨嗟滿路，唐玄宗不得不鬆弛惡錢之禁，同時罷免宰相宋璟。一代名相黯然下臺。朝廷整治惡錢失敗，表面上是因為把惡錢一刀切，對持有惡錢的百姓沒有給予足夠的補償，朝廷收繳私錢，在老百姓看來與搶錢並無二致，於是市井不通，物價騰起。而根源在於朝廷沒有足夠的財力，來循序漸進、有補償地查禁惡錢。

內憂未了，外患卻起！查禁惡錢之時，突厥帝國的毗伽可汗在帝國邊陲大破涼州兵，聲勢大振。突厥騎兵耀武揚威，向唐玄宗挑釁發問：你拿什麼來回應我們的挑戰？那麼，唐玄宗為什麼不治理財政弊端，充實府庫呢？

財政問題歸戶部解決。戶部管理天下戶口，徵收錢糧賦稅籌劃財政收支，下設四個司，分門別類進行管理。其中，戶部司掌管戶口、田土數目，制定賦稅的標準；度支司負責財政開支，每年制定大致的國家財政開支計畫；金部司的職責是庫藏出納，倉部司職掌倉儲出納，前者管理物資，後者掌管糧食。具體的錢糧賦稅的征發運輸，則由地方州縣直接負責。州縣地方官根據戶部下發的賦役標準徵收錢糧，最終將糧食運輸到洛陽的含嘉倉，把布帛、金銀等物資運送到長安的左藏庫儲存。司農寺管理含嘉倉、太府寺管理左藏庫，

宇文融括戶：論使職的誕生

根據戶部的公文執行錢糧物資的出納。

這就是唐朝的政府財政制度。

分析這套制度，最大的問題也許是缺乏彈性。看似所有的政務都有相關部門負責，但是一旦出現突發情況大家又都是「無關部門」。比如，唐朝戶口逃亡、常賦虧損問題日益嚴重，戶部毫無辦法。戶部司說，本司掌管戶籍和錢糧數據，卻不負責數據核查，也沒有進行全國普查的能力；度支司說，本司負責財政開支，卻不負責彌補窟窿，也沒有職權開發新的財源。金部司、倉部司職權更細，只負責收上來的財富的出納，沒有權力更沒有能力去開源節流。州縣說財政弊病是天下通病，不是本轄區能單獨解決的，況且州縣事務繁雜，無法只盯著錢糧賦稅。最終，戶部、可農寺、太府寺等衙門看似制度嚴明，而且職官隊伍龐大，但是在開元早期財政重病面前，這個龐大的官僚機構束手無策，被動地承受種種指責，繼續僵化地沿著既有的軌道蹣跚前行。

貴為天子，唐玄宗和既有官吏群體一樣為難。他無法全盤推翻既有制度從頭再來，可是又找不到突破的途徑。不滿和鬱悶充斥著皇帝的內心，就在他感覺透不過氣來的時候，一道奏章被呈遞上來，令他精神振奮。

開元九年（西元 721 年）正月二十八日，監察御史宇文融上奏，指出「天下戶口逃移，巧偽甚多」，請求加以「檢括」。宇文融不知道，這道奏章將對中國的政治、經濟和社

會產生如此深遠的影響。

首先，唐玄宗立刻調查宇文融。宇文融是京兆萬年人，出身於官宦世家，其高祖在隋朝封平昌縣公，祖父在貞觀時期曾任尚書右丞，其父擔任過萊州長史。宇文氏源出鮮卑，是北朝和隋唐時期的一流貴族家族。後人雖然查不到宇文融明晰的血脈傳承，但可以確定的是宇文融是關隴貴族集團的一員。他沒有科舉功名，極可能憑藉家族蔭庇進入仕途，於開元初年擔任富平縣（今陝西富平縣）主簿。時任京兆尹、後來的宰相乾源曜賞識他「明辯有吏幹」，推薦他擔任了監察御史。如此這般的出身與履歷，迅速取得了唐玄宗的好感。唐王朝是在關隴貴族集團支持下建立的，李唐皇室即出身其中的隴西李氏。唐玄宗心理上將宇文融視為「能幹的自己人」，召來面談。

其次，唐玄宗驚喜地發現宇文融有解決財政難題的辦法。那便是括戶。戶口是錢糧賦稅的基礎，沒有人戶就沒有徵收對象。戶口流失是朝廷錢荒的重要原因。富平主簿的工作經歷，使得宇文融熟悉基層實際情況，尤其是檔案和戶籍管理。良好的家教和長期的思考，使得宇文融對財政得失有深刻的理解。之前也有人建議以檢索逃戶為突破口，解決財政弊端。宇文融不僅有建議，還有具體的落實措施。唐玄宗覺得切實可行，爽快地讓宇文融「充使搜括戶口」，負責整頓人口。從開元九年至開元十五年，一場規模空前的括戶運

宇文融括戶：論使職的誕生

動在大唐王朝轟轟烈烈地展開了。

唐玄宗對宇文融寄予了很高的期望，授予了他巨大的權力。他並沒有提升宇文融的官職——事實證明現有官僚機構無法解決現實難題。宇文融還是監察御史，只是多了一項臨時任務：「充使搜括戶口」。他在長安建立了搜括使衙門，派遣官吏前往各道核查戶口。而這些官吏也與宇文融一樣，核查戶口是他們的臨時任務。隨著逃戶逐漸被檢括出來，如何安置這些「新增」人口成了新問題。不解決生計問題，流民還會再次逃亡。唐玄宗大筆一揮，給宇文融加銜括田使，整理流失的國有土地，安置搜括出來的人口。宇文融起初只有「勾檢」的授權，地方衙門掌握行政實權。如果州縣官不支持配合搜檢戶口與土地，宇文融等人的差使很難推進。比如，部分州縣司法流程久滯，原告、被告和相關人證長期羈押，影響了農作；州縣衙門的稅賦徵收情況，尤其是本地居民繳稅的實際數據，宇文融及其派遣官吏無權核查。唐玄宗連續出手，加派宇義融充任覆囚使、勾當租庸地稅使等職務，有權審查地方司法、稅收實況。宇文融的職銜越來越多，逐漸擺脫既有官僚機構的束縛，大刀闊斧地括戶和括田。隨著逃戶陸續回歸土地、搜括出來的財富增多，宇文融掌控的財政實權膨脹，唐玄宗乾脆加派已經升遷為兵部員外郎兼侍御史的宇文融為勸農使。宇文融的權力到了頂峰。

宇文融至此有權安撫戶口、巡察地方、督察官吏，可以

「逐土任宜收稅，勿令州縣差科，徵役租庸，一皆蠲放」，他向新安置的逃戶每人徵收一千五百文錢，同時免除他們未來五年的稅賦，相當於用「大赦」來吸引流民落戶；可以核查天下州縣的「賦役差科」，對地方官吏和財政「量事處分」，再「續狀奏聞」，也就是宇文融可以先斬後奏。唐玄宗與宇文融最開始的面談，最終演變為括戶括田、客戶附籍和賦役改革「三合一」的大動作。

括戶運動迅速取得了顯著成效，唐王朝的編戶增加了八十多萬戶，相當於全國戶數的十分之一；官府掌握的田地增長了大約十分之一。宇文融給唐玄宗帶來數百萬貫銅錢，相當於唐朝全年的正常稅收。唐朝的農業經濟得到了質的提升，「流戶大來」、「王田載理」，形勢喜人。宇文融沒有辜負唐玄宗的期望與信任，也得以在正式的官僚機構中平步青雲，歷任侍御史、員外郎、戶部侍郎，在開元十七年夏天拜黃門侍郎、同中書門下平章事，正式位居宰輔高位。

宇文融功勳卓越，功成名就了。遺憾的是，不僅在當時還是在後世，宇文融都被視為「聚斂之臣」、「貪酷小人」。即便有唐玄宗明確而持續的強力支持，朝野官員始終沒有停止對宇文融的攻擊。括戶運動大獲成功，宇文融也沒有曝出貪腐等品行問題，為什麼大家對他不依不饒，群起而攻之呢？

宇文融登頂勸農使後，各州縣戶口田土、賦役差科等各種文書紛紛匯聚勸農使司。而原來掌管財政的戶部都不掌握

宇文融括戶：論使職的誕生

這些資料，對主管業務迅速失去了發言權，遇到事情還要等待宇文融的意見然後才能處理。戶部系統被徹底架空了。到開元十三年年初，宇文融以御史中丞兼戶部侍郎的名義，繼續從事他勸農使的事業。此時，宇文融已經集監察權和財務行政權於一身，「總領計簿」、「獨立群臣之上」。各州縣「事無巨細，先上勸農使，而後上臺省」，如今不僅是戶部，就連御史臺、尚書省乃至中書、門下等省也都被架空了。那些官位在宇文融之上的王公大臣們，反而要看宇文融的眼色行事了。

朝廷正常的規章制度，在括戶運動中遭到嚴重衝擊，支離破碎。傳統政治哲學中的道德因子開始破土而出，蓬勃壯大。有些士大夫懷有民本思想，天然地同情老百姓。老百姓不堪稅賦，流落他鄉淪為流民，宇文融竟然連他們都不放過，壓榨他們的錢財，在士大夫看來是不道德的。事實上，任何正常稅賦之外的「非常稅」都是不道德的。正稅不一定盡善盡美，但繞開正稅，去挖掘流民、荒地的潛力，這不是搜括，而是搜刮民脂民膏了。宇文融難道不是貪酷之臣，不是聚斂小人嗎？

這麼一個聚斂小人，置朝廷制度於不顧，把滿朝斯文、袞袞諸公都給架空了，肆意榨取錢財，是可忍，孰不可忍？百官連章彈劾宇文融，成為一股風潮。宰相張說非常鄙夷宇文融的為人，又恐其權重；宇文融不滿張說壓制，又要推行

括戶，兩人彼此攻擊，形成了黨爭。唐玄宗厭惡內鬥，便令張說致仕，外放宇文融出任地方刺史。可是，沒有第二個人具備主持括戶運動的經濟之才，幾年後唐玄宗又徵調宇文融入朝，正式出任宰相。

雖然位列宰相，但是宇文融顯然沒有同時成為朝臣的代表。僅僅在相位九十九天，宇文融就被罷相，再次外放地方刺史。此後，宇文融被一貶再貶，最後流配崖州（今海南三亞），在流放途中病逝。

宇文融在世時烜赫一時，身故後遺臭萬年。道德爭執暫且不論，我們來分析宇文融身負的眾多職務：括戶使、括田使、覆囚使、勾當租庸地稅使、勸農使等。這些職務不是正式官職，卻是宇文融建立功業的權力保障；沒有品級，卻賦予宇文融難以估量的實權。

這些職務有三大共性特徵。第一，這些職務都來自皇帝的高度信任。宇文融建立了與唐玄宗良好的私人關係。唐玄宗將他視為自己人，充分信任，才敢不斷賦權；宇文融高度依附於唐玄宗，言聽計從，才能持續爭取權力解決新問題。

第二，這些職務設置的目的是解決既有官僚機構束手無措的難題或者監管死角。正式衙門層級分明、制度嚴明，但政務流轉的效率不高，他們的變化完全跟不上現實情況不斷變化的速度。中國政治制度史的一大特徵就是保守性。機構的設置相對穩定。變化的現實呼籲新的、能解決複雜問題的

宇文融括戶：論使職的誕生

機構。而創建新機構面臨設官置職，配套官員，協調與體制關係等問題，困難重重。設置新機構本身會成為一個新的問題。皇帝迫切要解決問題，指派官員臨時處理，更簡單直接，也更有成功的可能。

第三，擔任臨時職務的人，最為關鍵。臨時任務的難度顯而易見，臨時職務的職權是不固定的，注定將要不斷調整。這就對擔任臨時職務的人提出了高要求。士大夫雖然鬥擊宇文融，但也承認他「明辯有吏幹」。在括戶運動中，宇文融表現出了知人善任、敢想敢幹、精明強悍等優點。唐玄宗也深諳此理，不拘一格使用人才，授予了這些人才諸多特權，不斷破格提拔宇文融等人。簡單說，宇文融的這些職務都是因事找人，選賢任能，事畢則罷。有學者將類似的職務定義為：「舉凡常以他官去充任，沒有官品的實職官位，都是使職。」

唐朝不是使職的創始期。早在國家誕生的時候，君王就開始派遣親信臨時解決問題，但都是短暫行事，且沒在歷史的車輪下留痕。真正將使職固定化、常年化、普遍化，始於宇文融。宇文融括戶是唐代政治體制演變的關鍵點，雖然宇文融個人沒有善終，但他開啟的使職固定化、普通化傾向，影響深遠。

使職，可以讓皇帝隨意繞開既有體制，甩開官僚集團，選拔看中的人才有針對性地解決現實難題。使職的設置極大

擴張了皇權，提高了政治體制的彈性和靈活度，能夠適應日益複雜多變的社會現實。宇文融以總領國家財政的方式，打通各個環節，靈活地處事。唐朝中後期乾脆設置了度支使、鹽鐵使、戶部使，分掌財政，就是在宇文融思路的啟發下，按照財政收入來源對國家財政進行劃分。北宋在這三使之上設置三司使，統領三使，完全架空了宰相，人稱計相。同樣，知府、知州、知縣乃至總督、巡撫等宋朝之後人們耳熟能詳的官職，其實都是使職。朝廷下放官員臨時負責地方事務，得名上述官名，他們的本職工作可能是內閣學士、內閣中書、右副都御史、兵部侍即等。而本職官位只是確定他們的品級，明確他們的待遇，他們的實權還是來自使職。

官制的使職化，是中國政治制度史的一大特徵。唐朝之後，歷朝歷代頻繁任命使職。當使職制度化後，就變成了正式官職，成了自己當初的「革命對象」。帝王就開發新的使職，來覆蓋已經僵化的舊使職。最典型的就是內閣大學士和軍機大臣。內閣大學士原本是明朝皇帝在廢除丞相制度後，提拔一些親信才俊來協助處理政務。幾百年後，內閣大學士儼然成了新的宰相，暮氣深重。清朝皇帝於是成立軍機處，提拔親信擔任軍機大臣，又架空了內閣大學士。終清朝一代，軍機大臣始終是一個使職，是一份臨時的差使。

使職浪潮，名目各異，永恆不變的是使職設置相對靈活自由。皇帝對使職招之即來，揮之即去，可以有針對性、更

宇文融括戶：論使職的誕生

高效地解決難題。當唐朝的官僚集團將宇文融貶死在天涯海角多年之後，唐玄宗還對他念念不忘，對宰相們說：「卿等皆言融之惡，朕既貶之矣，今國用不足，將若之何？卿等何以佐朕？」你們都說宇文融不好，那麼現在國家缺錢了，你們能像宇文融那樣給我籌來錢嗎？權力的需求，導致了使職制「臨時」了上千年。

節度使：跋扈藩鎮猛如虎

節度使：跋扈藩鎮猛如虎

　　節度使制度是唐朝歷史上不得不提的制度。這項制度幾乎貫穿了唐朝歷史，最終惡化為大唐帝國的掘墓者。本章要從一樁謀殺案開始。

　　唐朝長慶元年（西元 821 年）七月二十八日夜間，河北鎮州（今正定縣）的成德節度使府衙外，人聲鼎沸、火把通明。成德軍的官兵在部將王廷湊的率領下，集結在府衙外吶喊鼓噪，有的高聲索要金帛賞賜，有的厲聲要節度使出來，一場兵變就此發生。

　　時任成德節度使是剛剛由魏博節度使調任鎮州的田弘正。田弘正同時也是朝廷的檢校司徒、中書令。他上任之前預料到了成德官兵驕橫跋扈，所以率領兩千魏博將士赴任防身。到任之初，一切正常。所以在一個月前田弘正將兩千防身軍隊遣回了魏州。沒想到，兵變隨之而來，田弘正完全沒有應對的力量。節度使府衙外的亂兵，情緒越來越激動。天將亮時，亂兵在王廷湊的帶領下，衝進衙門，將田弘正和府內官吏、田家親屬三百餘人全都殺死。

　　血案發生後，王廷湊沒有逃避，而是自稱節度使留後、知兵馬使，逼監軍宋唯澄上表朝廷，奏請唐穆宗正式任命自己為成德節度使。對於這種血淋淋的屠殺和赤裸裸的爭權，唐穆宗拒絕追認，下詔以河東節度使裴度為招撫使，任命田弘正之子田布為魏博節度使，率軍討伐王廷湊。同時，唐穆宗任命成德軍另一個將領、深州刺史牛元翼為成德軍節度

使，並懸賞王廷湊的首級，希望從內部分化瓦解叛軍。

王廷湊先是鎮壓了內部密謀誅殺自己的叛亂分子，牽連處死了兩千多人；接著集合軍隊圍攻深州，一心殺死牛元翼這個競爭者。當年年底，王廷湊軍隊打敗了進攻的朝廷官軍，長慶二年正月，魏博發生內亂，田布的部隊自行潰敗，王廷湊遏制住了朝廷的進攻。

戰爭持續了半年，朝廷沒有能力發動進一步進攻，不得不在長慶二年二月下詔赦免王廷湊，並且授予他檢校右散騎常侍、鎮州大都督府長史、成德軍節度使、鎮冀深趙等州觀察使等職，同時任命牛元翼為山南東道節度使，將深州讓給王廷湊。

一個透過血腥政變上臺的叛將，終於得償所願。按說王廷湊應該偃旗息鼓，歸順朝廷了。可是，王廷湊一邊接受任命，一邊抓緊圍攻深州，即便朝廷派使者來勸解也不放過牛元翼。牛元翼最終率十餘人殺出重圍奔赴京師長安。深州將校獻城投降，王廷湊竟然殺死投降的將史一百八十餘人。五月，唐穆宗派宦官到鎮州接取牛元翼家屬及田弘正骸骨，王廷湊說：「田弘正的骸骨，不知在哪裡；牛元翼家屬，我秋天再遣送。」不久牛元翼憤恨而逝，王廷湊將他的親屬全部屠殺。此後，王廷湊勾結其他叛亂分子，相互呼應，抗拒朝廷。

如此殘酷毒辣的王廷湊，竟然得到了朝廷的承認，位列

節度使：跋扈藩鎮猛如虎

公卿、雄霸一方。他或明或暗地對抗朝廷，為非作歹，最後還能得以善終，不禁讓人感慨天理何在！那麼，唐朝中央為什麼對王廷湊之流的節度使一再忍讓？節度使又為什麼能夠擁有強大到足以抗拒朝廷的實力？

節度使制度，源於軍事需要。唐朝前期，唐王朝取得了數場對外戰爭的勝利，震懾了周邊少數民族，營造了萬邦來朝的天可汗時代。然而，軍事勝利並沒有消滅周邊遊牧民族的武裝力量，更沒有徹底消除對方的敵對心理。唐朝的軍事壓力隨著疆域的擴張而持續增加。唐前期大踏步的軍事拓展有功，到了唐玄宗年間無力繼續。大唐與周邊民族關係緊張，劍拔弩張，從東北的契丹順著逆時針的方向到西南的南詔，唐軍陷入了半圓形包圍，不得不進入策略性防禦。起初，唐玄宗在防守最緊張的隴右、河東和幽州構築防禦工程，屯駐重兵。開元十年，唐朝駐守邊疆的軍隊超過了六十萬人。隨著軍事策略的轉變和外重內輕格局的形成，唐朝的兵源、後勤及軍事管理等制度隨之改變，最終滑向了藩鎮割據。一場客觀形勢使然的改革，最終惡化為慘劇。這個過程是如何逐步完成的呢？

制度崩潰的第一個漏洞，是允許節度使自行募兵。軍鎮必須有兵，唐朝法定的兵制是府兵制。《新唐書·兵志》記載：「府兵之置，居無事時耕於野，其番上者，宿衛京師而已；若四方有事，則命將以出，事解輒罷，兵散於府，將歸

於朝。故士不失業，而將帥無握兵之重。」府兵制建立在均田制的基礎之上，受田的一部分百姓不用繳納賦稅，不用服地方徭役，專門負責當兵。他們編入額外的軍籍，稱為府兵。府兵制與魏晉時期的世兵制一脈相承，定型於北周的府兵制，唐朝將之改良推廣。本質上是朝廷用均田和免除其他負擔，來換取軍籍百姓世世代代免費當兵。各地都有管理府兵的專門機構，定期徵調轄區內的府兵去宿衛京師、保衛邊疆，服役期滿或到齡後，府兵回歸故鄉。在理論上，府兵制既可以免除百姓常征服役之苦，又可以極大減輕官府的軍費，還可以「將不知兵，兵不知將」，防止野心勃勃的將領擁兵自重，堪稱理想的兵制。

任何理想的制度設計，都敵不過千變萬化的現實。隨著均田制的崩壞，府兵制自然難以為繼。府兵得不到足額的田地，生活日漸貧困，承擔免費兵役的難度越來越大。而勉強徵調的府兵不僅不足額，還日益超期服役。這些狀況又反作用於府兵制，加速了軍籍的逃亡和制度的崩潰。到唐朝中期，各地向都城足額提供宿衛皇宮的府兵都做不到了。唐玄宗時代，朝廷正式下令停止征發宿衛府兵，等於默認了府兵制的失敗。取而代之的是朝廷出錢招募士兵，組成僱傭兵部隊，稱為募兵制。除了費錢外，募兵制效率更高、兵員品質未必比府兵低，很快成為了兵制的主流。具體到邊鎮，內地提供的府兵枯竭後，朝廷允許將領自行募兵。邊將往往就近

節度使：跋扈藩鎮猛如虎

招募流民，或者招攬周邊少數民族為兵，逐漸掌握了邊關部隊的兵權。

節度使掌握的第二項大權是財政權。府兵制下，軍隊花費低廉，全由中央朝廷供給。轉為募兵制後，朝廷無力承擔迅速提高的軍費，不得不在邊關展開大規模的屯出，就地保障供給，或者允許邊鎮開展商貿活動，維持軍隊開支。《唐六典》卷七《尚書工部》記載：「凡軍、州邊防鎮守轉運不給，則設屯田以益軍儲。」於是，營田使、屯田使等經濟職能的使職出現，最初由地方刺史兼任居多。因為這些使職就是為了解決軍需問題，主要和駐軍打交道，很快在實踐過程中為節度使所左右，最後乾脆由節度使兼任。邊鎮也發展為了集駐軍、屯田、商貿和手工業為一體的綜合體。

節度使制度的病變的關鍵一步是節度使包攬了行政權。隨著邊關實力的壯大、人口的增加，行政問題也隨之增加。尤其是軍務跨州聯郡之後，跨政區的行政協調工作增多。唐朝設置了採訪使、處置使等使職，專門處理邊區的行政事務。此時，節度使已經壯大為邊區最強大的存在，加上大量行政事務沒有軍隊的配合解決不了，最後度使乾脆兼了採訪使、處置使等職務。另外，節度使往往一開始就有刺史職務。如此一來，節度使以州刺史為本職，身兼軍事、財政（營田使等）、行政（採訪使等）等使職，挾勢弄權，終成一方霸主。

自唐睿宗景雲二年（西元 711 年），唐朝設置河西節度使，節度使的名號開始走入歷史。開元、天寶年間，唐朝正式設置了第一批節度使。唐朝沿著邊境，設置安西、北庭、河西三道節度使，防禦西部；設置朔方、河東、范陽三道節度使，防禦北部；設置平盧節度使，防禦東北；設置隴右、劍南二道節度使，防禦西南。再加上設置在廣州，鎮服南方的嶺南節度使，首批唐朝節度使一共 10 位。當時的節度使都由中央任命，聽從中央調遣。節度使職務變更也很頻繁，有節度使之間相互調動的，也有升任朝廷高官的，更有直接被朝廷罷免的，總之沒有將其作為終身職位，更不用說世襲了。唐朝出於實際需要，授予大臣身兼多位節度使。比如，王忠嗣曾兼任隴右、河西、朔方、河東四道節度使，「佩四將印，控制萬里，勁兵重鎮，皆歸掌握」；安祿山曾兼任平盧、范陽、河東三道節度使，帶兵十五萬，是一方霸主。此時，一旦發生有實力的節度使叛亂，朝廷恐怕沒有力量對抗了！

　　最終捅破節度使毒瘤的是安祿山。西元 755 年，漁陽鼙鼓動地來，驚破霓裳羽衣曲。安祿山盡起三鎮軍隊反叛，如入無人之境，攻破洛陽、長安，一度將唐朝推向了生死邊緣，史稱安史之亂。唐王朝最終勉強平定了安史之亂，卻導致了更嚴重的後果。一方面，唐朝以毒攻毒，動員藩鎮力量平定叛亂。為此，節度使制度推廣到了內地。安史之亂期

節度使：跋扈藩鎮猛如虎

間，既有土地、人民，又有甲兵、財賦的藩鎮普遍成立，占據重要地區。另一方面，安史之亂結束後，歸順的叛軍將領依然占據州縣、手握重兵。朝廷無力深入追究，不得不任命降將田承嗣為魏博節度使、李懷仙為幽州節度使、李寶臣為成德節度使、薛嵩為相衛節度使。相衛節度使後來勢衰，前三者史稱河朔三鎮。河朔三鎮對中央的指令陽奉陰違，幾乎不納稅賦、自行委任官員、職位世襲，與獨立王國無異。其他節度使的情況也沒好到哪去，而唐朝也在藩鎮割據的混亂中越陷越深。尤其是黃巢起義之後，新立功的將領、歸順的起義軍殘部紛紛化身節度使，加入割據大軍。藩鎮勢力遍布全國，節度使「各擁勁卒數萬，治兵完城，自署文武將吏，不供貢賦」，還互通婚姻，相互勾結，互為聲援。一旦利益受損，這些人就鼓噪而動，聯合反對中央。因此，我們也就能夠理解之前唐王朝面對王廷湊兵變的憤怒與無奈了。

本章開篇提到的血案就發生在驕橫跋扈的河朔三鎮之一的成德的轄區內。血案發生時，成德已經維持半獨立狀態半個世紀了。幕後主謀王廷湊，本是回鶻人。唐朝中期後，大批少數民族進入河北地區，很多人應募參軍，河朔三鎮「胡化」嚴重。王廷湊的曾祖父就在李寶臣麾下扛槍當兵，後被繼任節度使王武俊收為養子，獲得了王姓。巧的是，王武俊就是透過血腥兵變上臺，強迫唐王朝追認事實的。王廷湊是家裡第四代成德節度使麾下的傭傭軍。當王武俊的孫子輩歸

順朝廷，唐朝另派他人出任成德節度使後，王廷湊等人就認為「壞了規矩」，不願意他人染指成德事務。王廷湊便挑動軍隊不滿情緒，激成兵變。

《舊唐書》說、河朔地區自割據以來，如果評選「凶毒好亂，無君不仁」之人，王廷湊如果屈居第二，無人敢得第一。可就是這麼一個凶殘毒辣之人，唐朝累次加封他為太子太傅、太原郡開國公，食邑二千戶。王廷湊掌權十三年後去世，朝廷還追贈他太尉，以後又追贈至太師。人間的榮華富貴，王廷湊一個叛亂分子都享受了。王家子孫世襲成德節度使長達百年，其子王元逵、孫王紹鼎、曾孫王景崇、玄孫王鎔都盤踞成德。在五代初期，王鎔一度稱趙王，最後在軍閥混戰中敗亡，王家在成德的勢力才被連根拔起。

藩鎮之間爾虞我詐，兼併欺凌不斷；藩鎮內部同樣混亂不堪，同樣的弱肉強食，毫無道德或規矩可言。唐肅宗乾元二年（西元 759 年），平盧節度使王玄志病死。平盧將士殺死王玄志的兒子，推舉侯希逸為節度使。唐朝中央只好默認結果，「節度使由軍士廢立自此始」。晚唐到五代，藩鎮軍士擅自廢立節度使，往往害一帥、立一帥，如同兒戲一般，諸鎮節度使由朝命除拜的十之五六，由將士推戴的十之四五。藩鎮儼然成為社會混亂的淵藪。

五代十國時期，每一個割據政權的創立者的歷史都可以追溯到唐朝的節度使。節度使已然成為了登基稱帝的跳板，

節度使：跋扈藩鎮猛如虎

注定在集權政治體制中走到了生命的盡頭。宋太祖趙匡胤也是以節度使之尊，在另外一群節度使的支持下黃袍加身，推翻後周建立了北宋。趙匡胤深刻意識到，節度使不除，江山不穩。北宋採取了一系列措施，比如，杯酒釋兵權，用優厚的待遇解除一批元老節度使的實權，不讓他們直接干政；在軍事上一改唐朝「外強中乾」的格局，變為「強幹弱枝」，將各地軍隊的精銳抽調到中央，編入禁軍。地方軍事力量薄弱，無力與朝廷對抗；取消節度使的人事任免權，收歸中央；取消節度使的財政、行政權力，由中央派遣文官分而治之。最後，節度使雖然存在，卻成了沒有實權的虛職。宋朝的節度使一般由宗室、功臣擔任，更多的是象徵一種榮譽，再也掀不起政治風浪了。出任此職者，有的乾脆遙領，並不去地方上任，因為即便到任了也無事可做。朝廷也會授予一些罷職的高官為節度使，作為退休待遇。到了元朝，蒙古人乾脆取消了節度使。

從本質上說，節度使制度是一項地方制度，節度使引發的問題是中央與地方矛盾的展現。隨著中央集權程度的加深，節度使制度注定無法長久。從源頭上講，節度使制度是一項邊疆軍事制度，節度使引發的問題是中央對邊疆軍事強人缺乏束縛的展現。隨著崇文抑武觀念深入社會，節度使制度也注定不會穩固。這項制度的出現有唐朝自身的特殊因素，引發了諸多鬧劇，好像一道流星劃過了歷史的長空。

進奏院：強盛的古代駐京辦事機構

進奏院：強盛的古代駐京辦事機構

　　元和十年（西元 815 年）六月三日，首都長安城的天空尚未完全放亮，宰相武元衡就離開了靖良坊的府第去上朝。幾名家僕打著燈籠在前面引導，武元衡騎著馬慢慢隨著燈籠前行。幾名衛兵則護衛在宰相周邊，像往常一樣前往大明宮。突然，官道兩旁響起了幾聲淒厲的箭聲，引導燈籠應聲而滅。緊接著，道旁的林蔭中跳出幾名武士，手持兵器向武元衡一行人撲過去。不一會，衛兵和家僕遭到屠殺，宰相武元衡身首異處——刺客殘忍地割走了他的首級！

　　天子腳下首善之區，竟然發生宰相上朝途中遇害的惡性事件，這還了得？當朝的唐憲宗下令全城戒嚴，刑部等政府司法部門、神策軍等駐京軍隊不遺餘力、明崗暗哨，搜尋盤查一切可疑分子，重點是操外地口音和舞刀弄槍的武士。目的只有一個，那就是不惜一切抓住刺客！然而，一點線索都沒有。刺客不可能人間蒸發，最大的可能就是躲藏在官兵不方便進去的地方。朝廷轉變思路，再加以重賞，很快就有人告密說成德進奏院裡有一夥從成德來的武士，嫌疑很大！大兵壓境，來自成德軍的張晏等八名武士與進奏官趙環等人很快被捕。張晏等人對刺殺武元衡供認不諱，案件告破，凶手伏法。

　　武元衡遇刺案發生在唐憲宗銳意削藩的敏感時期，與系列後續爭鬥有莫大關係。在這個事件中，有一個略帶神祕的地方——進奏院。進奏院是什麼？進奏院為什麼敢藏汙納

垢，甚至成為刺殺當朝宰相的據點？

中國地域廣闊，人多複雜，各地情況千差萬別。秦朝建立中央集權制度後，如何將朝廷發布的帶有普適性的政策法令與地方實際情況結合起來，找到中央和地方關係的平衡點，考驗著中國政治制度的智慧與生命力。而其中的一大基本問題就是，地方政府如何與中央政府高品質溝通？無論是被動地接收朝廷律令，還是按照制度定期向中央匯報地方政務，溝通都存在不及時、不直接等問題。於是，高等級的行政區劃便派人常駐京城，專司溝通，逐漸形成了地方駐京辦事機構及相應的制度。

最晚到西漢時期，就出現了名叫邸的地方駐京辦事機構。漢朝推行郡縣制，行政區劃只有郡縣兩級，只有郡才有資格設置邸，縣是不能設邸的。此外，諸侯王國也有資格設邸。這是因為西漢諸侯王的封地往往與郡相當。所以，漢朝地方駐京辦事機構有郡邸、國邸之分。比如，漢中郡在首都有漢中郡邸，上谷郡有上谷郡邸；齊國在長安有齊邸，燕國有燕邸。

漢朝邸的職能沒有明確規定，非常廣泛。來京公幹的官員處理政務，征辟察舉的人才等待選用，乃至同鄉百姓衣食住行，都聚集在各地的邸中。比如，漢武帝時期的名臣、會稽人朱買臣，窮困潦倒時就賴在會稽郡邸蹭吃蹭喝。會稽郡邸工作人員雖然白眼相向，也不能硬趕他走。有兩點值得重

進奏院：強盛的古代駐京辦事機構

點闡述。第一，諸侯國的國邸往往是諸侯王在京政治活動的主場。諸侯王一旦被廢，往往首先被投入國邸。呂后之亂後，代王劉恆（後來的漢文帝）應群臣邀請趕到京城準備繼位，首先入住的也是代邸。他召集大臣在代邸計議停當後，才前往皇宮登基稱帝。之後，諸侯王繼承皇位，先入住國邸再進駐皇宮就成為了慣例。第二，邸除了接待任務外，另一項重要工作是向地方傳遞資訊。工作人員將朝廷政令、人事變更、政治動向乃至社會經濟等資訊，根據地方官員的喜好，採集、篩選、編輯、書寫成詳略不同、重點突出的文書，傳遞回故鄉。史稱邸報。

漢武帝時設置了十三部州刺史，之後中國地方行政逐漸演變為州、郡、縣三級。州也有資格設置邸，比如荊州邸、益州邸等。在相當長的一段時間裡，縣以上的地方都在首都設邸。到了唐朝初年，地方恢復為州、縣兩級體制。隨著大唐走向輝煌，各地州邸紛紛現身長安城。唐朝後期又變為道、州、縣三級體制；安史之亂後，藩鎮割據，雄霸一方。道邸、藩鎮邸有更為雄厚的實力，規模恢宏、富貴堂皇地出現在長安。唐朝地方駐京辦事機構最多的時候，京城裡有四五十個駐京辦事機構，且發揮了重要作用。駐京辦事機構進入了輝煌的頂峰。

大曆十二年（西元 777 年），唐代宗敕令各藩鎮駐京辦事機構更名為進奏院、負責人稱為上都進奏院官。進奏官由

地方選派，不隸屬中央任何衙門，但要接受御史臺的管理。進奏官有事要向御史臺報告，同時每天在御史臺「承應公事」，也就是領取中央政令或朝廷反饋。明確的進奏院制度就此形成。

唐代進奏院主要集中在長安城東偏北一帶的崇仁坊和平康坊。此地距離皇帝居住的大明宮以及行政中樞尚書省較近，又臨著繁華的東市，地理位置優越。王公貴族、文豪俠士也傾心於此，進奏院與他們比鄰而居，方便開展各項工作。由於有雄厚的地方財力支持，進奏院又進一步推動了當地商業和娛樂業的紅火。雙方相得益彰。

唐代文豪柳宗元寫有〈邠寧進奏院記〉，詳細介紹了唐代進奏院的職能及沿單。邠寧是唐代藩鎮名稱，治所在邠州（今陝西彬縣）。〈邠寧進奏院記〉開首就陳述「凡諸侯述職之禮，必有棟宇建於京師」，地方藩鎮進京公幹，必然要有活動場所。這是地方駐京辦事機構存在的原因之一。「朝覲為修容之地，會計為交政之所」，說的是進奏院兩大職能，前者是解決地方來人的生活需要，後者是提供開展政務活動的場所。柳宗元考證，進奏院是延續了周朝的采邑、漢朝的郡邸的歷史，「其在周典，則皆邑以具湯沐；其在漢制，則皆邸以奉朝請」。唐朝改進為進奏院，「政以之成，禮於是具，由舊章也」。雖說是舊章，進奏院發展出了許多新內容。首先，他們繼續編輯出版進奏院狀，傳遞給地方。其

進奏院：強盛的古代駐京辦事機構

次，進奏院還涉足了金融業，或者說進奏院發展出了人類早期的金融業務。唐朝社會相當開放繁榮，經貿發達，湧現了一大批交易量大、資金雄厚的商人。他們四處交易，攜帶金屬貨幣非常不便。進奏院既有聯絡本地商人的便利，又有地方官府的公信力背書，便開發出了一項歷史性的新業務：商人將金屬貨幣交給某地的進奏院，領取憑證，到當地後可憑此證換回貨幣。官府從中扣除一定的費用。這種由進奏院發放的、以地方政府為信用保障的憑證，史稱飛錢。飛錢可算是現代銀行匯票的鼻祖。飛錢產生後，受到了各方的歡迎。中央政府為了控制金銀的流通，也鼓勵商人使用飛錢。當然，最大的受益者還是進奏院。飛錢業務開展以後，進奏院不僅能賺取不菲的手續費，而且掌握了規模巨大的現金流，簡直就是古代的銀行。這項業務的利潤高到什麼地步呢？不僅進奏官能給長官在長安城置辦豪宅、田地，最後連朝廷的戶部、度支、鹽鐵三司也眼紅了，跟著開辦了飛錢業務，招攬商人使用朝廷發放的飛錢憑證。只可惜，一方面商人們鄉土情結濃重，另一方面朝廷的飛錢在地方上兌換困難，幾乎沒有商人接受朝廷的飛錢。

唐朝後期，進奏院是長安城裡耀眼的存在，占地龐大、人手眾多，財大氣粗。更重要的是，很多進奏院的背後都站著飛揚跋扈的藩鎮大軍！此時的進奏院已經不是簡單的溝通中轉機構，而是深深地介入了政治當中。刺殺武元衡事件中

的成德進奏院，就扮演了這樣的角色。

案發的前一年，元和九年，淮西節度使吳少陽病逝，其子吳元濟自領其軍，匿葬不報，而拒絕朝廷使者入境。宰相武元衡支持唐憲宗討伐蔡州吳元濟，震懾藩鎮擅權自雄的傾向。而以成德節度使王承宗為代表的藩鎮，自然反對朝廷討伐吳元濟。王承宗就以本地在長安的進奏院為據點，刺殺了武元衡。案發當天，另一批武士也從進奏院出發，刺殺同樣支持削藩的副宰相裴度，裴度受傷未死。

成德進奏院的例子屬於極端情況，更多的進奏院是於無聲處聽驚雷，暗地進行驚心動魄的政治角逐。比如，唐文宗大和七年（西元 833 年）朝廷敕令盧龍節度使楊志誠由檢校工部尚書遷任檢校吏部尚書。唐朝後期藩鎮領袖都有京官作為本官，實際還在地方負責藩鎮事務，京官實質意義不大。但是，本官決定一個人名義上的級別和待遇，可以表明高低貴賤，也可以震懾轄區百姓，還是有一點作用的。楊志誠由工部尚書遷為吏部尚書，品級相同，但吏部為六部之首，重於工部，職位更尊貴。任命發布後，幽州進奏官徐迪找到宰相說，幽州百姓只知道自尚書改為僕射才是升遷，哪裡知道工部轉任吏部是美事？這是赤裸裸地要官。徐迪還進一步威脅說，如果朝廷不給楊志誠加僕射官銜，那麼朝廷使者有可能會被扣留。宰相沒有把徐迪的意見放在心上，想不到，朝廷派去盧龍宣布任命的使者真的被扣留了。楊志誠還

進奏院：強盛的古代駐京辦事機構

派將領王文穎到長安正式謝絕了任命。朝廷還是不退讓，堅持把吏部尚書的官憑頒給楊志誠，王文穎竟然拒絕接受，轉身就離開了長安。朝廷無奈之下，最後只好封楊志誠為尚書右僕射，也就是副宰相。

進奏院成了地方與中央討價還價、甚至威嚇要挾的通道，朝廷也反過來利用進奏院向地方施加壓力。會昌五年（西元 845 年），會昌滅佛爆發，朝廷推行全面滅佛運動。僧人流亡邊遠地區，其中佛教聖地五臺山的僧人紛紛逃亡幽州。宰相李德裕就召見了幽州進奏官，指出如果幽州讓這些僧人入境，除了容納之名外得不到任何實際好處，還會背上不聽中央政令的惡名。接著，李德裕舉重若輕地提到，不久前澤潞節度使招募亡命之徒，遭到了朝廷討伐。進奏官趕緊將宰相意見傳遞給盧龍節度使張仲武。張仲武權衡之下，命令封鎖關卡，下令「有遊僧入境則斬之」。在此處，朝廷透過進奏院傳話的形式，化解了中央與地方潛在的矛盾，既保障了朝廷政令的暢通，又給地方節度使留足了面子進奏院造成了很好的緩衝和調節作用。

唐朝的進奏院是地方駐京辦事機構發展的巔峰，也成為了絕響。駐京辦事機構的本質，是地方官府出於自身利益訴求設置的額外機構，以維護地方利益為目的，與加強中央集權的思路背道而馳。站在中央政府的角度，朝廷自然不希望駐京辦事機構日益壯大，更不允許地方政府在身邊安插耳

目，也不喜歡地方政府時刻打探中央消息，鑽中央政策的空子。進奏院勢力在唐朝高度壯大後，便逐漸沒落。

宋朝建立後，進奏院形式上依然存在，但進奏院官改由中央委派，主要職能轉變為向地方傳達中央政令，接待地方官民、開展金融業務等職能都廢棄了。如此一來，進奏院從地方派出機構變為中央直屬機關，進奏官任免權操於朝廷之手，自然是奉行中央政府的指令，行中央集權之實了。宋朝發明雕版印刷技術後，進奏院最大的開支就是鏤刻雕版的費用。進奏官定期把朝廷政令刻成雕版，透過驛站系統送到地方，然後印刷成紙張散發給州縣官員閱讀。這種進奏院抄，與現代報紙的形式更近了一步。

明朝延續宋朝的思路，改進奏院為通政司，負責政令上傳下達。這是因為明太祖朱元璋認為政情如水，應該長流常通，故名通政司，長官為通政使。通政司除了負責向地方傳達中央命令外，還負責接收地方奏本文書，並反饋處理意見。清朝保留了通政司，又在其衙門增加了登聞鼓，接受天下百姓敲鼓上書議事或者鳴冤。本質上還是延續了地方駐京辦事機構傳遞下情的制度基因。通政司在明清中央機構中的地位頗高，在行政輔助機構中與大理寺並列為首位。長官通政使是「九卿」之一，可以參與九卿議政、廷推、會審等重大場合，發言頗有份量。

至此，地方在與中央政府的資訊溝通和交流博弈中，徹

進奏院：強盛的古代駐京辦事機構

底失敗。明清朝廷不允許任何級別的地方政府在京城設置辦事機構。

　　而且，封疆大吏在京交結朝臣、打探部院消息，被認為是違法違規行為。地方官員和百姓主要透過民間性質的會館、酒樓等，來解決吃穿住行、刺探消息和處理政務的需要。當然，一切費用也都由官民自理。

後記

後記

　　如果說四大發明是中國古代器物文明的代表，那麼以官僚制、科舉制為鮮明特徵的中國古代政治制度是制度文明的代表。

　　這些制度在塑造中國古代歷史的同時，也影響了世界，推動了世界歷史發展。如今，各國普遍採用的公務員制度，便很難說沒有中國科舉制的影子。本書便是著眼於中國古代政治制度，力圖以史話的形式，將精彩的故事和人物與略顯硬邦邦的制度分析相結合，向讀者展現一幅宏大畫面。

　　描述制度最大的困難，或許是沒有一個整齊劃一的標準。因為歷史塵埃的沉積，再重要的古代制度，今人也很難說清楚詳實、確切的施行範圍、內容細節和執行效果。事實上，中國地域廣闊，各地實際情況千差萬別，加之古代朝廷缺乏現代化的統計與管理技術，任何一項制度可能都沒有在王朝的所有領土上得到整齊劃一的貫徹施行。各個地方官總是在朝廷律令和地方實際情況（有時還夾雜地方官的群體利益）之間尋找微妙的平衡。所以，任何古代政治制度的「全國屬性」都是可疑的。另一點需要指出的是，冷冰冰的制度條文終究敵不過熱火朝天的實際發展。

　　成功的制度必定是對迅速發展的實踐具有包容性、調試性的。任何一項制度都存在變化之中，固定不變的制度很快就會被發展潮流所淹沒。所以，我們在描述中國古代政治制

度的時候，很難描述這些制度的普遍性的、長時段的內容與特性。後人只能盡可能地描述這些制度的大致的情形和不同階段的特性。

評價制度最大的困難，則是後人不是當事人，總是帶著後來者的優越或者傲慢去指點當時的冷暖得失。這不僅是失實的，也是對前人的不尊重。可是，我們又不得不去評價古代制度。局外說閒話，天下無難事；事後論短長，古今無完人。筆者認為應盡可能地設身處地去剖析，一項古代制度在設計的時候是為了解決問題的，在施行過程中主動調適，並且在不再產生效益的時候主動退出歷史舞臺的，就算好制度。任何古代制度都不是完美的，其中需要學習的是古人勇於幹事和創新發展的精神。

制度也有生命，絕非憑空誕生、驟然消亡，而是擁有孕育、產生、發展和逐步退出歷史舞臺的過程。將某項制度歸為某個朝代的做法，並不準確，也不可取。筆者只是選取該項制度最具有代表性的瞬間（通常是誕生瞬間），將其歸入該朝代以便詳細描述。但在分析過程中，制度是離不開縱向的歷史長河，離不開觀念與社會的變遷，因此書中的每項制度都應放到縱向的歷史變遷之中進行剖析。我們不能說均田制屬於北魏，科舉制就是隋唐的制度，也不能說后妃干政、宦官專權是特定幾個朝代的弊端，更不要忘記中央集權和君主專制在中國歷史呈現螺旋式上升態勢、傳統社會雖然存在

後記

等級卻是飽含流動性的。政治制度是飽經風霜的長者，這點
希望讀者注意。

張程

電子書購買

爽讀 APP

國家圖書館出版品預行編目資料

帝國制度史——想當上位者？先把這些「制度」給搞懂：這才是王朝的命脈！看看這些政策，是如何改變歷史的走向 / 張程 著 . -- 第一版 . -- 臺北市：崧燁文化事業有限公司，2023.11

面；　公分

POD 版

ISBN 978-626-357-721-3(平裝)

1.CST: 中國政治制度 2.CST: 中國史

573.1　　　112016019

帝國制度史——想當上位者？先把這些「制度」給搞懂：這才是王朝的命脈！看看這些政策，是如何改變歷史的走向

臉書

作　　　者：張程

發 行 人：黃振庭

出 版 者：崧燁文化事業有限公司

發 行 者：崧燁文化事業有限公司

E - m a i l：sonbookservice@gmail.com

粉 絲 頁：https://www.facebook.com/sonbookss/

網　　　址：https://sonbook.net/

地　　　址：台北市中正區重慶南路一段六十一號八樓 815 室

Rm. 815, 8F., No.61, Sec. 1, Chongqing S. Rd., Zhongzheng Dist., Taipei City 100, Taiwan

電　　　話：(02)2370-3310　傳　　　真：(02) 2388-1990

印　　　刷：京峯數位服務有限公司

律師顧問：廣華律師事務所 張珮琦律師

定　　　價：450 元

發行日期：2023 年 11 月第一版

◎本書以 POD 印製